U0018753

哲學能做什麼？

公共議題的哲學論辯與思維練習

What Philosophy Can Do

蓋瑞・葛汀 Gary Gutting———著

吳妍儀———譯

獻給安娜斯塔西雅
為了相伴的所有美好年歲

目次

（依姓氏筆畫排列）

推薦序

一個在公共中走出自己的哲學家蓋瑞．葛汀

——邱建碩（輔仁大學哲學系副教授、主任）

對在大學的哲學工作者或教師而言，回答「哲學能做什麼」這個問題的困難之處，在於它不能僅藉由展示自己正在進行的工作來回答。因為對於某些提問者而言，他們關心的是，在哲學工作者實際上與這個世界已經失去聯繫的情形下，哲學是否仍如宣稱的一樣，是探索或發現的一切事物要能夠成立的不可或缺基礎。本書作者蓋瑞．葛汀正面地回應了這個挑戰，姑且不論他在《紐約時報》的哲學部落格討論那些具有高度時事性的公共議題時，究竟對社會造成了什麼樣的實質影響，但在本書中，他傳達了一個重要的訊息，那就是他希望哲學能夠在這些公共議題的討論中扮演一個角色，因為哲學對於我們的身分認同以及身為人類的個人操守而言，是不可或缺。

他認為，哲學的一個重要性，就在於它能有助於對我們的基本信念進行「知性維護」。這種「知性維護」不僅使我們更了解自己所珍愛的信念及這些信念衍生的邏輯結果，還能在知性多元的社會中，回應不同意見者的挑戰。簡單來說，當我們有著某些堅持不可退讓的立場時，哲學可以讓我們更了解什麼是自己的不可退讓。當我們嘗試在這些立場上去建立世界時，哲學告訴我們會走向何處；當我們面對著社會的多元意見時，哲學不僅讓我們免除它們可能帶來的紛紛擾擾，也能對他人的意見有更完整的理解，甚或找到關於這個世界的圖像的共同認知。我贊同這樣的一條路徑，畢竟對自我的理解對於進入我所在的世界有著根本的重要性。

上述的想法可視為作者的基本信念，但在本書中，作者並不嘗試宣揚著他的基本信念，即透過哲學來論證他的基本信念的成立，對他而言，這是哲學不能做的事情。那麼作者怎麼回應「哲學能做什麼」這個問題呢？就如同他所說的，這本書是針對非哲學家所寫的，唯一具有哲學性的地方，就是在討論的過程中，作者總是採取了「清晰的概念」並「小心論證」。例如，作者區分了兩種論證，一種是結論明顯地與一般認知相違反的命題，另一種是結論仍是有爭議的命題。所謂結論仍有爭論的命題，它們皆是透過論證而來的結論，但究竟我們要接受哪一個結論呢？這正是在公共議題的討論中經常遇到的情形，不同主張的雙方皆採取了論證的手段來支持自己的主張。在公共議題中，對於這樣有爭議的命題，不能單單以結論之所以產生的前提的可接受與否來判定結論的價值，因為這些前提可能與提出論證者的基本信念連結在一起。那麼，是否依論證過程的嚴謹性來斷定呢？或許這也是一個評價論證的方式。但蓋瑞．葛汀引進了「善意理解原則」，對他而言，從對手的觀點來看事情，就有可能得出一個更好的論證。「得到一個更好的論證」是一個重要的主張，如果公共議題的討論目的不在於該採取誰的意見，而是如何得到關於公共議題的最佳論證的話。

從公共議題的討論出發，蓋瑞．葛汀的信念得到了細緻的「知性維護」，他一方面說明自己的信念，並且在這一切過程中更確立及發展了自己的信念，使之得到現實世界的具體實踐，稱蓋瑞．葛汀為「一個在公共中走出自己的哲學家」應當是恰當的。

推薦序

學習哲學就是學習如何「維修」我們的信念體系

——洪裕宏（陽明大學心智哲學研究所榮譽教授）

閱讀哲學的風潮似乎回來了，在歐美，哲學書籍的銷售十分強勁，在臺灣也有類似的現象。雖然生活上的欲望滿足越來越容易，人們心中對人生和世界的困惑也越來越強。大眾需要用生活語言寫的哲學書籍，讓他們在其中各自尋找安身立命之處。在歐美，甚至日本，哲學普及讀物的數量多且多元。可惜，在臺灣，由本土哲學家撰寫的哲學普及讀物寥寥可數。透過翻譯來滿足大家的閱讀需求，成為一個選項。由吳妍儀翻譯，蓋瑞．葛汀著作的《哲學能做什麼？》就是這樣一本不能錯過的好書。

本書作者葛汀教授主要專長在法國哲學、科學哲學和宗教哲學，曾經擔任聖母大學哲學系的講座教授，目前已退休，專事寫作。葛汀長期在《紐約時報》哲學部落格「石頭」（The Stone）上撰寫哲學文章，可能是在「石頭」發表最多文章的哲學家。他不僅在哲學專業上有傑出的成就，也關注如何普及哲學到一般大眾。我每次上「石頭」去看精彩的文章和數以百計的讀者回應，都很羨慕。臺灣的一線大報或媒體，誰有這個識見為哲學開一個部落格？

本書討論的主題涵蓋了科學哲學、幸福、藝術、教育、意識、自由意志和上帝等問題。葛汀運用正統分析哲學的方法，敘述正反立場的論述，讓你瞭解所謂哲學思考並不是修辭上的攻防，而是讓你理解你抵死反對的看法其實也不是省油的燈，都各自有嚴謹的邏輯推理和前提假設。哲學思辨的目的不在扳倒對手，而是在透過思辨過程讓事理越來越明。這就是葛汀強調的「善意理解原則」（principle of charity）。我們應同情地去瞭解對方的論點，幫對方設想一切有利的說法。在充分為對方設想之後，如果我們仍然可以反駁對手，這時才能確保我們沒有被偏見、無知或意識形態所遮蔽。

臺灣社會近年來受到網路同溫層效應的影響，大家都難免趨同避異，只聽自己喜歡的意見，聽到異音則視同寇仇。同時，因為網路言論輕便化的影響，大家的心智都耗在如何用一、兩句話來製造打擊對手的效果。酸民文化於焉誕生。酸民論述幽默有餘卻殘酷無比，有時已經接近霸凌。在這樣的網路文化影響下，葛汀所介紹的哲學論述方法，尤其是「善意理解原則」，其實就是在告訴讀者，如何以哲學的態度去和持反對想法的人對話。同溫層效應使我們失去和不同意見的人們對話的能力，葛汀的書讓你學到如何面對持反對意見者，如何與之對話，以增進社會互信。

很不幸地，近年來許多政治與社會議題一再撕裂臺灣社會，例如同婚議題、一例一休問題、環保問題、年金問題、兩岸問題等等，持不同意見的群體之間相互敵視的情勢不斷拉高，造成互信消失、社會崩解的後果。葛汀的書教導讀者如何學會哲學式的思考。如果你習慣了哲學式思考，你會發現自己三不五時也能站到對方的立場去了，覺得對方其實也有相當的道理，相互理解和互信就是建立在這樣的基礎上。我看政治人物恐怕是最需要修習哲學思考方法的一群人了。

葛汀運用許多在日常生活中會遭遇到的議題，來呈現哲學思辨的本質與實務。哲學思辨不外邏輯（演繹）推理和預設前提。邏輯推理方法教你如何從一組信念去推出一個結論。預設前提則包括經驗命題和意識形態信念。前者可以藉由科學來檢驗，後者則指一些對你而言自明的，可能是宗教的或道德上的信念，這一部分與意識形態有關，而通常衝突點都發生在這裡。其實沒有人終其一生都持相同的信念。我們的信念天天都在修正或改變。學習哲學就是學習如何「維修」我們的信念體系。葛汀說，哲學就是「知性維修（intellectual maintenance）的實踐」。「維修」的主要工作就是「對我們的信念的反對意見做出回應」。哲學思辨會要求你在必要時放棄己見，接受異議。哲學就是要教你不要那麼「控古力」，成為基本教義派。我想，這就是葛汀所認為哲學的真正大用。

最後我要談談譯者吳妍儀。譯者畢業於臺灣大學哲學系，後來到中正大學修習哲學碩士。我恰好是她的授業老師。對翻譯書，我常持保留態度，因為有些翻譯實在錯的離譜。但是我極力推薦葛汀這本書的翻譯，因為吳妍儀是十分優秀的哲學學生。我教過她哲學，也常年和她保持聯繫。我看到她在寫作與翻譯上的優異表現，以及她近似苛求的自我要求，我認為這是一本嚴謹可靠的譯作，大家放心地享受閱讀葛汀這本書吧！

推薦序

哲學能夠為我們的社會提供深入思考的線索

——苑舉正（臺灣大學哲學系教授）

本書書名，是我從事哲學研究三十多年來，一直放在心中的問題。我們哲學人對於這個問題的態度，與一般人不太一樣。一般人很容易直接問這個問題，卻對於「哲學是什麼」缺乏應有的認識。哲學專業人士對於這個問題往往是採取「擱置」的作法。為什麼呢？因為在研讀哲學的過程中，我們感受到一種超越的快樂，而這種感覺，讓我們擱置了這個問題。

最近幾年，我開始正式面對這個問題。我一直在想，日常生活中所出現的議題與困惑，哲學應該能夠很積極地為我們提供一些答案。如果不是答案，至少要能扮演啟發的角色。若是哲學不能幫助我們理解生活環境，那麼從消極的態度看待哲學，也是一件無可厚非的事。

這幾年來我很努力，雖然不算成功，但至少我認為，哲學能夠為我們的社會，提供一些深入思考的線索。用這個態度來看待哲學，可以展現哲學的妙用，卻也面臨一個無法迴避的問題：不同的社會可能有不同的哲學需求。這是因為，縱使哲學強調客觀與理性，但每一個社會都有依照傳統所強調的議題。

本書正是針對美國社會所做，因此其中內容所想要解決的哲學議題，都是美國時下最熱衷的。在長期受到美國學術發展影響的臺灣，對這些議題並不陌生，但它們與我們切身的相關性，略顯不足。我必須說，這並不是一個缺點，而是一個理解哲學的起點。

美國社會有美國人特別關懷的議題。其中包含公共政策、科學發展、宗教理念、資本主義，以及墮胎問題。在這些議題中，無論我們是否熟悉，但有一點卻說明美國哲學對社會所擔負的責任。這點就是，美國的學者，會透過論辯的方式，把哲學討論帶進公共議題，尤其是與政治相關的爭議。

最近美國主要的政治事件，來自於自由與保守之間的對立。歐巴馬總統的自由主義政策在強調人人平等的理想下，動用了國家預算，補貼全民健保。這件事情，受到目前現任總統川普的極力反對。川普總統的立場強調：真正的自由，在於回歸到原有強調個人主義的保守思維。

這個對立，不單單是公共政策，其實它本身就牽涉到了哲學傳統中，看待個人與群體之間應當如何維持均衡關係的社會議題。美國學者熱衷於對公共議題發表高論，而且立場鮮明，論點與對手充滿對立。有的時候，在回應挑戰時，甚至會用到很多情緒性的字眼。

這些對立告訴我們，哲學家的論辯，並不容易說服對方。然而，以文字展現立場，可以吸引社會大眾，做為公論的基礎。這是美國哲學的表現方式，也等於是以論辯教育社會大眾。這是今天在臺灣的我們應當學習的部分。

從本書的內容中可以看得出來，美國社會重視的議題，就是科學、宗教、經濟、藝術與生命價值。本書討論科學時，分為兩部分：從社會整體看待科學的公共價值，與從腦神經檢視科學發展對於理性的定義。這兩部分，一大一小，一外一內，說明科學對於我們現代人的決定性。

然後，本書將重點轉向宗教，尤其是有關神是否存在的問題。在這一部分中，作者分別介紹無神論與不可知論，目的在於告訴我們，神是否存在的問題，極有可能是一個踰越人的認知能力的問題。比較折衷的立場，應當是承認人的限制，採不可知論，或將宗教的領域延伸至道德。

本書剩下的部分討論的是政治制度、藝術價值與生命倫理的問題。在政治方面，作者著重的是資本主義的發展、運作與未來。在藝術方面，作者比較古典音樂與流行音樂在我們生活中所顯現的價值。在倫理方面，作者直截了當地問，我們可不可以不再針對墮胎這件事情，進行無止無盡地立場表述呢？

在這些內容的鋪陳中，讀者很明顯地可以看得出來，對於這些美國社會所關注的問題，哲學能做的，只是不斷地剖析問題，卻不會給我們一個直白的答案。或者說，哲學只是一把打開論辯之門的鑰匙，答案卻深藏在門後。

我們應該為這個結果感到難過嗎？答案是，不！哲學能做的事情，並不在於針對這些難題提供答案，而在於我們能夠從不同的視野，看待這些議題的本源。因為這個緣故，所以作者在本書的最後一章，以本書書名為題，明確地告訴我們，對於哲學不要存有不實際的幻想。

哲學，能夠做的是持續地思考，而不是提供解決問題的標準答案。對於這一點，很多期待哲學能為我們社會做一些事的人，都應當以持續探索的態度，去理解哲學。畢竟，所有信念都需要透過思考，來加以確認。

我誠摯地推薦本書予國人，同時也希望讀者們在欣賞美國哲學發展的過程中，想想我們自己的哲學能做什麼。

推薦序

為什麼要讀哲學？

——冀劍制（華梵大學哲學系教授）

二〇一七年三月，我到中廣流行網接受錄音訪談，才剛開始沒多久，節目主持人問我：「為什麼要讀哲學？」「哲學有什麼用？」

通常，問這種問題的人，大多是想挑戰哲學的價值，但我當時清楚知道這並非主持人的用意，因為節目要推薦我的一本新書中，就有一個章節是在談這個主題。然而，即使如此，這個問題突然出現，還是一樣讓我不知所措。

節目中的訪談，無法長篇大論，必須在很短的時間內說清楚，這並非易事。其實，就算時間足夠，難度一樣很高。這主要是因為，哲學的用處並不像其他事物的用處一樣單純。如果一定要簡單說，我的答案只能是：「哲學能夠提升我們的智慧。」然而，什麼是智慧？智慧又有什麼用處？除了「提升智慧」這種很籠統的價值之外，哲學就沒有其他價值了嗎？這些問題，會讓我再度陷入困境。

然而，人生中常常有許多令人驚訝的巧合（也或許不是巧合），才苦惱著這問題沒多久，救星就出現了。當我看到這本書的書稿時，心中著實開心了一下：**Wonderful！**因為它就是在講哲學的用處，以及該如何學習運用它。

近年來，臺灣民眾對哲學的興趣越來越大，在書籍市場逐年萎縮的情況下，哲學書籍還逆勢成長，尤其某些哲學通俗讀物還能成為排行榜上的暢銷書籍。這代表著臺灣社會正朝向有深度的文化發展。這讓人充滿著期待。然而，介紹哲學理論的書籍雖多，談論哲學思考價值以及該如何應用的書籍卻很少。這本書，正好可以彌補這個缺口。

首先，作者針對討論時事問題的哲學應用開始說明，告訴我們該如何藉由哲學的思辨方法，討論各種政治、經濟及社會議題。尤其我們發現當今臺灣許多政治人物，或是上街表達訴求的團體，常常會訴諸一些毫無說服力的言論與推理來表達意見，尚未意識到哲學思考的價值。藉本書的說明，將有助於大眾發現，原來哲學在此可以有這麼大的貢獻。或許，每一個政治人物，以及每一個想上街表達訴求的團體，在高談闊論之前，都應該先跟哲學家討論一下自己的推理邏輯，以免落人笑柄。

在追求真理方面，有些知名科學家認為，「哲學已經過時了，應被科學取代。」然而，作者舉出一些重要議題的探索過程，尤其以目前廣受哲學與科學共同討論的意識問題與精神醫學為例，顯示出哲學在追求真理的方向上，仍有其無法被取代的價值。

另外，針對許多重要、但尚不能以科學方法實證的議題來說，像是「神是否存在」、「宇宙是否無中生有」等問題。作者指出，缺乏哲學思考能力的科學家們，在此領域的論證經常過於輕率，而且自己難以發現其中的邏輯謬誤。顯然即使身為具有卓越科學能力的學者，也需要哲學思考能力，才能針對這種科學方法管轄範圍外的問題，做出更合理的思考。

最後，除了學術議題的探索，在我們的生命中，該如何生活？如何獲得幸福與快樂？怎樣的工作方式最好？如何看待經濟與教育？家庭、人生等問題又該如何面對？有了哲學的加持，我們可以尋找一個相對更好、更合理的解答，自然也就更容易獲得一個令人滿意的人生。

那麼，為何要讀哲學？哲學有什麼用？答案已呼之欲出。然而，該如何獲得這個能力呢？讀讀這本書，也讀讀其他可以讓你感興趣的哲學著作，將哲學轉化成個人的特質，實踐在自己的人生與信念中，讓我們一起成為有深度的現代哲人。

導論

把哲學帶進公共議題的競技場

本書中的文章，都是從我最近幾年為《紐約時報》哲學部落格「石頭」（The Stone）撰寫的短篇文章所衍生出來的。每一篇短文都有數以萬計的讀者。一般來說會有數百篇回應，而這些回應都能引導我去澄清、發展並修正我的思維。通常，我的專欄是具高度時事性質的，舉例來說，有一系列文章提出了我對二〇一二年總統大選各個面向的看法。不過，本書中的文章更長，論述類似的議題，但更具普遍性、深度與細節。

在這裡，如同在部落格「石頭」上一樣，我是為了非哲學家而寫的，不過，我的作品在強調概念清晰度與小心論證方面，是哲學性的。我引進技術性概念與區別，並不是要介紹它們，而是為了闡明正在討論的議題。想要把哲學觀念應用在特定議題上，並不需要具備哲學家的特殊訓練才行。

今日的哲學是一種學院內的學科（就像物理學、生物學或經濟學），而哲學系教授大多數是為了彼此而寫作。其中的例外通常是教科書，目的在於將這個學科介紹給學生認識，或者設計給門外漢閱讀的普及版本，以幫助他們粗淺地認識這個在其他狀況下難以進入的專業討論。然而，我的計畫並不是要把大眾帶進哲學殿堂，而是要把哲學帶進大眾的競技場。

我把自己在做的事情想成**公共哲學**（public philosophy），這對於學院派哲學家更技術性、專業性的作品而言，既是應用，也是補充。學院派哲學是具有自身問題、術語及嚴格標準的一門獨立自主學科。公共哲學則是從學院派作品裡，取法應付關乎普遍利益的議題。在此同時，公共哲學思考也讓它的學院派兄弟可與具體人類世界之間保持接觸，因為人類世界既是所有哲學問題的根源，也是判斷問題答案的一項重要標準。

對於真實生活的問題，公共哲學不提供象牙塔的解答。公共討論的意見交換，在對公共理解做出貢獻的同時，也是對哲學思維的測試。無論科學理論在實驗室裡得到多大的肯定，在實際應用後，都會讓它們得到進一步的支持，有時還會因此得到修正。同樣地，公共參與也可同時測試並改善哲學觀念。

在這些文章裡，我通常會針對爭議中的主題提出個人觀點。但我也同樣關注於闡明議題，還有介紹持不同意見者可用來透徹思考的一些考量，這些或許可以讓他們琢磨自己的觀點，以做出更好的辯護。在本書中，一個論證不是用來把反對者打到順從為止的大棒，而是知性發展的工具。

那些有特定興趣的人，會發現本書的每一章都可以單獨閱讀。選擇從頭讀到尾的讀者則會發現，本書帶著他們依序經歷逐漸變得更廣泛、更複雜的哲學思維練習。我的目標是既讓讀者去理解公共關注的主要議題，也把哲學思維的工具介紹給他們。

每一章都呈現了引導討論的哲學原則、概念與區別。第一章〈如何論辯政治議題〉以政治爭議為例，說明如何發展良好的思維技術，而這些技術也會應用在許多其他脈絡上。

接下來的六章，聚焦於社會裡最強大的三種力量：科學、宗教與資本主義。我應用相關的哲學工具，來讓每一種力量成為**批判性反省**（critical reflection），在此，「批判性」的意思並非負面批評或駁斥，而是一種對於價值與限制所做的細心評估。

第二章〈科學：一種使用指南〉的重點，在於評估科學主張時特別重要的邏輯原則。第三章〈哲學與科學的限制〉涵蓋了種種曾經吸引科學家注意力的哲學議題，並且顯示出討論這些議題時，若沒運用哲學資源，將會產生哪些問題。

第四章〈新無神論者〉轉移到更高層次的哲學反省，以相當詳細的方式來處理宗教哲學中的單一核心問題：「信仰神是否理性？」在此，我們將看到如何進行詳細的分析，以及對「新無神論者」哲學立場的批評）。

第五章〈宗教不可知論〉則轉而發展並辯護一個正面觀點：「宗教為何是理性的」。在此，我特別強調，雖然我提出了自己的觀點，但主要目的是提供讀者有關討論宗教信念時所需的哲學工具，還有闡明在一個持續的哲學討論裡會牽涉到什麼。

第六章〈快樂、工作與資本主義〉及第七章〈資本主義社會裡的教育〉，則處理看似非常不同的主題：快樂的本質、工作的價值、資本主義的道德，還有教育的目的。我們的討論將顯示這些主題有何相互關係，並且將它們整合在有關美好生活的整體圖像中。此結果就是哲學的知性綜合力量之詳細說明。

接下來的兩個章節逆轉了方向，每一章都呈現哲學能對某個非常特定的公共辯論做出什麼貢獻。第八章〈思考藝術〉談當代藝術的價值，第九章〈我們可以不再吵墮胎這件事嗎？〉則是關於墮胎的道德性。這些章節會讓讀者稍微了解到學院派哲學家的論證來回是什麼情況，還有公共辯論如何直接從哲學家的專業中獲益。

最後，在第十章〈哲學能做什麼〉藉著反省哲學史上的某些關鍵時刻，來發展對於哲學思維的整體性說明。然後，利用由二十世紀美國哲學家威佛瑞·賽勒斯（Wilfrid Sellars）引進的**常識映像**（manifest image，日常物件的世界）與**科學映像**（scientific image，分子與原子的世界）之間的區別，澄清哲學在當代思潮中的角色。

在每一章的開頭（在第三章和第四章中，則是每個小節的開頭），我會對於該章將應用的主要哲學工具之概念、區別與原則，做出一個概要性的綜論。這些標了不同字體（黑體字）的導論，應該能讓讀者注意到引導每一章的哲學工具，並且跟上哲學在其中所扮演的越來越複雜的角色。

Chpater 1

如何論辯政治議題

－當論辯不是論辯時
－善意理解原則
－相關證據原則
－確信與論證的限制
－論證與歧見
－知識同儕與歧見的難題
－論辯哪裡好？

本章從近期的政治辯論裡舉例，將解釋並以實例說明有效論證過程中所需要的重要邏輯原則與區別。我們首先區分**真正的**與**虛假的論證**，然後討論並闡明**善意理解原則**（Principle of Charity），這個原則顯示出「公平對待對手能夠讓己方的論證更有說服力」。接下來，我們檢視**演繹性**（deductive）與**歸納性**（inductive）論證之間的區別，然後在歸納推論方面，探索很根本卻常被忽略的**相關證據原則**（Principle of Relevant Evidence）。

接著，介紹**確信**（conviction）的概念，還有相關的**圖像**（picture）概念。這兩個概念在後面各章都具有重要的角色。反省「確信」在論證中扮演的角色，將導向**合乎邏輯**（logical）與**合乎理性**（rational）之間的重要區別。

在接下來的兩小節中，探究在某個特定主題上勢均力敵者（**知識同儕**〔epistemic peer〕）之間的論證，這將導向**思想自由**（freedom of thought）及**思想正確性**（correctness of thought）之間的區別，還有對於**歧見的邏輯**（the logic of disagreement）所做的分析。在最後，我們來考量完全沒能說服其他人的論證有什麼價值，藉此系統化地闡述**自我理解原則**（Principle of Self-Understanding）。

當論辯不是論辯時

通常，一個「論辯」只是一場激烈的觀點交換，一個很情緒化的交鋒戰，舉例來說，逼得你的對手沉默或落淚就「贏了」。然而，哲學家感興趣的論辯／論證（argument）是一個理性的過程，透過提供良好的理由來說服某人接受某個觀點的一種努力。不幸的是，在許多狀況下（政治就是一個主要例子），我們所說服的人，幾乎本來就已經贊同我們了。

為什麼會這樣？一個理由是，我們稱為「政治辯論」的許多情況，事實上是吵架或是有歧見，而不是論證。立場敵對的代表們交換的只是一句話：「有錢人能付得起更多」對抗「增加稅收等於減少工作」。更精緻一點的意見交換，可能會引用歷史前例：「在一九五〇年代戰後復甦熱潮中有過較高的稅率」對抗「雷根的減稅政策讓稅收歲入增加」。這樣的槍彈齊發，並不等於「前提支持結論」這種邏輯意義上的論證。（一個邏輯論證的簡單例子：「在過去十五年來，只有十分之一聯邦稅的削減，增加了歲入；所以，減稅很有可能不會增加歲入。」）就連政治家的完整演講，通常也是口號與似是而非的陳述之集合，靠著陳腔濫調串連起來。候選人的選前「辯論」，大半是練習看起來很有權威、把談話論點放在問題上、避免失態，並且用「打臉金句」來讓對手感到尷尬。我們有需要把**真正的論證**與**虛假的論證**區分開來，後者充其量只是引用事實，而這些事實本身並沒有給我們理由去相信結論[1]。

在政治討論確實接近真正論證的層次時，我們會從自己看來似乎很明顯的前提開始，然後得出我們看來很明顯的結論。下面是兩個例子：

1. 歐巴馬是一個「只會增加稅和花費」的自由派，所以他的政策當然無助於解決我們的債務問題。
2. 共和黨人只對幫助有錢人更有錢感興趣，所以我們不能期待他們解決不平等的問題。

但這樣的論證通常苦於循環問題。這些論證並非**邏輯上循環的**；並非前提本

◉ **注釋**

1　就像我們隨後會看到的，即使前提不是真的，只要前提有提供理由可讓人接受結論，那個論證就是合乎邏輯的，術語是**有效的**（valid）。

身就確立了結論所說的事情。在範例1裡，增加的稅和花費，可能刺激出會降低債務的經濟成長。在範例2裡，增加百分之一的投資，可能刺激出對窮人比對富人更有利的經濟成長。但這些前提在另一個意義上還是循環的。在這兩個例子裡，就算前提中沒有預設結論，幾乎也沒有任何本來就不相信其結論的人，有可能會相信這兩個論證的前提。換句話說，這些論證**在實踐上**是循環的：他們無法說服任何一個本來就不相信這個結論的人。我們可以更技術性地說，這樣的論證進入一種**知識論上的循環**（epistemic circle），在此「知識論上的」一詞，是「與人所具備或自稱具備的知識（希臘文是*epistémé*）有關的」。

善意理解原則

如果我們打破知識論上的循環，開始從對手的觀點來看事情，就有機會打造出一個更好的論證。在此，哲學上的**善意理解原則**變得很重要。哲學家戴維森（Donald Davidson）大力擁護的這個原則，在關於意義與真理的複雜哲學討論中，會採取各種不同的形式。為了我們的目的，我要挪用這個詞彙當成一種「以對手立場的最佳版本來發展我們的論證」的強制命令。在此，「最佳」的意思是最可能為真，或最可能加以辯護的；在最低限度上，是不假定我們的對手智缺或敗德。

論證上善意理解的第一步是：使用中性語言來表達對手立場的主要元素。舉例來說，假定你是自由派民主黨人，而且想論證反對共和黨主流所宣揚的保守主義。以下是民主黨人對共和黨觀點的典型敘述（出自鄧肯・波溫・布萊克〔Duncan Bowen Black〕，部落格筆名為艾崔奧斯〔Atrios〕）：共和黨「完全是在制定一個菁英共識政策，其中包括踢走窮人與老人，把更多錢流到國防和經濟方面，然後替有錢人減稅。」[1]這樣等於是對著信徒傳道，而保守主義者卻不會買單。舉例來說，保守主義者可能會論證，由於經濟階級頂層的財富是經濟成長的火車頭，只有在那些忽視既有經濟原則的窮人要付出代價的狀況下，讓有錢人更富有，才能讓每個人都發財。自由派可能把這種主張視為資本主義式貪婪的掩護，但這仍然是很有效的掩護，除非批評者承認這種掩護所扮演的角色，並且論證反對那些似乎支持此作法的經濟主張。

對於共和黨立場比較公平的自由派之公式化表述可能如下：

保守主義者贊成最低限度的政府行動，特別是對商業的規範較少、對社會福利方案較不支持，還有較不控制普通市民的生活。從經濟上來說，他們的目標是平衡預算、付清公債、徵收較低的稅，並且支持商業界增加自身利潤的努力，從而產生出新的工作。他們也認為支持傳統宗教及其倫理價值有其關鍵重要性，尤其是在性方面的事務上，反對墮胎與同性婚姻。

善意理解之道的下一步是：用最正面的詞彙，明確表達對手支持這些觀點的理由。例子如下：

> 保守派觀點的基礎，建立在對我國的強項與危害其繁榮的整體看法之上。我們的強項是自由企業體系，還有宗教／道德傳統：辛勤工作、個人責任，以及追隨傳統價值。自由企業體系的運作產生了足夠的財富，幾乎讓每個人都有至少恰當的生活水準，也製造出改善這種水準的持續創新。當然，有一些人因為運氣不佳或者自己的德行缺陷，到頭來被剝奪了基本的人類物資需求。對於這一點的主要補償方案，應該是靠生活虔誠的公民同胞發揮慈善直覺——這也是超越物質豐裕層次、達到人性滿足的泉源。

從這種保守主義的觀點來看，我們的生活方式有兩種重大危險。第一，有世俗主義與相對主義的力量，將威脅到我們基本的道德價值。第二，有種或許懷著善意卻有深切錯誤的信念，認為政府的計畫與規範，可以顯著地改善身為物質需求供應方式之一的自由企業體系。但正好相反的是，政府的重大介入措施，幾乎總是讓狀況變得更糟。若要解決我們的問題，維持道德價值及自由企業體系的完整性是關鍵。

善意理解原則不是一種裝好人的方式，而是為了更有效地批評保守主義而鋪路。對保守力量的適切評價，可容許自由派人士把自己的論證聚焦在對手真正的弱點上，而保守主義者在這些論點上不會有顯而易見的回應方式。

在這個例子裡，善意理解原則容許自由主義的批評瞄準保守主義立場的一個根本堡壘：他們的基本假設是，一個只有最低限度規範的市場——所有行為者（雇員、勞工、買家與賣家）按照個人自私利益行動的市場——實際上會讓經濟福祉達到最高程度。

當然，我們可以從純粹經濟上的立場來挑戰這個假設，而善意理解的分析指出，這麼有挑戰性的議題必須得到處理。不過，善意理解的分析也指出另一條重要的批評路線：保守主義者對於自由企業體系的認可，與他們對宗教倫理價值的認可之間，有著明顯的緊張關係。基督教倫理特別要求對他人的愛，以及為他人而自我犧牲，這看來幾乎與受到自私利益驅策的經濟體系不一致。在《新約聖經》對富人的憂慮，還有對窮人的憐憫之中，可以明顯地看到這個問題[2]。

藉由含蓄地認可「市場的『隱形之手』可從個人的自私之中，產出對大眾的好處」這個觀念，我們的善意理解分析可能提前讓這個倫理上的反對意見弱化了。這個論證是：比起其他狀況，如果我們全都代表自己的自私目的，會有更多的物質益處能讓我們分享。但這是一個**效益主義式的**論證；也就是說，一個人假定某些行動是合乎道德的，因為它們增加了我們在塵世間的幸福。然而，基督教道德觀則否定了道德善惡是取決於這種考量。特別是基督教式的愛與自我犧牲，不管它們在世間造成的結果是什麼，就其本身而言就是**道德上的益處**。保守派基督徒不會贊成墮胎或同性婚姻，就算這麼做會增加世間的快樂。他們怎麼能夠前後一致地認可一個靠自私運作的經濟體系，並將之當作為了達到繁榮而在道德上可行的手段呢？

◉ 注釋

2 「後來有世上的思慮、錢財的迷惑把道擠住了，不能結實。」（馬太福音，第 13 章第 22 節）；「駱駝穿過針的眼，比財主進神的國還容易呢。」（馬可福音，第 10 章第 25 節）；「嗐！你們這些富足人哪，應當哭泣、號咷，因為將有苦難臨到你們身上。你們的金銀都長了鏽；那鏽要證明你們的不是，又要吃你們的肉，如同火燒。」（雅各書，第 5 章第 1 節、第 3 節）

最後的這條批評路線，闡明了善意理解原則可以讓批評變得更有效的另一個辦法。許多自由派人士有世俗化的傾向，而且厭惡保守宗教的基本教義派傾向，可能會乾脆地譴責他們眼中屬於保守派信徒的盲從或天真。不過，欣賞保守主義長處的這番努力，則暴露出看似與效益主義式經濟算計相反的基督教倫理特色。善意理解原則為你的論證開出一條路，使你能從對手的前提中，推出否定他們的其中一個關鍵主張。這是從邏輯上「慈悲殺敵」的例子。

當然，這條論證路線並沒有決定性地駁倒保守立場。不過，正因為這個論證是根植於對保守派觀點充滿同情的分析，它需要一個嚴肅的回應。因此，這樣的論證可以開啟一場對於基本政治歧異的豐富討論，而不是加以終結。

相關證據原則

善意理解原則會讓我們持續聚焦在最相關的**議題**上，以辯護我們的立場。不過，有效果的論證也需要訴諸於相關的**證據**（支持或反對一個立場的事實與原則）。否則我們的政治討論仍會是情緒表達的練習，而不是客觀的分析。然而，訴諸證據並不像它看起來的那麼簡單。要看出問題在哪裡，就讓我們來看一下歐巴馬總統提出的二〇一二年聯邦預算所引起的辯論。

二〇一一年，史丹佛的卓越經濟學家約翰・泰勒（John Taylor），針對歐巴馬的提案，提出他所謂「以事實為基礎」的批評。[2]他的論證中心是一組資料，顯示出從二〇〇〇年至今的聯邦政府支出，還有歐巴馬規畫中所建議的二〇一一年至二〇二一年支出。在二〇〇〇年，政府開銷是美國國內生產毛額的十八・二%，然後穩定地增加，在二〇〇七年達到十九・六%，在接下來的三年裡則平均達到二十四・四%。歐巴馬提出的預算，在最初幾年稍微降低了這個比率，但接著又逐步增加，到最後在二〇二一年的比率超過二十四・四%。

考慮到這些事實，還有美國政府需要削減赤字的共識，泰勒認為人們應該認真看待歐巴馬從二〇〇八年到二〇一〇年、再到不確定未來的這種「爆量花費」預算。如果在二〇〇七年，聯邦政府花掉十九・六%的國民生產毛額就過得下去，在接下來十年裡，為什麼不至少削減政府的花費到這個程度？

這看起來像是好的論證：從引用的證據來看，結論似乎很合理。不過，同樣傑出的經濟學家保羅・克魯曼（Paul Krugman）在回應中指出，歐巴馬預算中所有增加的支出，幾乎都是在回應擁有社會安全與聯邦醫療保險資格的人數增加、健康照護花費的預期增加，以及為了克服二〇〇七年到二〇〇九年經濟大衰退，所導致的債務利息的增加。[3]這些花費不是受到新方案的影響，而是受到既有方案中避免不了的費用增加所影響。

泰勒給克魯曼一個聽起來頗有道理的回應。他說，對，「許多增加的花費是以法定支出的形式出現的」，不過歐巴馬有選擇權，他可以停止這種支出。[4]歐巴馬選擇不去認真改革現在的社會福利系統（社會安全、聯邦醫療保險等），反而決定以需要大量花費的形式來維持。然而，克魯曼回應，為了削減花費而進行的改革，會有無可接受的後果，舉例來說，要求許多聯邦醫療保險的納保人為了適當的醫療照護，而付出遠超過他們能負荷的金額。

泰勒與克魯曼雙方用來構成各自論證的證據，並沒有爭議。更進一步說，在雙方的例子裡，證據確實支持著雙方各自論證的結論。他們從前提到結論的邏輯推論也沒有缺陷，這樣的論證裡怎麼可能有什麼地方不對呢？

答案在於**演繹**推論與**歸納**推論之間的關鍵性哲學區別，這個區別在政治討論裡總是被忽略。一個良好的**演繹論證**標準例子如下：

所有人類都會死；

蘇格拉底是人類；

所以，蘇格拉底會死。

此前提的真實性，在邏輯上（冒著出現矛盾的風險）**要求**結論的真實性。如果前提是真的，結論一定也是真的。如果蘇格拉底不會死，那麼「他是人類，**而且**所有人類都會死」，就是不可能為真。在假設一個演繹論證的前提需要接受結論（無論前提或結論事實上是否為真）時，這個論證就是**有效的**（valid）。此外，當此前提在事實上為真時，這個論證就是**健全的**（sound）。

在**有效的歸納論證**中，在可能造成矛盾的狀況下，前提即使成立了，也不必接受結論；前提只是讓結論**很有可能**，所以在有證據的狀況下，接受結論是合理的。舉例來說：

大多數人類不會活一百年；
蘇格拉底是人類；
所以，蘇格拉底可能不會活一百年。

如同演繹論證的例子，當一個歸納論證有效，且其前提全都為真時，其論證是**健全的**。不過，當一個健全的演繹論證讓結論的真實性無可置疑時（在前提為真的情況下），一個健全的歸納論證卻只是顯示這個結論是有可能的。

這是因為演繹論證與歸納論證之間有個關鍵的差異。在一個演繹論證中，可以增加看似與結論相關，但對於結論不會造成任何差別的進一步前提。我們再度思考從「所有人類都會死」、「蘇格拉底是人類」的前提，到「蘇格拉底會死」的結論。一旦我們有兩個前提，就可以確定結論。舉例來說，要是再補上蘇格拉底非常年輕，還有在蘇格拉底進入老年之前會有重大的醫學進步，對於論證的結論也不會造成任何影響。

但這一點對於歸納論證而言卻不算數。從「大多數人類不會活一百年」、

「蘇格拉底是人類」的前提，我們可以有效地做出結論，「蘇格拉底可能不會活一百年」。但是，若增加進一步的前提則可能**改變結論**。如果蘇格拉底夠年輕，而後來的醫學進步夠大，他活到一百歲就變得有可能了。但如果我們再加另一個前提：「蘇格拉底將要走錯路，從一個險峻的懸崖上摔下去」，這個論證的結論又會扭轉為：「蘇格拉底可能不會活一百年」。

對於演繹論證與歸納論證之間的差異，所做的這番哲學分析，解釋了泰勒與克魯曼之間的辯論到底發生了什麼事。因為他們是歸納性地論證其結論的可能性，光是靠增加更多相關證據，像是指出逐漸老化的人口、醫療費用的增加，或者指出有可能對福利體系做認真的改革，他們的推論就變得可被質疑了。就算是證據無可辯駁的強大歸納論證，也有可能被駁斥，除非我們確定這個論證已經考量到**所有相關證據**。

這裡的教訓是：**只有**在我們認為關於結論是否為真的問題，前提裡已經包含了所有相關證據時，才能仰賴歸納論證。就讓我們把這個必要條件稱為「**相關證據原則**」。

為了進一步闡述這個原則的角色，我們來思考兩個論證：一個來自哈佛哲學教授尼爾・弗格森（Niall Ferguson）[5]，另一個則是出自大衛・佛倫（David Frum）[6]，他曾是小布希的講稿作者，也是著名的共和黨專欄作家。這兩個論證都支持在二〇一二年總統大選裡投票給米特・羅姆尼（Mitt Romney）。

弗格森的論證聚焦在歐巴馬的重大「政治錯誤」上：讓國會通過對於財政刺激與經濟市場改革的不當措施；支持一項沒有改變既有體系，還會增加赤字的健保計畫（可負擔健保法案〔the Affordable Care Act〕）；而且在減少赤字方面，沒有與共和黨人達成一個雙方各退一步的「大妥協」。當然，就算弗格森列出的錯誤加總起來等於糟糕的大失敗，他的論證還是需要提出認為羅姆尼會做得比較好的理由。弗格森承認「羅姆尼不是我想像中的最佳總統候選人」，但他繼續引述一些對羅姆尼有利的事實：其一，他選擇了一位非常好的競選夥伴（弗格森在一場晚宴上見過羅姆尼的副總統候選人，保羅・萊恩〔Paul Ryan〕）。弗格森也指出，羅姆尼有商業與行政方面的經驗。

我們可以概括弗格森的論證如下：

1. 歐巴馬在管理經濟時犯下嚴重的錯誤。
2. 羅姆尼並不是最佳候選人，但是：
   (1) 他選擇的副總統候選人非常好。
   (2) 他有身為商人與行政管理的經驗。
3. 所以，羅姆尼應該當選。

我們可能不同意弗格森的前提，但就算我們假定這些前提為真，論證還是顯著地缺乏效果。關於歐巴馬的總統任期，有許多其他的事實（外交政策的成就、教育改革、汽車工業紓困、環境政策）能夠看似可信地提出來，當成誰應該在二〇一二年當選的相關事實。因此，可能有幾百萬美國人接受弗格森論證的前提（1和2），但還是公正地看出沒有投票給羅姆尼的理由。弗格森可能聲稱任何進一步事實的考量，都不會改變他的論證結論，因此他有需要為此答辯。

佛倫的論證有力得多。他承認歐巴馬在第一個任期裡做了一些好事：結束一次衰退期，通過了可負擔健保法案，努力改革教育，而且尋求合情合理的外交政策。他也同意近年來共和黨議員表現得不負責任，必須受到約束。（注意，他使用了善意理解原則。）他說，然而選舉事關未來，而非過去。所以我們必須問的是：從歐巴馬所成就的事物之後繼續往下做，會做得比較好的是歐巴馬，還是羅姆尼？

在佛倫的分析中，下一任總統的主要任務是：一、繼續以負責任的方式推動這個國家脫離衰退；二、成功地執行可負擔健保法案；三、找到更好的教育改革方式；四、繼續歐巴馬成功的外交政策；五、讓共和黨的保守派系恢復一點理性。考慮到這些未來的任務，他選擇羅姆尼的論證是：

1. 羅姆尼在財政上的保守路線，對於維持經濟成長比較好。
2. 他不會像某些人以為的那樣，設法廢除可負擔健保法案，但他會以比歐巴馬更強烈的財務責任意識來執行。
3. 他對教育改革的提議，比歐巴馬的方法更優越。
4. 基本上他會繼續歐巴馬的外交政策，就像歐巴馬繼續執行小布希的政策。
5. 共和黨保守派在沒有歐巴馬激怒他們的狀況下，毀滅性不會那麼強。而且，考慮到總統所屬的黨派通常會在期中選舉時失去議會席次，羅姆尼勝選的結果會讓議會中的共和黨權力較少。

6. 所以，羅姆尼是比較好的候選人。

與弗格森相比，佛倫提出的論證基礎，至少接近一種對於結論的相關議題之**全面性說明**。他提供了一個看來合理可信的整體架構，如果佛倫對其中的證據（前提1到5）說得正確，他的結論在邏輯上就會強勁有力。

就算假定弗格森的前提全部正確，他的論證還是顯得無力，因為它忽略了明顯相關的證據（歐巴馬在外交政策、教育、經濟恢復與環境政策上的明顯成就）。相形之下，無論佛倫的論證之前提是否為假，都比較能滿足相關證據原則。對於一位批評家來說，假定佛倫的前提為真[3]，要證明還有更多其他前提會損害他的論證力量，還真不是瑣碎的輕鬆任務。

無視於相關證據原則，會讓我們對自身政治辯論立場的強度，產生虛假的信心。我提出彈幕般無可辯駁的事實，以非常高的可能性顯示出我的觀點是對的；而你發動同樣可觀的彈幕，來辯護相反的觀點。如果經常如此，我們雙方都只聚焦於自己的論證，都認為我們提出了決定性的證明；但事實上，卻沒有任何定

◉ **注釋**

3 當然，就算是羅姆尼的支持者，也不見得都會接受佛倫的所有前提。但此處的重點是，考慮到這些前提，佛倫有個很不錯的論證。但就算你完全接受弗格森的前提，他的論證並沒有真的證明了他的論點。

論，因為我們沒有考慮到所有相關的證據。

你一定會問，我們怎麼知道自己考慮到所有相關證據了呢？到最後，這種主張的最佳證明，就只是在大規模努力之後，沒有人能夠找到更多考量可造成論證結果的差別。任何針對某個結論的歸納論證，都只是一種**含蓄的挑戰**，要對手提出足以逆轉結論的證據。在此，善意理解原則再度進入對話中。為了證明我的論證適當地支持了自己的觀點，我必須徹底熟悉對手的最佳論證。唯有如此，我才能分辨出自己是否忽視了任何一項與我的結論相關的證據。

確信與論證的限制

到目前為止，我們一直在討論能夠幫助我們的論證更有成果的原則。不過，從憤世嫉俗的角度來看，一件事要是不值得做，就不必做好它。我們需要考慮「論辯」是否具有任何意義。

我們可能相信政治的動力是情緒與欲望，而不是理性。如果是這樣，為什麼要在意事實與論證？因為在我們亂成一團的情感中，有個想要讓信念合乎理性的欲望；我們想擁有說服得了其他明理之人的支持論據。要是他們不接受那些我們所見的、支持我方觀點的強大論證，我們會不自在，因此我們會尋求一個解釋。

我們很想做出結論，說我們的政治對手就是不理性，甚或瘋狂。在二〇一一年，對於一度成了慣例的增加國債上限之角力戰高峰，約翰・麥坎（John McCain）說，對增加國債上限的反對意見「比愚昧還糟」，而且「就像反面的超人（bizarro）」。[7]保羅・克魯曼指稱，歐巴馬在國債上限議題上妥協的欲望，可能是「強迫症式的」。[8]就連像伊莉莎白・德魯（Elizabeth Drew）這樣清醒的記者，也可能評論道：「他們全都瘋了嗎？這個問題並不會太扯。」[9]用比較沒那麼鮮明的詞彙來說，我們可能斷定一個敵對團體的思維，受到一種無法得到理性論證支持、讓人頭腦不清的意識形態所主導。我是理性的（當然啊！），但如果我的對手不是，就沒有理由嘗試跟他們論理了。

大家公認的是，我們全都經常不太理性；我們忽視明顯的事實，或者在推論上犯下愚蠢的錯誤。然而，通常我們會認為對手是不理性的，只是因為其論證是從他們無法證明且被我們拒絕的前提開始。舉例來說，許多共和黨人假定「平衡預算」有凌駕一切的重要性，而許多民主黨人則假定「給弱勢一個平等的機會」

有凌駕一切的重要性。

不過，無法用邏輯良好的論證來支持你的某些基本主張，並不會讓你變得不理性。任何論證都需要一個已經假定但沒有證明的前提。（亞里斯多德在史上第一本談邏輯的書裡，就確立了這個論點。）我們可能為一個未經證明的前提，架構一個進一步的論證，但在進一步的論證中，就會有未經證明的前提。這就是為什麼人類所具有的、最徹底的理性事業——數學，是以未經證明的公理開始的。不能因為對手是從他們無法證明的前提開始，就推論出他們是不理性的。包括我在內的每個人，一定都要從自己無法證明的事情開始。這些我們深信不疑卻不能證明的前提，就讓我們稱之為「**確信**」吧。

為了闡明「確信」的角色，我們先回到保羅・克魯曼和約翰・泰勒之間，關於歐巴馬預算的辯論。我們在一開始視之為相關證據原則的例子。但在牽涉到像克魯曼和泰勒這樣傑出的經濟學家時，有理由假定辯論兩造都察覺到，或者在彼此的交流中會開始察覺到所有相關證據。如果兩位知名專家都意識到了所有的相關證據，他們的結論怎麼可能互相衝突呢？

當然，有一個解釋是，他們其中一人有意或無意地扭曲了證據。舉例來說，克魯曼曾經說過，泰勒的某些論證就只是「不誠實」。[10]不過，也有可能泰勒和克魯曼是根據衝突的確信來進行論證。

泰勒在這個論辯的結論中，最後一道攻擊如下：

克魯曼承認政府支出的增加率受到歐巴馬政策的影響，不過他提出理由說明「為什麼聯邦支出不該維持或者接近它在二〇〇七年國內生產毛額中的占比」（引述克魯曼），論證表示歐巴馬不該選擇這樣的政策。我並不同意。就算以現有的人口統計學來規畫，還是有可能制定良好的改革方案，讓聯邦醫療保險與醫療補助在國內生產毛額中的占比，不至於升高得如此迅速，同時能提供更好的健康照護服務。而且，當然有可能削減其他種類支出在國內生產毛額中的占比，國防支出也包括在內。[11]

在這一點上，泰勒不是訴諸已知的事實，而是推測多種經濟政策的未來結果。雖然這些預測使用了令人佩服的數學模型，但到最後它們卻奠基在哪種政策比較好的**確信**之上。泰勒說，控制醫療支出，並且提供較佳健康照護的「良好改革方案」，在透過降低政府規範與增加自由市場競爭下，是會奏效的。這樣的斷言，表達了他對市場中享有特權的角色與政府規範的危險，有著保守主義式的確信。

克魯曼指出，沒有一個對整體經濟的全面性綜合觀點，是可以被證成的。講到總體經濟學的預測力，他主張經濟學家「必須體認到不理性且通常不可預測的行為有多重要，要面對市場上常見且很有特色的不完美，並接受一個優雅的經濟學『萬物理論』還離我們很遠。用實際的話來說，這將會轉換成更小心的政策建言」。[12]

以我們的詞彙來說，這意謂著：對於經濟整體會如何表現的任何觀點，包括克魯曼自己的自由主義觀點，都仰賴著確信，而我們無法期待對經濟未來的預測能確認這種確信。然而，這並不等於泰勒和克魯曼的確信是不理性的。這些確信有某種直覺上可能為真的性質，尚未被證據駁斥，而且是用嚴格的數學模型規畫出來的。不過到最後，它們表達的是個人判斷，而不是確立的結論。

一般來說，「確信」結合起來構成了我所謂的「**圖像**」，即對於「當前情勢」無所不包的融貫觀點，能引導我們對於某個特定主題的思維。舉例來說，經濟保守主義者認為商業主要是社會與經濟利益的一個來源，這些利益是透過尋求最大獲利的市場而達成的。所以，他們認為政府對於種種行業的主要義務，是確保他們能自由追求自身獲利最大化的目標。另一方面，自由主義者認為獲利最大化的努力，對於社會福祉的威脅至少與其貢獻一樣大。所以，他們認為，政府在商業方面的主要義務，是保護公民免於這些行業的不當行為。

這些圖像有其強項與弱點，而有些例子的圖像特別擅長解釋某些經濟事件。而且，還有一些用來修正與改寫某個圖像的可用策略，能幫助這個圖像處理某些棘手的事實。在高度精緻化的經濟辯論中，保守主義者與自由主義者為各自的圖像，發展出某種像是哲學性證明的東西。[4]不過，沒有人能夠做出一個邏輯上有強大說服力的論證，就算他們能夠證明其觀點是理性的人所能接受的，也是一樣。

這指出另一個關鍵性的哲學區別，在於**邏輯性**（透過演繹或歸納邏輯論證所做出的證明）與**理性**之間；就算你無法透過**邏輯**論證來證明一個主張，接受這個主張可能還是**理性的**。這個區別適用於那些我們全都當成徹底明顯的事實而接

◉ 注釋

4 我們在第 6 章對米爾頓・傅利曼（Milton Friedman）的討論，提供了對經濟觀點做哲學辯護的一個例子。

受，卻無法從任何更明顯之事證明出來的真理上，像是二加二等於四，天空是藍的。這樣的真理是理性的，雖然無法在邏輯上被證明出來。這種區別也適用於不是人人都接受的確信之上。這樣的確信是出於家庭影響、學校教育、個人經驗、與友人討論、閱讀報紙與部落格等事情的複雜混合。

邏輯形式的論證可能在確信的發展上扮演一個角色，卻不是決定性的。我們只是在最後信服了。除了明顯病態的例子之外，這個過程本身沒有什麼不恰當或不理性的地方。幾乎每個人對嚴肅事務形成確信時都是這樣，不只包括政治，還有道德與宗教事務。這樣的確信可以是理性的，就算這些確信沒有得到邏輯論證的支持。

論證與歧見

就像我們已經看到的，這樣的論證不是沒有意義的。從合理抱持的前提開始，你可以論證出任何接受前提的人都必須接受的結論。不過，在政治及其他人生領域中，敵對論證的前提通常有彼此衝突的確信。對於基本前提有不同意見的人之間，能夠產生有成果的論辯嗎？很意外地，答案是「可以」。

雖然接受一個既定的圖像（還有相關的確信）並非不理性，但毫無彈性地嚴守這個圖像，卻可能是不理性的。敵對的圖像，尤其是那些透過與對手互動而發展的圖像，通常很可行，因為它們包括了**例外條款**，承認另一個圖像的某些面向是有效的。在此，堅持善意理解原則可能是一項重要因素[5]。

我們來思考一個可規範某個行業，以便增進公共利益的提案。抽象地說，自由主義者傾向於支持、保守主義者傾向於反對這樣的措施，完全是恰當（而且理性）的。但雙方需要注意這個情境中的事實，以便看出他們是不是能援用一個例外條款。舉例來說，核能電廠輻射外洩的風險可能太大，所以不能保留自由市場原則，或者失業的嚴重性可能值得讓小生意豁免某些規範。在自由主義者或保守主義者變得無法這樣思考時，他們的立場就可能變得不理性。

亞里斯多德提供了某些有幫助的術語。他說，*Sophia*（大致可譯為「理論知識」）掌握了普世的真相，而要恰當應用這些真理到特例上，*phronesis*（大致可譯為「良好的實用判斷」）是必要的。雖然亞里斯多德可能不同意，一個深度

◉ 注釋

5 第 9 章會討論另外兩種重要的模式：**重疊共識**（overlapping consensus）和**內部批評**（immanent critique），可以讓彼此有強烈異議的人之間，產生成果豐碩的論辯。

多元主義的社會，需要承認多樣的、甚至彼此衝突的 *sophia*（理論知識）來源，例如我們先前已經提到的敵對圖像。關於種種圖像的理論真理之討論是很重要的，但對於實際政策的制定，這些討論沒有提供多少價值。然而，政策的制定確實常常需要亞里斯多德式的 *phronesis*（實用判斷），特別是要有能力認出哪些顯著事實需要援用某個指導圖像的例外條款。一個政治辯論的參與者要是缺乏 *phronesis*，我們就有權判斷他們是不理性的。事實上，缺乏這種 *phronesis* 就是「狂信」的良好定義。

最後一點是，與敵對圖像保持接觸，可以縮小敵對立場之間的距離，並且讓政治上的轉向變得有可能。雖然沒有特定論證說服我：「我是錯的」，但在許多思索與討論以後，我可能發現舊的確信褪色了，並發展出新的確信。到最後，我總算跟昔日對手以差不多相同的方式來看待世界。就算論證中沒有決定性的角色，這個轉向的過程卻可能相當合乎理性。無可否認地，這樣的轉向比較有可能發生在一般的投票者身上，而不是在政治家本人身上。對他們來說，基本觀點上的明顯變化，比較有可能是感覺到當時的風向，而不是因為看見真理之光。

知識同儕與歧見的難題

我們已經看到，就算在牽涉到敵對的確信時，政治辯論也可以成果豐碩。我們可能透過敵對確信的例外條款，對於實際行動達成共識，甚至讓對手轉而接受新的確信。

但如果出現的狀況是——這很常見——就算在最徹底、心態最公平又最善意的討論之後，我們仍然對公共政策議題有歧見呢？

很明顯的是，重大政策爭議是複雜的議題，博學又講理的人們之間可能都對此有歧見，然而我們鮮少在公共辯論裡認知到這項真理。典型的評論專欄或讀者投書都暗示，任何有能力判斷這個議題的人，都應該同意他們的觀點。我們被告知，歧見之所以出現，一定是因為缺乏知識或是推論技巧差勁（如果不是因為道德上有所欠缺）。

當然，所有對手都比我們知道得少或推論較差，是非常不可能的。誠實地反省之後，我們應該承認，無論自己的政治觀點為何，另一邊也會有人對這個議題知道得至少跟我們一樣多，而且至少跟我們一樣擅長從這種知識中得出結論。舉例來說，大多數人若與克魯曼或泰勒進行經濟辯論，都不會占上風的。

所以，對於大多數的政治事務，我們有哲學家所謂的**知識同儕**——至少程度跟我們一樣，具備對某件事做出良好判斷所需的知性品質之人——而他們有著跟我們不一樣的看法。我們應該如何看待此事？聲稱「這無關緊要」是很誘人的。無論誰的意見與我不同，我都有權主張自己的看法。那是思想自由。

但是，**思想自由**並不蘊含**思想正確性**：我有權堅持自己的觀點，並不表示我有主張這些觀點的好理由。畢竟，我不是認為「反對者有權提出意見，卻無法適當地用事實和理由來支持它們」嗎？他們有權主張其觀點，但我看不出這些觀點是經過理性證明的。

我們必須問：當知識同儕與我們意見不合時，我有質疑己方觀點的好理由嗎？我不是應該把他們的歧見視為辯論中的另一個證據，而可能對我的立場不利嗎？如果是這樣，那麼有歧見的事實似乎就損害了每個人的政治確信。我的觀點並沒有比同儕的辯解更有道理，為什麼我應該繼續保持下去？這條思路將招致一種讓人衰弱的懷疑主義；在知識同儕間無法解決的歧見面前，我們全都應該暫緩判斷這個爭議性議題。

布朗大學的哲學家大衛・克里斯坦森（David Christensen），提出一個簡單的例子，把許多近期的哲學研究成果聚焦到歧見上。[13]我和一位朋友同意平分午餐費，拿到帳單時，我們兩人都看過了，加上二十%的小費（在飲食上）後，把該付的錢放在餐桌上。不過，我朋友留的錢比我少五塊。在大多數狀況下，進行這麼簡單的計算時，我們會把彼此視為知識同儕，兩個人在這個任務上都是很可靠的。我們都不會堅持自己的計算是對的，反而會同意我們都有同樣的機會可能算錯，所以重新計算，直到我們彼此同意為止。但直到我們彼此同意之前，沒有一個人會自稱是對的。

同儕之間的政治歧見比較複雜，卻有同樣的邏輯架構：兩個人，同樣可靠，對於一個主張有不同的意見。如果餐廳例子裡的雙方在意見相同之前，應該懷疑自己的結論，為什麼政治性的例子就不一樣？

當然，在政治性的例子裡，同儕很可能永遠都不會意見相同。他們可能訴諸專家意見，不過雙邊都會有同樣夠資格的專家。所以，雙方不是應該永遠懷疑各自的主張，然後承認自己永遠不知道——以前例來說——是否應該撤銷可負擔健保法案嗎？不過，這很快就會導致一個荒謬的選擇：不是完全拋棄我們的政治觀點，就是沒有理由地繼續堅持下去。

為了避免這種結論，我們必須找到餐廳例子與政治歧見之間，所具有的某些關係重大的區別。一個歧異點在於兩個用餐者只有快速地看一下帳單，而那些擁護某政治觀點的人，通常都已經仔細地思索過他們的理由了。如果我已經嚴密地確認過我該分的帳單（用了計算機，每一個步驟都檢查過好幾次），不管朋友的結論是什麼，我難道不會對自己的結果很有信心嗎？不過，假定我知道朋友會用同樣小心的態度計算過了呢？那我不就應該要重算嗎？

餐廳中的意見不同也是極端侷限性的。我們記下不同的帳，並不表示在其他主題上也會意見不同。然而，政治歧見可能的範圍既廣且深。如果我們對健保的意見不同，很可能對社會福利、預算赤字和商業規範都有不同意見。而這種歧見的範圍，可能從我們基本確信的不同而延伸出來。或許這樣徹底完全的差異，指出了另一邊的人並非我們的知識同儕。如果我認為他們對於這麼多事情都錯得這麼離譜，為什麼我應該同意他們知道的跟我一樣多、判斷力跟我一樣好呢？另一方面，如果我有很好的證據，可認為我和對手在彼此意見最不同的主題上，一樣有知識、一樣聰明，那麼在我們意見不一致時，我憑什麼認為自己比較優越？

我們可能認為餐廳例子太簡單，無法捕捉實際政治歧見的複雜性與細微之處。這種歧見與帳單之類的爭議不同，通常是來自於道德價值的分歧，而且牽涉到強烈而衝突的情緒、利益、同儕壓力和意識形態。再者，許多政治意見不同是極端微妙的，無法化約到一個簡單的是或否。[14]

然而，餐廳例子顯示出我們通常會遵循一個原則：**在知識同儕意見不同時，他們應該暫緩判斷，直到意見分歧消解為止**。問題是，這個原則該應用到像政治歧見這樣更複雜的例子裡嗎？雖然指出了「這些例子不相同」的正確論點，並不表示我們不該應用同樣的原則。我們需要解釋為什麼這種複雜性（價值、情緒、意識形態等），讓我們在面對同儕歧見時，仍應該繼續保有自己的政治觀點。

乍看之下，這種固有的複雜性似乎支持遵循前述原則。而政治歧異與簡單的餐廳例子不同，是因為它們牽涉到用多少理性討論都無法消解的非理性因素。但如果是非理性觀點導致了我們的政治歧異，那麼拋棄這些觀點，不是很順理成章嗎？

或許吧。然而，我們的基本確信，尤其在價值觀方面，有時候沒這麼不理性，其理性成分不會比餐廳帳單例子裡運作的理性（在此例子中，有個簡單、客觀的方法可以決定誰是對的）埋藏得更深。尤其是關於基本價值的確信，可能表達出我身為一個人的道德完整性，這讓我沒有理由只因為一個知識同儕看待事物的方式與我不同而去妥協。蘇格拉底、耶穌和甘地，或者歷史上任何一位偉大的道德英雄，應該為了其他同樣博學理性之人不同意他們，就放棄自己的基本確信嗎？在此，基本的道德差異，勝過所知的事實與良好的推論。

此處浮現的觀點，近似已故英國哲學家伯納德．威廉斯（Bernard Williams）對效益主義道德所提出的批評。根據效益主義觀點，我們應該總是以最有可能增進社會整體幸福到最大程度的方式來行動。[6] 威廉斯提出一個他認為有損效益主義觀點的例子。[15]

該例子的摘要如下：新科生化學博士喬治，在極端緊縮的工作市場上，急於找到工作以供養家庭。他的導師幫他內定了一個發展生化武器的工作。這位導師知道喬治是一個和平主義者，而且強烈反對生化武器。他同情喬治的立場，卻指出如果喬治不喜歡這份工作，就會將它給另一個剛好強烈支持生化武器計畫，又

◉ **注釋**

6　對於如何定義快樂，還有如何決定某個行動產生的快樂「數量」，有很多複雜之處，但這些議題對於我們現在討論的重點來說，並不重要。

同樣夠資格的人選。導師表示，如果喬治接受這份工作，不只是喬治和他的家人，這整個世界都會變得比較好。

威廉主張：喬治不該接受這份工作（或者，至少這位導師對接受工作所提出的效益主義論證，並沒有勝過這份工作與喬治的和平主義者身分之間的衝突）。

同樣地，個人操守的考量，可以壓過知識同儕的歧見。在兩種例子裡，個人操守的偏好，都是建立在「因為某些知識同儕的不認同，我應該放棄任何或全部最基本的確信」這一點的道德荒謬性之上。用路德維希・維根斯坦（Ludwig Wittgenstein）的話來說，這就是「我的鏟子都彎了」，我已經撞上確信的基礎岩盤，在這種情況下，同儕所表示的歧見已不重要了。

但是，在個人操守不受威脅的狀況下，又如何呢？在知識同儕有歧見時，我應該放棄（不是否認，而是擱置判斷）自己的確信嗎？在此，我們需要考量意見歧異的程度。在有相同數量或更多的同儕仍然同意我，或者直到有明顯多數不同意之前，我都沒有理由退卻。但就算面對壓倒性的同儕歧見，且同時承認（至少對自己）這些確信可能是錯的，堅守我的確信可能還是合理的。只要某立場的正確性有不可忽略的機會，在公共辯論裡讓某立場露出就是合理的，而誰會比強烈傾向於接受它的人更適合為之發聲呢？

論辯哪裡好？

所以，我們看到了，在與知識同儕之間有無可消解的歧異時，我可以有理地堅持自己確信的事。但就算在這種狀況下，參與論辯仍是有價值的，因為這有助於揭露我的確信是什麼，還有我的支持程度有多深。在此，我們需要訴諸最後一項原則：**自我理解原則**。對，公共辯論是很有價值的，因為它給我們支持己方觀點的機會。不過，同樣珍貴的是，它給我們反省那些確信的機會。透過辯論，我們被迫考慮自己的確信對於個人操守而言有多核心。有時候，對於某個爭議性議題，我不加質疑而接受的事物，並不是一種真正的確信，而只是我順手撿來的信念，根本沒想過自己是否信服。在爭議性議題上，只有禁得起持續反省與測試的事物，才能擁有理性確信的地位。在可能做到的範圍內，我也應該設法理解對手的確信本質及深度。

有了這種理解，我可以評估政治評論中真正重要的是什麼：我應該在何時因為某個議題並不牽涉到我的確信，而接受改變心意的可能性；當我的確信不涉及個人操守時，可以在面對同儕歧見時放棄或妥協，以便達成對我來說更重要的目標；而我在何時又必須說：「這就是我的立場，我不能做其他選擇。」若少了這種辛苦得來的自我理解，政治辯論可能輕易地變成一個遊戲、一種知性競賽，在其中，我除了取勝以外，沒有其他終極目標。

我們知道政治辯論本身不太可能確定任何重大議題。這就是為什麼在民主政治體系中，會採用投票方式。辯論是投票的序幕。但我投的票如何關係到先前的辯論？與我們可能以為的不同，其相關性不是透過表達「我認為誰贏得辯論」而建立的。我投的票，只是標示出我想為誰保有一個權威性的地位（或者，在公民投票的例子裡，哪種法律該被採用）。有各式各樣的原因會決定我所投的票，從個人私利到所屬各種團體的利益都包括在內，甚至包含國家或世界的共同利益。

然而，在每種狀況下，在我投票支持我真正想要的人事物時，知識都有其重要性。如果我想投票支持我的私利，那麼我需要知道是否付出較低的稅真的對我有利，而且要是如此，某一位候選人是否可能降低我的稅。更普遍來說，如果我想透過投票達成某個目標，那麼我需要知道哪個政策可讓我達到目標，還有某位特定候選人是否會實際執行這個政策。

毫無約束的公共辯論，是得到這種知識最可靠的過程，因為其他過程——接受另一個人的權威、跟著情緒走、同意最吸引人的廣告、靠本能行事——並非直接針對知識，而只能憑意外獲得。公共辯論的層次越高，也就是公共辯論越接近於滿足前文討論到的各種原則，我就越有機會投票支持我真正想要的人事物，無論是哪個理論支持了我的決定。

◉ ◉ ◉ ◉ ◉

我們已經見識到哲學方法與概念，如何提供指引以導向有成果的政治辯論，並且理解我們可以期待這些辯論產出的種種結果。在本章發展的原則與概念，都適用於後續章節的議題。在整本書裡，我們會把兩造論證以各自最強大的形式來呈現，考慮所有相關證據，留心確信所扮演的角色，以及因此導致的論證極限，還有在論證已經極盡所能時，負責地評估仍存在的歧見具有什麼樣的重要性。

在後兩章裡，將會展現哲學思考如何幫助我們評估以科學之名提出的主張。

Chapter 2

科學：一種使用指南

－預測成功原則
－相關性研究及其限制
－實驗室與真實世界的對比
－「在此有效」與「在彼有效」
－以證據為基礎的公共政策
－氣候科學
－科學與氣候政策：或然率對上價值

幾年前，太空科學家宣布，太陽閃焰可能在地球上製造出強烈的電子效應；使得航空公司調整航班安排模式，電力公司監控電力網的湧浪現象，北方各州的居民則制定計畫要尋找北極光。對於科學在人類社會中所擁有的**認知權威**（cognitive authority），這些是簡單卻驚人的例子。除了科學之外，沒有其他超越常識的知識主張，能讓我們這麼輕易又普遍接受的。如果你在賣肥皂、敦促他人支持你的理想，或者告訴他們該如何扶養小孩時，要引起他們的注意，你需要呈現出看來像是科學證據的東西。

◎ ◎ ◎ ◎ ◎

第一章中，引進了各種與公共議題討論相關的概念、原則與區別。我們現在要轉向有助於評估訴諸科學權威的哲學工具。

我們先從**預測成功原則**（Principle of Predictive Success）開始，這讓我們不只是把物理和化學這樣的可靠科學，與占星術這樣的偽科學區分開來，也與合格的科學性學科（大部分在人文科學）區分開來。在引導公共政策方面，人文科學應該有個較受限的角色。有一連串關鍵的哲學區別，讓我們可以評估大眾媒體中關於人文科學研究成果的主張。

相關性（correlation）與**因果性**（causation）之間的區別，有助於評估來自生物醫學科學的主張。**實驗室**與**真實世界**的進一步區別，則引起實驗心理學中關於「促發」（priming）現象的疑問。

接下來，我們討論有證據基礎的公共政策（在教育及其他方面）的限制，運用了**在某個情境下有用的事物**，還有**在另一個情境下將會有用的事物**之間的區別，並注意**自我駁斥知識的問題**（problem of self-refuting knowledge）。最後，我們轉向氣候科學，這個領域當前的論戰需要反省**訴諸權威的邏輯**（logic of appeals to authority），還有**或然率**與**價值**在決策中扮演的角色。

◉ ◉ ◉ ◉ ◉

預測成功原則

並非一切自命為「科學」的東西都值得我們賦予信心。有一些可靠科學的清楚實例，尤其是在物理、化學與生物這些核心自然科學；也有不可靠偽科學的清楚實例，如占星學、骨相學、順勢療法。是什麼把真科學與偽科學區分開來？歷史學家兼哲學家湯瑪斯・孔恩（Thomas Kuhn）[1]就替成功科學的特徵做了很好的解釋，他稱之為「**範式**」（paradigm）：某個獨特成就，成功到一個研究領域裡的每個人都把它當成後續工作的模型。牛頓三大運動定律及重力定律的發現，長期以來一直是物理學許多領域裡的工作範式。追隨他的科學家，同時接受了他的結果（定律），以及他用來做出發現的方法（以微積分數學為基礎的理論推演，得到精確的觀察與實驗確認）。詹姆斯・馬克士威（James Maxwell）在十九世紀發現了以他命名的方程式，同樣變成了電磁現象領域裡科學家進行研究的範式，就像生物學裡的達爾文天擇過程演化論。

根據一種解讀，孔恩的範式是社會性的，而非知識論上的。也就是說，範式指出了一個群體中的**共識**，而不是獨立於這種共識之外的**知識**（*epistémé*）。科學無可否認地在方法與結果上都需要社會共識；同時，一個學科的認知權威——具體來說，是該學科當成未來指南的可靠性——需要超越共識的東西。我們對於某件事情將會發生的信念，一般來說，對於**真正**會發生什麼事並無任何影響。說到底，認為科學（或者任何其他東西）可以預測未來的唯一良好理由，在於它先前曾經做到這件事的證據。用孔恩的術語來說，預測未來對於一個科學範式的成功來說，是不可或缺的。

一門學科可能被**科學周邊工具**（paraphernalia of science）所包圍，包括技術術語、數學方程式、經驗資料、小心設計的實驗，甚至是實踐者之間的共識。這樣的學科，可能遵從我們在第一章討論過的原則：實踐者在討論爭議性議題時遵守善意理解原則，考慮所有相關證據，並且達成把任何殘存歧見縮減到最小的高度共識。不過，除非一門學科有預測未來的紮實紀錄，否則我們就沒有仰賴它來指引未來會發生什麼事的基礎。

雖然我們常用「科學」來指涉任何用科學方式（即展現科學周邊工具）來研究世界的組織性努力，但不是所有科學都能可靠地預測未來。所以，我們需要把**科學**與**預測成功的科學**區分開來。一個少有或根本沒有預測成功的科學，可能在其他方面是很寶貴的；舉例來說，它可能精確地描述且清楚明白地組織一批資料。但這不是實際決策的可靠指引。更進一步說，有不同程度的預測成功，而某個特定科學的不同部分，可能有不同程度的可靠性。

就算在自然科學中，從日食到核能等學科有許多驚人的成功預測，預測力仍是一個議題。基礎物理（宇宙論與基本粒子理論）理論家爭論，長期以來被視為強大數學工具的「弦理論」，是否曾經產出，甚至是否可能產出任何預測。演化生物學也曾經引起疑問，在這個分支裡，因為包含極為龐大的時間尺度，要做預測及驗證預測（好比說新物種的出現）實際上是不可能的。但稍微反省一下，就會顯示演化理論可以成功地預測我們在化石紀錄裡會找到什麼。舉例來說，達爾文正確地預測了，人們會在前志留紀地質時期的岩石中，發現三葉蟲較早期的形態。（像這種對於我們會在過去的遺跡或史料中發現什麼的預測，稱為「逆推」〔retrodiction〕）。

看來，可能是**解釋**，而非**預測**，讓科學的認知權威有了基礎。說到底，「解釋」告訴我們，**為什麼**某件事情發生了（它的原因），而不只是**它會發生**。不過，一件事通常有各式各樣可能的解釋。舉例來說，在天王星的軌道脫離天文學家的計算預測時，他們假定有另一個星球——海王星（有剛剛好的質量與位置）——來解釋這些誤差。但這些誤差，同樣可以藉著像是天王星有衛星的假定、修正天王星與太陽之間的距離估計值，或者甚至稍微修改重力定律來解釋。

海王星的存在，是最有可能的解釋，不過，直到天文學家的望遠鏡證實了對其位置與質量的預測之前，海王星仍舊只是一個假說。一個成功的解釋——揭露事發原因的解釋——一定有它的成功預測做保證[1]。

我不會嘗試對人文科學中的預測做全面性的討論。我的焦點是在大眾媒體報導中，被呈現為與個人及公共決策相關的科學結果；我的目標則是為非專家讀者提供某些哲學工具，以評估這些主張的相關性。

相關性研究及其限制

當然，生物醫學科學產生了某些有史以來最引人注目又最有效的預測科學。有了抗生素、疫苗和其他藥物治療，還有先進的造影與外科手術技術，我們有了史無前例的力量，可以控制醫療結果。但生物醫學科學本身的成功，再加上它所提供的資源對我們來說有攸關生死的重要性，這兩者已經引導我們去誤判並扭曲其中的某些成就了。

幾乎每一天，我們都會讀到一則新的醫療報導，說只要我們（舉例來說）吃

⊙ **注釋**

1　在討論**相關性**與**因果性**之間的區別時，我們會看到更多因果與預測的關係。

更多魚、喝紅酒而不是白酒、服用紫錐花，或者開始練瑜伽，就會變得更健康。這樣的研究，代表了一個我們應該加以注意的知識體系嗎？

整體來說，並非如此。要了解為什麼，我們需要某些科學方法論哲學的背景。我說**哲學**，是因為對科學方法的研究並非純粹的經驗學科。這種研究的目標，並不是去描述事實上科學是怎麼做的，而是決定科學應該怎麼做。科學的經驗方法本身無法告訴我們應該做什麼；這些方法提供給我們的是事實，但對這些事實的價值卻無話可說。就算在科學家為方法論的問題提供答案時，他們都不是訴諸於實驗事實，而是訴諸於他們對科學研究應該怎麼進行的哲學反省[2]。

第一個關鍵性的方法學論點是，大眾媒體最常報導的生物醫學「結果」，是**觀察性質的研究**。這樣的研究可以告訴我們，某些實踐作法與較佳的健康有**相互關聯**（correlated，或**相關**〔associated〕），而不是這些實踐作法**導致**我們變得比較健康。（相互關聯事件與起因之間的區別，請參考這個簡單例子：隨著兒童長高，他們認得的字彙也增加；所以，長高與更多的字彙有相互關聯性。但我們不能說，是長高**導致**字彙增加。）

⊙ **注釋**

2 這不是指科學方法的研究沒有訴諸科學如何實踐的歷史事實。不過，這樣的事實資訊，只有在已知研究中的這些實踐符合好科學的標準時，才會相關。這些標準表達了不能光看事實就決定的價值判斷。同樣的論點也適用於科學行為類的心理學或社會學研究。

相關性是比較容易建立的：只要比較有某種特徵（有較多字彙）的人與沒有的人，然後看看他們之中是否有比較多人具備另一種特徵（長得較高）。要證明因果關係就難得多了。我們必須確定所比較的兩個團體，除了我們懷疑可能是原因的那個差異以外，沒有其他相關差異。如果有其他的相關差異，其中一個可能是實際上的原因。排除其他相關差異的最常見方法，就是透過**隨機對照試驗**（**randomized controlled trial, RCT**）。

這裡是一個隨機對照試驗的簡單例子。假設我想知道學生們如果知道上次測驗的成績，會不會在這次測驗裡表現得比較好。我挑選一群學生，如我的哲學概論課裡的兩百人，當成隨機對照試驗裡的「受試者」。然後，我把學生分成兩群：會得知上次成績的人（**實驗組**）與不會得知的人（**控制組**）。讓這種試驗被稱為「**對照試驗**」的，就是這種區別。為了讓試驗**隨機**，我選擇用一個隨機過程來選擇誰要進入哪一個組別（例如，為每個學生擲銅板，人頭朝上者為實驗組，數字朝上者為控制組）。然後我做測驗，看看兩組的平均成績是否有任何差別。如果有，我就做出結論，差異是由實驗組知道先前的成績所導致；如果沒有差別，我的結論就是知道先前的成績並沒有影響[3]。

◉ **注釋**

3 在實作上，進行隨機對照試驗比這個例子更複雜且困難得多。除了許多其他問題外，要確定實驗組與對照組的分配實際上是隨機的，並不容易。

隨機對照試驗背後的邏輯是這樣：既然學生被隨機指派到兩個組別，兩組在試驗前的平均成績應該沒有差別。尤其是影響學生在測驗中做得比較好或比較差的任何其他可能原因，如出席率、過去的成績、大學幾年級、性別等等，就應該平均分配在兩組之間。所以，造成成績差異唯一可能的原因，就必須是這個事實：有一組知道他們過去的成績，另一組不知道。

隨機對照試驗不一定總是可行。有時就是沒辦法隨機分配受試者，而且（或者）沒有合理方式可控制在各組運作的可能原因。舉例來說，科學家想知道早婚（在二十歲前）是否會影響到男人的收入，不可能在實踐上（或在倫理上）指派一個實驗組在二十歲前去結婚，另一個控制組則不這麼做。在這種例子裡，我們可以退回**觀察性研究**（observational study），這種研究通常告訴我們：兩種因素總是（或經常）彼此伴隨出現。所以，舉例來說，我們可以比較國稅局資料中，已婚與未婚男性的薪水。不過，就算我們有所發現，好比說早婚的男人收入較低，我們無法因此做出結論表示，造成差別的原因就是有沒有結婚。有可能是這樣：收入較高的男性比較不可能早婚，或者有某個其他因素（或許是沒上大學）同時導致早婚與較低的收入。

觀察性研究確實常常指出因果上的關聯性，畢竟起因與其結果是相互關聯的。但普遍來說，直到更嚴格的隨機對照試驗證實之前，仍然是嘗試性的。舉例來說，至少從二〇〇四年起，我們就曾經讀過關於「維生素D可能預防關節炎」的研究。[2]有一份二〇一〇年約翰．霍普金斯大學健康報告指出：「在過去十年裡，曾經有大量研究指出維生素D在關節健康中扮演重要的角色，而維生素D低於一般水準，可能是造成風濕類疾病，像是風濕性關節炎與骨關節炎的風險因素。」[3]然後，在二〇一三年二月，一個隨機對照試驗讓先前的研究受到嚴重的質疑。[4]同樣地，儘管許多研究指出，服用菸鹼酸來增加「好膽固醇」，可減少心臟病發的情形，但另一個隨機對照試驗卻顯示菸鹼酸無效。[5]

在某些狀況下，精密的觀察性研究可以建立一個因果關聯；科學家就是用這種方式來證明吸菸會導致癌症。不過，比較沒那麼嚴格的觀察性研究更常見得多，而且沒有明確跡象顯示事實與其相反，所以我們應該假定自己不能仰賴大眾媒體報導的結果。

媒體報導經常暗示，他們報導的生物醫學研究成果對我們自身健康的決定很寶貴，而就整體來說，這些報導形成一個廣泛的實用醫學知識體。事實上，大多數生物醫學研究結果都沒有立即的實用價值。這些成果所做的，是讓科學家前進一小步，以更接近一個可能真正有用處的最終結果。用新聞術語來說，大多數的相關性研究，對於正在尋找可能值得測試的假說的科學家來說，才算是「新聞」。有些人感興趣的，是能夠賴以改善自身生命的科學，但對這樣的人來說，這種研究無關緊要。那些研究是科學過程的一部分，卻不是這個過程裡的可靠產品。

❷實驗室與真實世界的對比

就算我們的實驗給了我們一個因果關係，這些實驗可能也不容許我們做出有用的預測。舉例來說，來思考一下某些心理學實驗，它們揭露了「促發」在人類行為上常常有很驚人的效果。

在實驗情境中一個看似瑣碎的變化，造成受試者行為上的重大變化時，促發就發生了。經典的促發實驗要求大學生用特定一組詞彙來造句。一組人得到的字詞包括幾個跟年長者相關的詞彙（例如，「賓果」、「灰色的」和「佛羅里達」）。另一組人得到的詞彙沒有這樣的聯想。在這個語言學練習之後，參與者被指示要走過一條走廊，離開建築物。雖然參與者沒有察覺到，但實驗人員計算了他們走過走廊的時間。得到老人相關詞彙的人，比另一組人走得更慢。這組人已經成功地被「促發」到走路變得比較慢。

同類實驗已經揭露了在整體人類行為中運作的大量促發反應。被較大數字的念頭促發的人，願意為商品付出較多錢，並且把人的年齡或城市的大小估計得較高。那些進行抽象思維促發的人，比較會願意同意殺一個人以取用器官，來拯救許多其他人的生命，而那些本來一直想著金錢的人，比較不願意幫助掉了鉛筆的陌生人。[6]有相當多爭議是因為實驗人員無法重現某些知名促發現象而引起的。[7]這個問題有待釐清，不過多年來關於這種現象的科學報告，光看數量就不太可能認為這種現象不存在。

促發實驗讀起來很引人入勝，不僅提供了大量話題，也提醒我們，在面對非理性力量時，我們有多脆弱。不過，根據這些實驗所做出的主張，通常比實驗本身更強得多；尤其是這些實驗常被認為提供了影響人類行為的強勁新工具。不過，更仔細的分析卻不支持這種主張4。

⦿ 注釋

4 我的討論聚焦於「促發」，而不是更寬廣的行為經濟學領域，其領域涵蓋了許多影響我們決定、需要分別評估的非理性影響力。

促發實驗並沒有告訴我們，促發在**實際**情境裡有多重要。（就像心理學家的說法，實驗效度並不蘊含「生態效度」〔ecological validity〕。）我們知道，促發在高度簡化並受到控制的**實驗室條件**下，有驚人的效果；在這種情境裡，受試者只會暴露在精心選擇過的刺激之下。但我們鮮少知道促發刺激（例如，想到金錢、大數字、抽象問題等）在**真實生活中未受控制的環境**裡，各種刺激可能彼此衝突的狀況下，到底能多有效。而且，即便是很強的促發刺激效果，我們鮮少有理由可認為它能維持長久到足以造成重要的實際差異。

約翰·巴吉（John Bargh），一位曾在促發現象方面做過某些重要工作的耶魯心理學家，在二〇〇六年的一篇文章裡承認，他沒能把促發延伸到真實生活的情境中。[8]他說，促發研究已經來到它們的「童年盡頭」。現在，「我們必須設法把無意識察知、評估與行為影響力的發現，從實驗室延伸出去，進入這些影響因素全都以某種方式結合起來，驅策我們行動的複雜喧囂真實世界。」不過，在二〇一二年，巴吉及其同僚在一份對於近期促發研究所做的詳盡調查報告裡，沒有引用任何對真實世界情境的應用。[9]他們引用的所有研究都來自實驗室，或是經過精心控制的田野實驗。

流行大眾報導通常說，促發實驗結果是「顯著／重要的」（significance）。然而，這種用語指涉到的是**統計上的顯著性**（statistical significance），講的只是觀察中的效果為真且無法歸諸於機率的可能性，但對於這種效果的**實際**顯著性，卻什麼也沒說。統計顯著性告訴我們的是，我們有多確定這種效果**存在**。一般來說，科學期刊要求九十五%的確定性：如果同樣的實驗進行了二十次，平均來說只會有一個實驗沒找到這種效果。不過，它本身並沒有告訴我們，這種效果在實際上會造成**多大**的差別（或者多重要的差別）。

所以，實驗室結果並不會直接轉移到我們想控制的真實世界事件上。在自然（非人文）科學中，一般來說，我們可以照自己喜歡且能力所及的任何方式，來控制並探查無生命物體，產生精確定量標準的效果。不過，人類的複雜性、關鍵變數的相互獨立性，以及約束人類受試者的倫理限制，都讓人文科學中的這種控制變得比較不可能。

理查．塞勒（Richard Thaler）與凱斯．桑斯坦（Cass Sunstein）的暢銷書《推出你的影響力》（*Nudge*），闡明了促發實驗的限制。[10]作者們從對於促發與類似實驗結果的極佳討論開始，然後提出好幾個公共政策提議，其中大多數相當明智，據稱是被這些科學結果所激發出來的。但事實上，他們的建議幾乎沒有任何一個要仰賴促發與其他科學研究結果。他們的想法通常與常識或商業界長期應用的策略一致。他們推薦在給他人選擇時（舉例來說，關於退休計畫或器官捐贈時），你應該讓你偏愛的選擇成為預設選項；在信用卡帳單上提供較多或較少資訊，取決於你是否要大家每個月只付最低金額；在自助餐廳或超級市場排列食物時，讓你最想賣掉的項目最容易被取得。就像哈佛政治經濟學家班傑明・佛利曼（**Benjamin Friedman**），在他對該書的書評裡指出的，「我們不需要行為經濟學……才想到這樣的建議可能很有幫助。」[11]

這本書的網站上，有一篇對國際廣告公司資深高階主管約翰・肯尼（John Kenny）所做的專訪，進一步闡明了這個論點。這位高階主管聲稱「行為經濟學」對其公司的工作有很大的重要性，但他的例子都反映出常識而非科學上的驚奇：為顧客提供免費寬頻網路，提供可與朋友分享的折價券，還有這個觀念（他的最愛）：「說服（年輕人）某個電玩很酷的最佳方式，是對他們說，他們的媽媽討厭這玩意。」[12]

對於我們的心智如何運作的細節，促發實驗仍然是重要的資訊來源。不過，這些實驗對重大實際後果的主張，卻沒有太多證據可支持。在經過控制的研究室條件下建立的因果關係本身，無法幫助我們控制實驗室外的事件。

「在此有效」與「在彼有效」

就算我們在一個現實生活脈絡下，已經建立C（因）導致E（果）的關係時，還是不能自動地把這個結果延伸到其他脈絡裡。就像知名的科學哲學家南西・卡爾萊特（Nancy Cartwright）曾經強調過的，最好的隨機對照試驗裡所建立的，也只是在某種特定情境裡，一個因有某種果。[13]在此，從物理學上借用一個例子：一根羽毛與一顆鉛球從同樣的高度墜落，會同時到達地面，但只有在沒有任何空氣阻力時才是如此。典型的狀況是，科學定律只有在某些特定條件下，容許我們預測某種特定行為。如果這些條件無法維持，定律就無法告訴我們會發生什麼事。

在面對自然界時，我們的立場通常是：要確立種種環境條件，足夠貼近讓一條定律有相關重要性。由於人類（尤其是社會性的）世界中的高度複雜性與相互關聯性，要做到這一點難如登天。對於某學區的師生來說很有效的五年級數學教學方法，對於另一個學區的師生可能就不管用了。

所以，隨之可以推論的是，就算有來自「純粹科學」的可靠結果時，也需要相當於社會工程師的人物：這些人能夠告訴我們，這些結果如何應用在我們處理的情境上。對於自然科學（物理、化學、生物學），我們有早已確立的工程學科。不過，用在人類世界裡的工程學科等價物，除了極少數例外，其他還早得很。

卡爾萊特提供了一個有力的例子。[14]在一九八〇年代，有人發展出一項改善印度泰米爾納德邦兒童營養的計畫（簡稱 TINP）。這項計畫很成功，大大減少了兒童營養不良的狀況。世界銀行贊助了一個由社會科學家進行的嚴密研究，顯示這項計畫減少了二分之一到四分之三的營養不良情況。在一九九〇年代，本質上一模一樣的計畫在孟加拉施行（簡稱 BINP），卻幾乎沒有效果。在這兩個例子裡，其計畫都牽涉到一個特殊的整合系統，就是要教育母親關於營養的知識，還有提供額外的食物及取得健康照護的管道。

BINP 計畫的失敗主要有兩個理由。在泰米爾納德邦，母親同時負責採買食物與決定給小孩吃什麼，而在孟加拉，通常買食物是父親的事；而關於兒童該吃什麼，常常不是由母親決定，而是由她們的婆婆決定。因此，教育母親關於營養的知識（**TINP**中的關鍵元素），在孟加拉沒有相關效果。這項計畫失敗了，並不令人意外。

卡爾萊特用這段格言來總結這個情況：「在此有效，不表示在彼有效。」她講得這麼單純，這個論點看似明顯又瑣碎。但這件事卻很容易被忽略，尤其是在我們把社會科學想成跟物質科學很相似的時候；在物質科學中，因果原則通常可以被普遍化，而對它們的應用也可以被修正到能產生我們想要的結果。不過，就如同卡爾萊特指出的，我們用來解決社會問題的因果原則，既是**局部的**，也是**脆弱的**；局部性，是因為它們緊密連結到某個特定社經系統的精確組成之上，脆弱性，是因為就算稍微出力修改這個系統，都有可能導致我們無法應用這些原則。[5] 局部性與脆弱性，表現出社會系統相對於自然系統的獨特複雜性與內部相關性，而且解釋了為什麼我們鮮少能夠讓應用社會科學中的特殊成功結果普及化。

但我們還是可以把因果原則應用在局部且脆弱的系統上，只要我們對於這些起因的運作有詳細的了解（對於這個系統的全面理論性之理解），而且了解哪些

◉ 注釋

5　卡爾萊特提到的這個術語，來自芝加哥經濟學派。

外部因素可能妨礙這些起因的運作（對於該系統存在的脈絡，具備背景知識）。這個理論性理解與背景知識的結合，在物質科學上常常都可以獲得，但在社會科學裡卻鮮少如此。這就是為什麼我們可以很有信心地認為一輛汽車幾乎在哪裡都可以往前奔馳，卻無法認為閱讀技巧的成功教學方法，到另一個學校或另一個國家都會管用。[15]

以證據為基礎的公共政策

以證據為基礎的公共政策是很有影響力的運動，其模式來自以證據為基礎的醫學計畫。如同前文所述，只要我們談的是小心翼翼地長期努力之後，建立可普遍化的因果原則之隨機對照試驗，那麼以證據為基礎的醫學就是合情合理的事業。但以證據為基礎的公共政策，就沒那麼有希望了。

舉例來說，哈佛的政治科學家傑佛瑞．李布曼（Jeffery Liebman）曾經提議，我們「指出十個全國應該優先找出解答的社會政策問題」，然後資助一百個能提出最具希望的計畫，且將在五到十年內解決問題的社群（針對每個問題找十個社群）。他說：「目標是為每個政策問題發現兩個或三個轉型途徑，而它們隨後可以成為推行到全國的解決方案。」[16]不過，李布曼的計畫假定了在他的測試社群中，問題的解決方案將會轉移到全國其他地方，實則忽略了社會科學中因果原則的局部性與脆弱性。

另一個例子則說明了好幾個我們在人文科學研究裡發現的問題。一個受到高度讚揚的教師教學效力研究，聲稱證明了較佳的教師與學生的長期成功之間有關聯。[17]這個研究分析了二十年間（從一九八九到二〇〇九年）一所大型都會學校系統中，四年級到八年級的大量師生資料。其焦點在於一位教師造就出的「增值」（value added）。增值的定義是：學生在某位教師班上的標準化考試成績的平均有增加。（增值的衡量單位經過調整，以便平衡可能影響考試結果的因素，像是班級大小與學生過去的測驗成績。）

這個研究的第一個發現，是證明「增值精確地捕捉到教師對於學生學術成就的影響（就如同考試成績衡量出來的）」。學生的測驗表現是由教師所做的事情所導致，而不只是有關聯。舉例來說，並不是父母將有高成就的小孩安置到高增值教師的班上。

第二個也是最驚人的結果，是增值度較高的教師對學生後續人生的影響。這個研究發現「指派給增值性較高的教師之學生，在許多面向來說都比較成功。他們更有可能上大學、賺到較多的薪水、住在較佳的社區，還存到比較多的退休金。他們也比較不可能在青少年時期就有孩子。」在經濟上的結果特別讓人印象深刻：「把一位實際增值性在倒數五%的教師，換成一位平均水準的教師，可在每間教室裡造成超過二十五萬美元（按照現值）的累計收入所得增加。」

對於這項研究，初期的媒體反應很狂熱。紀思道（Nicholas Kristof）在他的《紐約時報》專欄裡喝采道，一個「里程碑」般的研究顯示出「明顯的政策解決方案，就是讓好教師得到更多薪資，並且更常開除表現差的教師」[18]。

事實上，他說，這個研究資料顯示，如果一個很棒（高增值性）的教師打算離開學校時，這位教師班上的學生家長提議給她十萬美元（大約每位學生四千美元）的獎金，讓她再多留一年，是非常有道理的作法。反過來說，父母應該願意付十萬美元給一位表現不佳（低增值性）的教師，請她辭職（假定有個增值性符合平均水準的教師可以替換）。這份報告在政策擬定者之間也廣受好評，歐巴馬總統就在二〇一二年國情咨文演講中加以引述：「我們知道，好教師可以讓一個班級的學生之終生收入增加超過二十五萬美元。」

但是，用這個研究來當成政策的指引有多明智呢？把相關性與因果性之間的區別牢記在心，我們就會先注意到這個研究並非隨機對照試驗，沒有人指派一批隨機的學生群體給高增值性的教師，再把另一批隨機學生群體分配給低增值性的教師，然後再有系統地追蹤這些學生一輩子的成就如何。另一方面來說，這個研究是很複雜而精密的努力，要從大量有相關性的資料裡爬梳出原因，方法是（舉例來說）把某些組的資料，當成可以被視為符合某種實驗室標準的有效「自然實驗」來看待。但是，這仍然不像一個真正受到控制的試驗那樣可靠。

更重要的是結果的實際重要性之問題。在媒體頭條上引人注目的「增加二十五萬美元薪水」，反映的是幾十年來二十五個人的薪水加總。對於某一年的某一個人來說，高增值性教師的金錢價值是大約一千美元，或者說，是一位美國勞工中階薪水的三%。同樣地，一位高增值性教師讓一位學生上大學的可能性，增加了一．二五%（而對女學生來說，則是少了一．二五%變成青少女媽媽的可能性）。

就算我們忽略這些限制，卡爾萊特對「在此有效」與「在彼有效」所做出的區別，在此引起了一個嚴重的問題，因為這個研究頂多證明了：高增值性教師在研究進行的特定學區裡，有這種重要性。若要證明在這個學區裡發生的事情，在其他學區也會發生，還需要做相當多的研究。

最後，對於大多數擁抱這個研究政策意涵的人來說，有個很重大的問題：要透過教師對學生的測驗成績，來評估教師。作者們提出了這個論點：「雖然我們的發現顯示了改善教師的增值性會為學生帶來很大的回報，但如何在實際上達成這個目標，就沒那麼清楚了。一個問題是，用測驗成績來評估教師，可能鼓勵造成不良效果的行為，像是為了考試而教學，甚至是作弊。」這個例子顯示了應用人文科學結果的常見難題。一旦大家知道以科學為基礎的政策是什麼，他們就可能使用混淆那門科學的方式，來調整自己的行為。（在此，我們可以談到**自我駁斥知識的問題**。）不同於其狂熱的讀者，持保留看法的作者們認為，「為教師評分的最佳辦法，最有可能的是結合測驗成績增值評分和其他資訊，像是以課堂觀察為基礎的校長或同儕評估。」但還是一樣，他們的研究就只仰賴測驗成績來評估教師。

把所有問題考慮進去後，這個研究並沒有什麼「里程碑」或其他決定性的意義。這個研究就像大多數心理學與社會科學研究一樣，無法當成制定政策的主要指南。與「以證據為基礎」政策的支持者所期望的狀況相反，這樣的研究工作，一般來說，是補強了那些我們希望公民及其領袖具備的普遍知識、實際經驗、良好判斷力，還有批判性的智慧。

氣候科學

氣候科學是一種自然科學，以物理學及化學定律為基礎，並不是一種人文科學。但氣候的起因包含全然的複雜性與無數的交互作用（包括人類的干預），比起許多其他的自然科學，氣候預測的可靠性少得多。

雖然如此，氣候科學至少已經建立了這麼多事實：一、地球的平均溫度一直在上升，也會繼續如此；二、溫度上升的原因中，有一些是因為人類把二氧化碳排入大氣的活動（例如，燃燒炭或石油這類的化石燃料）。這兩種結果，是以可靠的觀察與眾所周知的物理過程為基礎。

除此之外，氣候科學已經產生一些有經驗基礎的精密數學模型，可以預測接下來的這個世紀或更久之後，由全球暖化所造成的種種效應。這些模型並沒有提供多少全球暖化可能會發生的精確預測，尤其是沒有指出後果會是什麼。但它們確實確立了種種或然率。籠統地說，有很高的機率會發生一些非常糟糕的事情（如城市發生洪水、威脅性命的熱浪與風暴、嚴重乾旱等）。有一部分（比較少的）機率是狀況可能不會這麼糟，但有一樣高的機率是會發生更糟的狀況。[19]

讓我們遵循標準術語，以「人為氣候改變」（anthropogenic global warming, AGW）來稱呼這個觀點。這個觀點有來自證據的良好支持，而且在氣候科學家之間有強烈的共識，認為這是對的。我在此關注的並非這個觀點的細節或其科學正當性，而是如何根據這種資訊來形成政策。

有少數氣候科學家懷疑或否認AGW，而AGW的非專家反對者，通常把論據基礎放在這個少數群體對共識觀點的批評之上。不過，這樣的論證誤解了**訴諸權威的邏輯**。若要看出為什麼，我們需要對這個邏輯做一些哲學上的反省。（這裡會補充第一章中對於歧見的討論。）

在我們訴諸專家權威時，需要決定誰是某個既定議題的專家。在對此有共識之前，專家意見都不可能扮演有說服力的角色。在這些專家之間，對於什麼證據有相關性，還有要如何詮釋證據，也一定要有共識。正因為我們不是專家，我們無法裁決專家之間的爭端。最後，在得到認可的專家之間，對某個主張有共識的狀況下，非專家人士就沒有論據基礎去否定這個主張。在非專家人士接受了一個學門的權威時，就沒有基礎去否定該學門專家們的強烈共識。

回到關於全球暖化的辯論，這個辯論中所有可信的派別，都承認一群被指定為「氣候科學家」的專家，並引用這些人的看法來支持或反對其主張。相對於占星學或順勢療法，對於氣候科學的整個體系並沒有嚴重的反對意見。唯一的問題牽涉到這種科學支持的全球暖化相關結論。

對於AGW的存在，在氣候科學家之間有強烈的共識。[20]就算那些懷疑或否認這個主張的人，都表現出他們明顯意識到自己在反對這個學科裡的主流觀點。AGW的非專家反對者，則把論據建築在少數氣候科學家對共識觀點的各種批評之上。不過，如前文所述，只要非專家人士接受氣候科學的權威，他們就沒有立論基礎去支持這個少數立場。在氣候科學家社群中的批評者，可能有中肯有力的論據來反對AGW，但在這個社群有整體共識的狀況下，訴諸權威的邏輯代表了非專家人士沒有基礎可以做出這種結論。就算我們發現共識結論的支持證據很貧弱，也於事無補。既然我們不是這個主題的專家，我們的判斷就沒有立足點。

想要反對AGW論點的非專家人士，唯一能採取的作法，就是論證表示：「氣候科學缺乏讓我們認真看待其AGW結論的必要科學性地位」。但事實上，反對者沒有這麼做。反對者訴諸於（某些）氣候科學家的觀點，但要是氣候科學家有共識地對抗全球暖化，照理說反對者應該要接受這一點。

一旦接受了某個特定科學學門的權威，我們就無法保持前後一致地去反對它的結論。在此，我改寫了叔本華關於因果關係的著名評論：科學不是我們可以隨時照自己的意思進進出出的計程車。更精確地說，這是一輛特快列車，一旦上車，就必須搭到它可能去的任何地方。

科學與氣候政策：或然率對上價值

雖然如此，科學仍無法當成氣候政策的唯一仲裁者。在關於AGW的討論中，基本問題是：如何權衡關於會發生什麼事的**或然率**（probability）的科學資訊，對抗我們眼中一項行動的各種可能結果所具備的**價值**（value）。

舉一個非常簡單的例子：假定我們有項計畫是要削減大氣中的二氧化碳含量，科學家告訴我們，這項計畫會花掉一百二十億，在環境損害方面卻會替我們省下兩百億，淨所得是八十億。如果這項計畫不成功，我們會損失一百二十億。以十億元的衡量尺度來看，這項計畫成功的價值是「八」，失敗的價值則是「負十二」。進一步來說，假定我們有好理由去相信這項計畫有七十%的成功機會（相對而言，有三十%的失敗率）。若要決定該怎麼做，我們必須權衡可能省下的金錢與失敗的風險。**決策理論**（decision theory，數學中一門發達的分支）讓我們看出如何做到這件事。

決策理論要我們從兩種結果發生的不同或然率，來衡量兩者的價值；或然率是以這件事有可能發生的比例來計算。這個權衡的結果被稱為「一項結果的**期望值**（expected value）」。在我們的例子裡，這項計畫成功的期望值是「0.70×8=5.6」，計畫失敗的期望值是「0.30×(-12)=-3.6」。這樣似乎顯示這項計畫值得執行，因為成功時的期望所得比失敗時的期望損失來得高。換句話說，在兩種期望值加總得到正值時，這項計畫就值得執行——在這個狀況下就是：「5.6+(-3.6)=2」。

這個簡單的例子可能指出，我們可以對氣候變遷的辯論達成一個完全科學的解決方案。很明顯的是，我們必須考慮範圍廣泛的多種可能計畫（包括什麼都不做），而這些計畫會有需要小心評估的複雜結果。不過，一旦知道個別計畫的相對花費與利益，還有成功的或然率，我們就可以計算出最佳行動。

不幸的是，這個承諾只是外表好看而已。決策理論的計算可以澄清我們的思維，但它們帶有一種虛假的數學嚴格性。舉例來說，在大多數實例裡，科學知識不會給我們某個結果的精確或然率，只會給一個或然率範圍。回到前面的例子，我們很幸運地知道成功的或然率是介於六十%至七十%之間。不過，如果在計算裡，用 0.60 來替換 0.70（相對地用 0.40 替換 0.30），計畫成功的期望值變成了「0.60×8=4.8」，計畫失敗的期望值則是「0.40×(-12)

=-4.8」。既然這兩種期望值的總和是零，實踐計畫就不會有任何好處。在一個難以估計的或然率裡做小小的改變，就會導致非常不同的實際結果。

現在，我們轉向價值的討論，就算是獲利與損失的美元估計值，頂多也只是有根據的猜測，但大多數的問題需要遠超過貨幣價值的判斷。這樣的判斷通常更主觀得多，也會容許我們指定只是非常近似的數值。舉例來說，在關於氣候變遷的辯論中，要如何評估我們的需求與未來世代的需求，或是先進國家與開發中國家互相衝突的顧慮？這樣的問題可能有合理的答案，但我們不會從一張期望值表上讀到這些答案。儘管有數學決策理論的全副力量，我們需要領悟到——借用偉大的英國數學家兼哲學家懷海德（Alfred North Whitehead）的說法——「精確性是個假象」。[21]

有時，科學事實與政策決定之間的邏輯鴻溝並不重要。如果一個五級颶風將要襲擊紐奧良，便有下令人們撤離這座城市的理由。若因為沒有前提可指出待在城裡會非常危險、撤離是明智的決定、風暴襲擊的或然率高到可以採取行動等，而指出從「一個五級颶風可能來襲」到結論「我們應該撤離這座城市」的論證無效，是非常多餘的。

不過，在諸如全球暖化，以及其他科學相關的政策議題中，附加的非科學前提並不明顯，就需要實質的討論。AGW的事實本身，並沒有引導我們達成任何明顯的特定回應。訴諸科學本身不會是決定性的，而且通常需要針對價值做混亂麻煩的爭論。就算科學家同意推薦某種政策，他們的科學專業性並不會延伸到其建議中那些隱而不顯的價值判斷之中。

所以，我們無法用科學家皇帝來取代柏拉圖的哲學家皇帝。首先，我們無法根據表面價值，而對一個團體訴諸科學權威的主張照單全收；我們必須決定要接受誰是專家。進一步說，在已確立的科學結果與特定政策的決定之間，通常有不算瑣碎微小的邏輯鴻溝；而且，就算是在柏拉圖之後已過了兩千四百年，專家們還是無法在基本價值的問題上眾口一致。要靠非專家人士去想出該做什麼，就要使用第一章裡進行政治論辯的技巧。

◉ ◉ ◉ ◉ ◉

如同前文所述，一個學門可以展現科學的種種周邊工具（觀察、實驗、數學公式），卻還是沒能提供可靠的實際指引。據稱為真的科學主張是有市場的。本章已經提供了可用來釐清哪些主張值得接受的哲學工具，下一章將會顯示某些看似科學的結論，怎麼會在實際上牽涉到哲學預設，並因此不只是需要經驗證據支持，也需要來自哲學反思的支持。

Chapter 3

哲學與科學的限制

－意識與大腦
－瑪麗與殭屍
－神經科學與自由意志
－快樂與道德的心理學
－理性推論是幹嘛的？
－憂鬱與精神醫學的限制
－虛無的物理學

二〇一一年，史蒂芬．霍金（Stephen Hawking）在Google的時代精神會議裡發表演講時，公開宣稱「哲學已死」，因為哲學家「沒有跟上科學的現代發展」。[1]很久以前，大多數科學都是哲學的一部分。亞里斯多德在某種意義上是天文學家、物理學家、生物學家、心理學家和政治科學家。但當這些科學在哲學的各種分支找到方法，用經驗上的嚴密性來處理其研究主題時，便自動從哲學中分離開來，而哲學逐漸變成一種安樂椅事業，不是靠經過控制的實驗來研究，而是透過常識經驗與概念分析來研究。

在某種對於本源的回歸之中，近年來各種科學設法要用經驗研究去回答先前被認為專屬於哲學的領域。像霍金這樣的物理學家便毫不猶豫地主張，他們的工作取代了哲學。有些神經科學家認為，他們至少接近於提出一個對意識的徹底物理性說明，並且證明了沒有自由意志這種東西。某些心理學家已經聲稱回答了關於道德與快樂的基本哲學問題，其他人則認為他們已經揭露哲學的偶像——「理性」——的弱點。有些物理學家認為他們有正確的工具，可以回答許多人視為所有哲學問題中最深奧的一個：為什麼這世界上有東西存在，而不是什麼都沒有？

在前兩章裡，哲學藉著澄清論證普遍邏輯的概念與原則，引導我們討論非哲學主題（政治與科學）。在這一章裡，我們轉向特殊的哲學主題，聚焦於曾經吸引有哲學興趣的科學家的那些主題。哲學帶給這些主題什麼樣的啟發，還有它的貢獻與科學的貢獻比起來，又是如何？

意識與大腦

我們從兩個虛構情境（「思想實驗」）開始，這些情境在對意識本質感興趣的哲學家之間很受歡迎。這些思想實驗挑戰了神經科學暗示的以下這個觀念：心靈與大腦之間沒有終極的差別。這些實驗指出了在與心靈有關的狀況下，我們需要**主觀**（subjective）與**客觀**（objective）之間的基本區別（粗略地說，是**內在／私密**心靈觀點，對上**外在／公共**心靈觀點）。這個區別支持**二元論**（dualism），根據這個觀點，意識仰賴大腦，但與大腦不是同一的。二元論反對**唯物論**（materialism），唯物論主張，我們只需要看大腦來理解「意識是什麼」。在對於唯物論與二元論論爭的回顧中，我們會利用**邏輯可能性**（logical possibility）與**物理可能性**（physical possibility），以及**現象意識**（phenomenal consciousness）與**心理意識**（psychological consciousness）之間的區別。

我們信任科學，是因為它奠基於對世界的直接觀察。不過，這些觀察起於我們的經驗，而經驗本身就是看似脫離科學理解客觀性的主觀現實。我們的經驗仰賴像大腦這樣的物質系統，原則上科學可以窮盡其解釋。不過，我們發現，很難理解經驗本身這樣的觀念——看見紅色、感覺、痛楚、墜入愛河——可能是完全物理性的。毫無疑問，經驗與客觀物理事實**相互關聯**，甚至是由這些事實所**導致**的，但是經驗做為「主觀的現實」怎麼可能**是**「客觀的事實」呢？在我感受到劇烈疼痛時，科學家也許能夠觀察到造成我疼痛的腦部活動，但他們無法觀察到我感受的疼痛本身。詹姆斯·喬埃斯（James Joyce）和維吉尼亞·吳爾芙（Virginia Woolf）的意識流描述，真的能夠翻譯成神經科學的語言嗎？科學能夠觀察的是**公開**而**客觀**的事物；我所感覺到的卻是**私密**而**主觀**的。

某些有趣的近期哲學討論，是以兩個**思想實驗**為中心，而它們是被設計出來證明「經驗不可能是物理性的」。（「思想實驗」是描述一種被設計出來以讓一個論點看起來更明顯的可能情境。）這些思想實驗絕對沒有讓這個議題出現定論，不過它們已經說服了一些哲學家，也對「經驗完全是物理性的」這個主張構成嚴重的挑戰。

瑪麗與殭屍

有色盲的神經科學家

一位專長在色彩知覺的頂尖神經科學家瑪麗，生活在色彩神經科學已然完備的未來某時期，所以她知道所有顏色及其知覺的物理性知識。（在此「物理性」意謂著完全客觀，沒有主觀面向。）然而，瑪麗一出生就是全色盲，只看得到黑白電影般的畫面。（在此，我偏離了這個故事的標準形式，原版讓她看得到，但是因為某種晦澀難懂的理由，一輩子都住在完全只有黑和白的環境裡。）

幸運的是，因為瑪麗自己進行的某項研究結果，有一種手術可以讓她擁有正常的視力。在拆掉繃帶後，瑪麗環顧房間，看到她丈夫送來的玫瑰花束。在那一刻，瑪麗第一次經驗到紅色，而且知道紅色**看起來像**什麼了。似乎很清楚的是，她的經驗教了她一個關於色彩的事實，那是她之前不知道的。但是請記得，在此之前她就知道所有關於色彩的**物理性**事實了。所以，有個關於色彩的事實不是物理性的：色彩看起來像什麼。所以，可以順理成章地說，物理性的科學並沒有表達出所有關於色彩的事實。[2]

你的殭屍雙胞胎

在此，我們想的不是電影裡那些吃人腦的不死生物，而是**哲學上的殭屍**，其定義是：與你或我一模一樣，只是他們全然缺乏內在的主觀經驗。想像你有個雙胞胎手足，你們不只是基因上一模一樣，在每個物理細節上也都一模一樣，即同樣種類的基本粒子，以完全相同的方式排列。在邏輯上，這個雙胞胎手足有可能沒有任何經驗嗎？

這當然可能是真的：在我們的世界裡，自然律要求某些客觀物理結構與相應的主觀經驗有相互關聯的關係。舉例來說，可能有個自然律是當大腦在某種物理狀態時，我會感覺到痛或者看見紅色。不過，自然律不是**邏輯上必然的**（logically necessary），只是**物理上必然的**（physically necessary）。一個擁有不同自然律的世界可能存在；也就是說，有這種世界的觀念本身並沒有矛盾。舉例來說，水有可能在攝氏負五度而不是零度時凍結。如果邏輯必然性與物理必然性之間沒有區別，我們可能與發現邏輯或數學定律時一樣，靠著純粹思維、獨立於經驗觀察之外，就發現自然律。所以，就算自然律需要某個特定的大腦狀態來產生一個既定的意識狀態，（邏輯上來說）可能存在一個物理上與我相同的存在，但他沒有任何經驗：也就是我的殭屍雙胞胎手足。

但如果一個殭屍雙胞胎手足是邏輯上可能的，表示我的經驗牽涉到某些超越了我的物理組成構造的東西。因為我的殭屍雙胞胎手足完全分享了我的整體物理組成構造，卻沒有分享到我的經驗。這表示物理性的科學不能表達關於我經驗的所有事實。[3]

值得注意的是，發現這些思想實驗很有說服力的哲學家，仍然容許一個經驗在某種意義上仍然是物理性的。舉例來說，看見紅色，意謂著光子打到視網膜上，隨後是在我們真正看見主觀意義上的顏色以前，一連串處理視網膜資訊的物理事件。在某個純粹物理的意義上來說，這是「看見」，這是為什麼我們能說一個監視攝影機「看見」某個人進入一個房間。哲學家稱之為**心理意識**（一個可以從外面觀察的客觀現實）。但「看見」的攝影機沒有主觀經驗；也就是說，沒有

現象意識（一個主觀現實，只能透過內省來觀察）。只有在**我們**看著攝影機錄到的東西時，主觀性才進入這幅圖像。「經驗是非物理性的」之主張，只適用在這種意義的經驗上。不過，這種主觀意義上的經驗，是常駐在對我們如此重要的豐富內在生活之中。

鮮少有哲學家認為，這些思想實驗顯示出有靈魂或其他種類的超自然實體。大多數人堅持，超越我們所住的自然世界以外，沒有其他世界。他們的主張是：這個世界中包含了一個逃逸出物理（純粹客觀的）解釋範圍的自然現實（意識）。

特別是大衛・查默斯（David Chalmers），他支持一種「自然主義式的二元論」（naturalistic dualism）。世上並非只有自然科學曾經這麼成功地研究過的物理現實（完全客觀，沒有主觀面向），他認為也有個主觀面向的非物質現實，這是理解我們的心靈所需要的。這是他的**二元論**。不過，查默斯也認為這些非物質現實是自然世界的一部分，而且我們可以發展出一個統整的科學說明，解釋物質與非物質如何共同合作，並產生了我們的主觀經驗。這就是為什麼他的二元論是**自然主義式的**；他不認為有任何超自然現實存在於我們透過科學所知的自然世界之外。

一個唯物論者（認為意識完全是物理性的人）如何回應這兩個例子，或者，更廣泛來說，怎麼回應以下這個主張：在科學客觀性與我們的主觀經驗之間，有個無法搭上橋樑的鴻溝嗎？或許最有吸引力的回應是，我們之所以很難理解「經驗」怎麼可能是物理性的，就只是因為我們缺乏相關的科學概念。畢竟在我們有生化學的概念之前，我們也不能理解生物怎麼可能完全是物理性的。為什麼要認為「經驗」不可能是物理性的呢？

舉例來說，丹尼爾．丹尼特（Daniel Dennett），唯物論最知名的哲學辯護者承認，直覺上，殭屍似乎是邏輯上可能的：「我和別人一樣可以感覺到那股吸引力。」不過，他指出，在伽利略之後三百年間，太陽仍然**看似**繞著地球移動。他預見到「有一天，哲學家、科學家與普通人，都會對我們早年對意識大惑不解的化石遺跡竊笑不已，『（他們會說）**看起來**這些機械性的意識理論似乎漏掉了什麼東西，可是當然啦，這是個幻覺。它們確實解釋了意識中需要解釋的每一件事。』」[4]

為了從根本上破壞反唯物論的論點，丹尼特提供了他對這兩個思想實驗的版本（用他的術語講，是「直覺幫浦」）。舉例來說，關於殭屍雙胞胎，他引進了

「殭寶」（zimbo）這個概念：這種殭屍不只是具備跟我們一樣的主觀狀態（看見、思考等）的無意識平行對應物，也具備跟我們一樣的對這些狀態的主觀覺察之無意識平行對應物。丹尼特想像他與季奇（一個殭寶）的對話，問起季奇的想法和感受：「季奇，你喜歡我嗎？」……「我當然喜歡。」……「你介意我這樣問嗎？」……「呃，是啊，這幾乎是一種侮辱了。」……「你怎麼知道？」……「我只是回想起我感覺有點惱怒，或者受到威脅。」[5]

從丹尼特的觀點來看，這樣詳細地檢視殭屍的觀念裡牽涉到什麼，應該會帶領我們看出這一點：要聲稱這樣的存在跟我們不一樣，是沒有道理的。我們沒辦法分辨一個據說是殭屍的存在，真的沒有意識：「你為什麼會在乎季奇是不是個殭寶？或者說，從更個人的觀點來看，為什麼你會在意你是不是，或者你有沒有變成一個殭寶？事實上，你永遠不會知道。」[6]

同樣地，丹尼特論證表示，思考過對瑪麗來說「知道關於顏色的一切」是什麼意思，會讓人懷疑以下這個假設：在她看到紅色以前，她不會真的知道紅色看起來是什麼樣的。舉例來說，想像一下，當瑪麗第一次看見顏色時，她丈夫試圖要騙她，拿出來的不只是紅玫瑰，還有一串漆成藍色的香蕉。不過，丹尼特說，瑪麗會立刻看穿這個詐術。為什麼？正因為她知道一切科學上可知的色彩事實，她會預先就清楚知道看見藍色香蕉會讓她有什麼想法。在她有這些想法（像是「他正設法要耍我」）時，她會知道她看見的是藍色，不是黃色。[7]

在此，我關注的並不是丹尼特的討論是否成功挖掉了反唯物論論證的牆腳。我的重點是，他的批評是哲學性的，不是科學性的。也就是說，他並沒有提出進一步的經驗證據，來駁斥反唯物論的論證。他反而是設法讓我們看到概念性的論點：殭屍的概念沒有意義；有對色彩的徹底科學知識，並不表示能夠分辨看見色彩是什麼感覺。這個論點是，我們接受或拒絕反唯物論的論證，仰賴於哲學性而非科學性的思維；這仰賴於「意識」與「看見」是什麼意思，不是仰賴關於這兩件事的科學事實。

當然，科學事實是有相關性的。有關「意識」的完整科學解釋，是否解釋了「意識」本身的所有真相？要對這個問題得出一個紮實的結論，可能需要先有某種接近於「意識」完整科學解釋的說明，否則很難理解有「完整科學解釋」是什麼意思。不過，就算我們知道所有科學能夠知道的事，還是會需要對「意識」的哲學性理解，才能決定經過適當理解的「意識」，是否牽涉到任何超越物質以外的東西。

丹尼特自己似乎體認到這一點。他說，有朝一日，科學要是回答了它能回答的所有意識問題，「還是有個深刻神祕的未竟之事，這時會是重新考量我們的出發點，並且尋求某種遠遠偏離現有生物學、物理學，甚至邏輯假設的方向的好時機。」[8]判斷是否有某個「神祕的未竟之事」，將成為哲學而非科學的份內事。如果最佳的科學解釋意謂著「我有痛苦的主觀感覺，但我卻沒在痛」，我可以確定這個解釋裡有某種錯誤。

丹尼特是對的，我們無法預測如果科學盡其所能解釋了「意識」，屆時事情看起來會是什麼樣子。或許我們到時候會理解，完全客觀的意識解釋如何與我們從主觀經驗裡所知的一切保持一致。但有一件事情很清楚：我們無法事先就確定此事。在科學目前的階段，我們就是不知道唯物論是否為真。我們可能對事情的結果會如何有強烈的感覺，但這些感覺是奠基於信念，而不是決定性的證據。

身為一個心靈哲學家，瓦勒麗・葛雷・哈凱索（Valerie Gray Hardcastle）曾經這麼說：「我是忠誠的唯物論者，全然且確定地相信經驗探究是解釋意識的恰當途徑。但我也體認到我沒有多少能說服人的話，可以對反對者說。」她說，她反而有種「全然又絕對的信仰，認為今日這樣理解的科學有一天會解釋（意識），就像科學曾經解釋了我們這個年代裡其他所謂的神祕謎團。」[9]在現今的科學與哲學理解階段，查默斯式的二元論與丹尼特式的唯物論，仍然是信仰的問題。

神經科學與自由意志

我們考量實驗室的實驗思想，來證明自由意志是一種幻覺。我們的討論會利用**導致**（causing）與**迫使**（compelling），**事實**（fact）及其**意義**（meaning），還有**行動**（action）與**事件**（event）之間的哲學區別。這些區別會導向**相容論**（compatibilism），這個哲學觀點認為，經過適當理解，我們的選擇有可能同時既是自由的，也是被導致的。我們也會討論科學家用來測試自由相關假設的**操作型定義**（operational definition）之限制何在。

◉ ◉ ◉ ◉ ◉

「我們覺得我們在選擇，但我們沒有。」神經科學家派崔克・哈格德（Patrick Haggard）說。[10]他的主張是奠基於他與班傑明・李貝特（Benjamin

Libet，第一個發展出這條研究路線的人）所做的實驗，這個實驗要找出是什麼導致了一項行動。受試者被要求持續看著一個旋轉的時鐘指針，並在他們選擇的時刻移動自己的手腕，然後他們自行回報第一次察覺到自己決定動手腕時，時針指向哪裡。行動本身開始的時間，是由接在頭皮上的電極來確定，這些電極測量了與手腕動作有關的大腦區域的準備電位（readiness potential, RP）。就像哈格德解釋過的：「準備電位是指一種已經確知的運動皮質區電流活動漸增，特別會出現在有意志的行動之前。」

接著，哈格德展示出把這些實驗當成自由意志測試背後的邏輯：

> 如果有意識意向的時刻先於準備電位的開端，那麼有意識自由意志的概念就會是站得住腳的：早期的有意識心理狀態，可以啟動動作的後續神經準備。但如果有意識意向的時刻是跟在準備電位開始之後，那麼有意識的自由意志就不可能存在：一個有意識的心理狀態，一定是腦部活動的結果，而不是腦部活動的起因。[11]

結果，在這些實驗受試者身上，行動的開端（根據準備電位的測量）可以量得出比有意識意向早了三分之一或二分之一秒。根據這個實驗的邏輯，結論是「沒有自由意志」，儘管受試者的主觀經驗是隨意地選擇移動手腕；但決定是發生在行動開始之後，所以不可能導致行動。

有些純粹科學性的挑戰，接受了這些實驗結果，將之當成這些受試者的行動並不自由的證明。這些受試者自行報告他們決定移動手腕的時間有多精確？回想**相互關聯**與**導致**之間的區別，我們確定準備電位是一項動作的起因，而不只是與之相互關聯嗎？有沒有可能是因為沒有後續的決定去停止動作，準備電位才導致動作呢？（李貝特暗示，這種可能性可能拯救自由意志，但後續的實驗駁斥了這個想法。）

然而，讓我們來設想，所有這樣的反駁都被後續的實驗克服了，而且有實質的科學證明，表示「我們認為的自由決定，事實上是由腦內先發生的物理事件所導致的」。這就證明了「決定不是自由的」嗎？

在此，我們需要對「一項行動出於自由意志」是什麼意思，有一番哲學性的了解。乍看之下，我們可能認為，一個選擇如果是被導致的，就不可能是自由的，但從另一方面來說，一個沒有起因的選擇怎麼可能是自由的？如果一個選擇完全沒有起因，就會是隨機事件，某種憑空突然發生的事情。如果一個選擇不是從我心裡（或大腦裡）發生的某件事產生的，為什麼說「這選擇是我的」？而如果一個選擇不是我的，我們怎麼能說「是我做了這個選擇」？

順著這條思路，許多哲學家，特別是大衛．休謨（David Hume），曾經論證表示，一個自由選擇必須是被導致的，所以自由與因果關係一定是彼此相容的（這就是為什麼我們稱呼這個自由意志觀點是**相容論**）。當然，導致一個選擇的某些方式並非自由的。如果我選擇留在室內，是因為我一想到出門就被恐慌症發作的陰影籠罩，那麼我的選擇就不是自由的。在此，我們可能會說，我不只是**被導致**選擇我所做的事，我還是**被強迫的**。

但或許我留在室內，是因為我想繼續讀一本有趣的書。在此，我繼續閱讀的欲望導致我留在室內，但要說這件事強迫我這麼做，似乎是錯的。所以，或許當一個選擇是由我的欲望所導致，而非被迫（也就是非我所欲卻被導致），這個選擇就是自由的。一個選擇在它沒有起因的時候，不是自由的；但當它是以某種正確方式被導致時，就是自由的：這就是相容論。

我們也可以用一**項行動**（an action）與一**個事件**（an event）之間的哲學區別，來闡述相容論。粗略來說，一項行動是指我做的某件事，而一個事件則是某件發生在我身上的事。標準的例子是「我舉起我的手臂」（一項行動）與「我的手臂舉起來了」的純粹事實（一個事件）之間的區別。從相容論的立場來看，同樣的動作（motion）可以是一項自由的「行動」——因為是我去做了這件事，「**而且**」也是一個「事件」——這個事件是被先前的其他事件所導致的。

支持相容論的哲學家已經研究出詳盡的說明，解釋了一個「用某種正確方式」被導致的選擇裡，到底牽涉到什麼，所以會是自由的。[12]其他哲學家曾經論證過，相容論是死路一條，而「自由選擇沒有起因」這個說法裡，必定有某種道理。這些努力曾經導出許多重要的洞見與區別，不過，「選擇」在什麼必要條件下會是自由的，還有非常活躍的辯論。

李貝特實驗與其他類似實驗的邏輯，只是**定義**了「做為一種選擇的自由選擇，並不是由腦中的物理變化所導致的」。這是科學哲學家所稱的**操作型定義**：

藉著用來偵測，且通常用來衡量某個概念的科學程序或操作，來定義這個概念。操作型定義對於科學觀察來說很基本，因為這種定義精確地告訴我們，所觀察的結果是什麼意思。但這種「操作型意義」，對我們實際上感興趣的事情可能不是特別合用。舉例來說，設想一位醫師問你，如果從零（完全不痛）到十級（你想像得到的最痛），你認為自己痛到哪個程度。這種簡單的測驗，是用某種更簡單的觀察（說出一個數字），取代了一種複雜的現象（主觀的疼痛感）。要對病人的痛楚有個大致的概念，這可能是很有用的手段，但這顯然沒有分辨出「正在痛」是什麼意思，也沒有對痛楚感提供精確的衡量。

對於像是「自由」這樣複雜而有爭議性的概念，在我們從實驗中得出任何關於它的結論之前，任何操作型定義都需要徹底的詳細檢視。這是因為「什麼讓一個選擇是自由的？」並不是關於**事實**的問題，而是關於**意義**的問題。為了得到可觀察的結果而引進一項操作型定義，就忽略了這個關鍵的區別。哈格德似乎有幾分意識到這個論點。在他針對李貝特及自己的實驗所做的討論結尾處，他指出詮釋這些實驗很可能仰賴「大半是哲學性的（議題）：在自願行為中，什麼算是被選擇的」。[13]

「我移動我的手臂」的事實，可以透過科學觀察而被確立，甚至透過一臺攝影機這樣的非人機制就行了。但我是揮手打招呼或威脅要攻擊，就是詮釋的問題。攝影機捕捉到我手臂移動的**事實**，但對於這個動作的**意義**沒有提供任何洞見。同樣地，科學觀察可能證明一個腦部事件導致一個選擇。但這個選擇是否為自由的，就需要知道「自由」的意義為何。如果我們知道一個自由選擇必然是不可預測的、沒有起因的，或者是被導致而不是被迫的，那麼一個實驗就可能告訴我們，某個既定選擇是不是自由的。不過，實驗本身不可能告訴我們一個選擇是自由的，就像一張照片本身無法記錄一個威脅。

但這並不等於自由是某種超越科學知識範圍的神祕非物質性質。可能是這樣，也可能不是。對我們來說，最根本的重點是：對於自由的意義，我們沒有足夠紮實的觀念，可以去設計關於它的科學測試。更精確地說，對於一個自由選擇如何仰賴通常先於它的腦部事件，我們所知的還不夠多。（相對來說，我們現在確實知道，可以判斷腦部腫瘤所觸發的精神錯亂行為不是自由的。）

腦科學可以提供「腦部事件如何影響我們的選擇」的特定資訊。這讓我們在哲學上討論因果與自由之間的概念關係時，能把焦點放在神經學上的真實情境，而不只是談抽象的可能性。在所有環境下，「一個選擇是自由的」到底是什麼意思，哲學家很有可能永遠都不會得到徹底的理解。但是，與腦科學家一起工作，他們可能會學到夠多，而足以決定我們在一般環境下做的選擇是否為自由的。對於自由選擇的問題，科學與哲學可能聯合起來，達成一個雙方都無法獨力達成的解決方案。

快樂與道德的心理學

近年來，我們見證到一波快樂與道德心理學的經驗研究熱潮，快樂通常被認為是人類存在的終極價值，而道德價值是我們應該怎麼生活的指南。我們討論這種研究的限制時，使用了**快樂的各種意義**之間的種種哲學區別、**事實**與**價值**之間的區別，還有**直覺**與**理性**之間的區別。柏拉圖對於直覺與理性的觀點，提供了特別的洞見。

◉ ◉ ◉ ◉ ◉

心理學家累積了大量經驗資料，指出快樂與各種基因、社會、經濟與個人因素之間的相關性（或者缺乏相關性）。某些結果是舊聞了：舉例來說，財富、美貌與樂趣，對快樂沒有太大的影響。但也有過一些意外的發現。有研究指出，重病通常不會讓我們較不快樂，還有婚姻長期來說並非快樂或不快樂的主要來源。

新研究同時提高了希望，也引發了懷疑。像是索妮亞・柳波莫斯基（Sonja Lyubomirsky）就發展出一種新類型的自助勵志書，聲稱要用讓人快樂的科學計畫，來取代直覺及傳統顧問的軼事趣聞。[14]在此同時，關於這個研究所使用的方法，有些嚴肅的問題：我們可以信任個人對於他們有多快樂的自我報告嗎？我們可以客觀化，甚至量化像快樂這樣主觀又難以捉摸的性質嗎？就像在意識的例子裡一樣，我們需要區辨**客觀的**（可透過科學從外部評估的）快樂，還有**主觀的**（從內部產生的）快樂。

就像自由意志選擇，對於快樂研究最有力的挑戰是關乎其意義及價值。此處遇到的問題，仍然在於找到一個真正捕捉到我們所謂「快樂」是什麼意思的操作型定義。當研究人員問一個人是否快樂時，如果我們不知道回應者說的「快樂」是什麼意思，那麼這個答案什麼都不會告訴我們。某人的意思可能是，「我現在沒感覺到任何嚴重的痛楚」；另一個人可能是「我的人生相當糟糕，但我正在與之和解」；再一個人可能是「我感覺比昨天好很多」。快樂研究需要對這個詞彙的多種意義有清楚的理解。舉例來說，大多數研究人員區分了做為**心理狀態**的快樂（例如說，感覺起來樂趣大於痛苦），以及**對你的人生有積極評價**的快樂，即使你的人生中苦多於樂。最重要的是，還有以下這個基本問題：在什麼意義上，快樂**應該**當成一個人類生命中的一項目標？

經驗性的調查可以提供一張清單，列出人對快樂的各種不同觀念。不過，研究已經顯示，當人們達成自己觀念中的快樂（婚姻、小孩、財富、名聲）時，通常不會自認為快樂。其他研究則指出，有時候在做我們不認為會讓自己快樂的事情（像是工作）時，我們覺得最滿足。[15]沒有理由可認為我們透過經驗性調查所發現的「快樂」，已經考慮得夠充分，可以帶領我們通往真正的「快樂」。為了得到對「快樂」更豐富、更敏銳的概念，我們需要轉向哲學家，從柏拉圖、亞里斯多德，經過休謨與彌爾，再到黑格爾與尼采，他們對於快樂的可能意義，曾經提供過某些深刻的洞見。

就算經驗研究可以發覺所有可能的快樂概念架構的全部幅度，還是會留下我們應該設法達成哪個（哪些）概念的問題。在此，我們有個關於**價值**而非**事實**的問題：不管其他人事實上的目標為何，到底什麼是可以當成目標的好事？（這個呼應到**被欲求的快樂**〔happiness as desired〕與**該欲求的快樂**〔happiness as desirable〕之間的區別。）經驗探究本身無法回答這樣的問題，而是需要哲學思維。

這並不是說，我們只能訴諸專業哲學意見，來告訴我們應該怎麼活。我們全都需要自行回答這個問題。但如果哲學沒有答案，它也確實提供了尋求答案的工具。如果我們傾向於認為「樂趣」是快樂的關鍵，彌爾向我們展現了如何區分感官與知性的樂趣。羅伯特・諾齊克（Robert Nozick，我們將會在第六章看到更多細節）則要求我們考慮，是否會選擇讓自己連上一臺裝置，這裝置會製造出強烈樂趣的持續狀態，就算我們在自己的一生中除了體驗這種樂趣以外，沒有達成任何事。

在另一個層次上，康德問，快樂是否應該是一個美好人生的目標；他暗示我們應該做正確的事，就算這麼做似乎妨礙了我們的快樂。尼采與沙特則問，道德本身是不是人類存在中值得追求的目標；尼采認為道德是「頌揚弱者壓制強者」；沙特則指出，道德是一種否定「我們要對自己的自由選擇負責」的方式。這些根本問題並不是經驗性的，而且無法透過快樂心理學來回答。無論誰討論這些問題，都需要概念上的釐清，以及無法透過科學觀察來發現的區別。

在心理學家處理道德問題時，同樣的問題也會出現。最佳的當代例子之一是強納森・海特（Jonathan Haidt），他明確地把他對道德的心理學說明，呈現為對傳統哲學觀點的一種挑戰。[16]具體來說，海特聲稱他反駁了柏拉圖在《理想國》（*Republic*）裡的核心論證，其論證設法要證明：為什麼一個**合乎正義的**（just，道德上為善的）人生，比**不正義的**（不道德的）人生更優越。

在《理想國》中，蘇格拉底（一如常態，是柏拉圖的代言人）回應了他的年輕朋友葛勞孔所提出的一個觀點。根據這個觀點，人生無所事事，卻滿足了個人自私欲望的人，可能是快樂的。葛勞孔提出一種看法：快樂頂多只需要一個人對自己的自私祕而不宣，同時享受有美德的名聲。但他自己不相信前述的觀點，希望看到蘇格拉底反駁它，並且證明道德本身如何帶來快樂。

海特精簡地概述了蘇格拉底的論證：「理性必須支配快樂的人。如果理性取得支配權，那麼它關注的是真正好的事情，而不只是關注美德的表象。」[17]不過，海特堅持蘇格拉底弄錯了，因為他對於理性在人類生命中扮演的角色，預設了錯誤的觀點。「理性不適合支配；理性是設計來尋求證成，而不是尋求真理的。」在此，證成（justification）意謂著追尋「社會性的策略目標，像是守護我們的名聲，並且說服其他人支持我們」。海特用一連串心理學實驗，來支持他對理性真實角色的主張，累積起來以證明「葛勞孔是對的：人對表象與名聲，比對現實狀態更在意得多」。[18]

舉例來說，得到「執行任務後會有現金獎賞」之承諾的人，在（刻意）得到超額的獎賞後，只有二十%的人指出這個錯誤。不過，如果他們被問起是否拿到正確數目的金額，六十%的人會說他們拿到超額的錢。想來這是因為如果有人在後來指出這項錯誤，第一個例子裡的人會有看似可信的否認理由（「我沒注意到欸！」），在第二個例子裡就沒有了。在做錯事會被發現的情況下，人最有可能做正確的事。（當然，根據日常體驗，這個結果看起來已經很明顯了。）

然而，得知人們通常不用理性來尋求真理，反而寧取其表象，柏拉圖對此幾乎不會覺得意外。他的洞穴寓言（出現在《理想國》中），就鮮明地表達了海特設法提出的同一個重點。這個寓言把我們比擬成洞窟中的囚犯，被迫只看到真實事物形象的影子。而他在《斐德洛篇》（*Phaedrus*）裡使用的隱喻，一位戰車駕駛（理性）急切地設法要控制兩匹馬，其中一匹掙扎著要走自己的路（代表我們的非理性欲望），也與海特提出的意象——一位騎師設法要控制大象——指出了同樣的論點。事實上，柏拉圖的意象更細膩。一匹馬（呼應到海特的大象）代表與理性相抗的欲望，同時另一匹馬代表支持理性的欲望。與海特不同的是，柏拉圖的意象捕捉到了這個真相：為了發揮效力，理性需要與我們的欲望共同合作。

海特也認為他的心理學研究對柏拉圖不利，因為這些研究顯示了我們的決定通常強烈受到他所謂的「內在感覺」（gut feeling）影響，那些立即的、未經理性思考的直覺。根據海特的說法，柏拉圖沒有為這樣的直覺反應留下空間，而是認為道德決定應該只奠基於脫離束縛的理性思維過程。海特有一個自己聲稱比較細膩的觀點，同時拒絕了柏拉圖過度的理性主義，以及另一極端的觀點——我們的人生別無選擇，只有受到自己的直覺支配。海特容許「我們不應該期待個人產出良善、心胸開放、尋求真理的理性推論，尤其是在自利或名聲考量涉入其

> 中時」。但他在社會維度上看到希望：「如果你用正確的方式把個人組織起來……，可以創造出一個最後能產出良好理性推論的團體，它是這個社會體系中出現的產物。」[19]

但是，海特的觀點對柏拉圖來說絕不陌生。柏拉圖認為，真理只會在可以對彼此負責的探究者之間，從種類正確的討論中產生。他也不會反對海特的主張：倫理學是奠基於**直覺**（直接的道德判斷），而不是奠基於**理性推論**。

事實上，柏拉圖的解釋比海特的更優越，因為他的說法展現出直覺在道德推論中如何發揮功能。首先，柏拉圖強調道德推論（他稱之為dianoia）從邏輯上來說，最終是訴諸於不受邏輯論證支持的前提來推衍出結論。邏輯產生的只是假設性的知識（如果P，那麼就會是Q），因為它不能證明其所有前提的真實性（就像我們在第一章裡所見到的）。隨之而來的是，只有補足了可以證成我們推論前提的直覺知識（noesis）之後，理性推論才會可靠地產生出真理。

海特的直覺無法扮演這個角色，因為它們只是日常生活中的瞬間判斷，是由基因與社會制約所決定。柏拉圖的直覺則是針對基本道德真理的知性洞見。然而，這些直覺不只是個人孤立沉思後的意見而已。它們是來自一個支持性的社會體系裡，一種漫長而複雜的身體、情緒與知性的形成過程。柏拉圖的哲學家皇帝所受的「教育」就是這個意思，《理想國》裡對此做了細膩的界定。海特正確地把理性推論視為一個社會過程，但他沒有為此提供任何基礎，因為他的直覺——論證前提唯一可能為真的來源——仍然是不可靠的瞬間判斷。柏拉圖看出有需要與他人進行負責任的知性交流，因此可以用可靠的道德直覺來取代海特的瞬間判斷。

然後，我們看到，柏拉圖對於理性與直覺之間的基礎區別，提供了一個更妥當的說明，這是海特可以用得上的。但海特沒有認真看待柏拉圖及大多數的哲學家，因為他們不是像經驗科學家那樣行事，透過實驗來測試他們的想法，反而是仰賴他們個人對道德的洞見。他甚至把康德（可能是現代最重要的道德哲學家）的作品，當成只是反映處於「自閉症光譜」的人格而打發掉，並不認為其中有任何深刻的洞見。[20]

海特說對了，且許多哲學家也同意的事情是：倫理學家應該考量最近在道德領域裡細膩實驗成果的大爆炸。不過，相對於大多數在物理科學中的研究成果，我們的日常經驗（還有對於那種經驗的反省）仍然是道德知識的重要來源。海特的實驗結果通常看似為真，因為它們符合我們先於科學的那些經驗（就像先前的例子裡注意到的，人在欺騙行為可能被發現時會保持誠實）。而少了這種符應，我們可以質疑（遵循我們對**實驗室**與**真實世界**做出的區別）經過簡化與控制的實驗室實驗，與未經操縱的真實生活複雜性有多少相關性。科學的道德心理學，不能自行脫離我們的道德經驗，而且更重要的是，它需要把這些經驗的哲學解釋與精緻化也納入考量。在此，心理學必須建立在柏拉圖、亞里斯多德、休謨、康德、黑格爾、尼采，以及繼續前人大業的當代哲學家教給我們的事情之上。

理性推論是幹嘛的？

在強納森．海特挑戰道德推論的哲學觀點時，其他心理學家已經對整體的理性傳統觀點提出問題。哲學家自認為是理性推論的專家。畢竟是亞里斯多德發明了邏輯的科學，而符號邏輯的現代發展是從弗列格（Gottlob Frege）、羅素（Bertrand Russell）與懷海德這類哲學家的作品中出現的。但兩位法國認知科學家，丹．史匹博（Dan Sperber）與雨果．梅西耶（Hugo Mercier）引人入勝的作品指出，理性並不像哲學家普遍認為的那樣，目標指向**獲取真理**（attaining truth），反而是指向**贏得爭論**（winning arguments）。我們利用反對懷疑論的哲學論證邏輯，以及**知識**與**真實信念**之間的哲學區別，來檢視這個主張。最後，我們會看看像是威廉．詹姆斯（William James）、約翰．杜威（John Dewey）與理查．羅蒂（Richard Rorty），這樣的美國哲學家發展出的實用主義真理觀，如何化解對史匹博與梅西耶式說法的挑戰。

◉ ◉ ◉ ◉ ◉

史匹博與梅西耶從這種早已確立的事實開始：我們在推論時，有根深蒂固的犯錯傾向。[21]我們非常難以堅守演繹邏輯的規則，而且經常在統計推論中犯下基本的錯誤。更重要的是，我們強烈地傾向於「確認偏誤」（confirmation bias）：把焦點放在支持我們既有觀點的資料上，忽略反對它的資料（一種忽略**相關證據原則**的常見方式）。

有個經典實驗是給受試者一連串的三個數字（像是二、四、六），然後要求他們對「用來製造這個數列的規則」形成假設。接著，他們被告知要測試這個假設，方法是詢問實驗人員，其他數列是否符合規則。大多數人只會問符合其假設的數列。如果他們認為規則是這個數列包含連續的雙數，他們會問「八、十、十二」與「二十二、二十四、二十六」符不符合。一連串的「符合」回答，就讓他們相信自己是對的。但按照這種作法，舉例來說，如果規則只是每個數字都比前面的數字大，他們就不可能發現。

所以，看來我們的演化發展並沒有做到特別好的工作，讓我們成為很有能力的理性推論者。然而，史匹博與梅西耶指出，只有在理性推論的重點在於得出為真的結論時，這個說法才是真的。錯誤的推論，尤其是把焦點放在支持我們的觀點、忽略反對觀點的那種，對於贏得一場爭論來說非常有效果。所以，他們指出，「認為人類理性推論在演化上的重點是贏得爭論，而不是達到真理」，是很有道理的說法。

史匹博與梅西耶的主張，有可能碰上反對懷疑論（懷疑論質疑我們是否具有任何知識）的標準哲學論證。舉例來說，如果懷疑論者主張沒有真理，回應就會是：這表示他們所斷言的「沒有真理」不是真的，所以不需要認真看待。同樣的論證似乎也可能用來反駁史匹博與梅西耶：他們認為自己印在紙上的理性推論，重點不在於真理，只在於贏得一場爭論而已嗎？若非如此，那麼他們的理論就被自己的推論給否證了。若是如此，他們就只是設法要贏得一場爭論，而科學家（對真理感興趣，而不只是想贏得爭論）沒有理由要為此付出任何注意力。史匹博與梅西耶似乎被困在一個毀滅性的兩難之中，如果他們同意，在邏輯上就完蛋了，如果不同意，論證還是毀了。

他們抗拒這個結論，但經驗心理學並沒有提供避免這種結果的必要資源。不過，雖然哲學思維導致了這種兩難，但再多一點點的哲學就能顯示一條出路。我們需要更仔細地去思考**尋求真理**與**贏得爭論**之間的區別。對於某個不在乎知道真相，只是為了讓別人信服某件事而爭辯，根本不管此事真假的人來說，這個區別是有意義的。但假設我的目標只是知道真理，要如何獲得這種知識？柏拉圖在很久以前指出，光是相信「什麼為真」是不夠的。假定我相信宇宙有奇數的銀河，實際上也是如此。但除非我的信念有恰當的支持，否則我無法說我**知道**這件事。這只是個沒有根據的意見。「知道真理」需要的不只是真實信念，也要有對這個信念的理性辯護理由。

但我要如何證成一個信念，然後得知它是真的呢？對於這個問題，有不同的哲學答案在競爭，不過有一個特別適合史匹博與梅西耶的研究進路。這個觀點是：證成理由是指能夠**讓其他人信服**某個主張為正確的說明；古典的美國實用主義者（皮爾斯、詹姆斯與杜威），還有比較晚近的理查・羅蒂與尤根・哈伯馬斯（Jürgen Habermas）都抱持這個觀點。

關鍵重點在於：證成及隨之而來的真理知識，是一個社會過程。這不必然表示：某些主張為真，是**因為**我們對這些主張達成理性上的同意。不過，以恰當方式達成的同意，是某個真理主張最有可能的證成理由。舉例來說，對於「星星是巨大的熱瓦斯團塊」這一點，我們的最佳保證是，科學家已經發展出種種論證來支持這個主張，幾乎任何有能力判斷此事的人都會接受。

這個實用主義觀點把「尋求真理」理解成一種設法贏得論證的特殊例子：不是透過強迫或詐騙以讓人同意，而是透過誠實的論證達成一致。重要的實用結論是：「若要找到真理，確實需要贏得爭論」，不過不是在我的論證擊敗你的論證那種意義上，而是**我們**發現一個論證擊敗了所有相反的論證。當史匹博與梅西耶（像強納森．海特那樣）論證表示，理性推論在由孤立個人實行時最有問題，而在社會團體內實行則最有效時，他們就朝這個哲學觀點邁進了。

實用主義哲學的證成理由推進了必要的一步，證明史匹博與梅西耶對於理性推論的心理學說明，不需要屈服於自毀性懷疑主義的主張。反過來說，哲學觀點從它與心理學解釋的匯聚中，取得了看似為真的可信度。這種共生合作，是另一個很有教育意義的例子，說明了哲學與經驗性的心理學如何有成果豐碩的互動。

憂鬱與精神醫學的限制

接下來，我們轉向應用心理學：精神醫學的實踐，聚焦於近年來關於憂鬱症的論戰。我們的主要來源是米歇爾．傅柯（Michel Foucault）對心理疾病的歷史與哲學分析。我們也會應用把「正常」當成一種**描述**與一種**評價**之間的區別。

一九六一年，米歇爾．傅柯出版了他的《古典時代瘋狂史》（*History of Madness*），說明從文藝復興時期到十九世紀之間，那些被判定為「瘋狂」之人所受的待遇。[22]在這份歷史敘事中，總是隱含的（偶爾會是極端明確的）東西，是一種對當代精神醫學的批判。在發掘現代精神醫學實踐常規的根源時，傅柯對於其意義與正當性提出了嚴肅的問題。

傅柯的核心批評主張為：現代精神醫學雖然聲稱是奠基於科學真理，卻主要是一個道德判斷系統。「我們所謂的精神醫學實踐，是某種道德戰略……被實證主義的迷思所包覆。」他說。的確，精神醫學呈現為「瘋子的解放」（從心理疾病中解放）的事物，實際上是一個「巨大無比的道德囚禁」。[23]

雖然傅柯很有可能讓他的詞藻發展到超越了清楚的事實，但他的基本重點需要納入考量。精神醫學實踐確實看似奠基在不言自明的假設上：某些生活方式比其他方式來得好，而治療心理疾病的努力，可能實際上是社會用來控制它視為不道德（或者在其他方面來說不受歡迎的）行為的方法。在不久以前，拒絕扮演自身刻板印象角色的同性戀者與婦女，還會被判斷成「心理有病」，而我們無法保證今日的精神醫學已經擺脫同樣可疑的判斷了。

在此，我們思考一個著名的近期實例。許多當代的精神醫學業務是遵照《精神疾病診斷與統計手冊》（*Diagnostic and Statistical Manual of Mental Disorders*，簡稱**DSM**）實行。這本手冊的最新版本（第五版）在「憂鬱症」的定義上做了重大修改，在診斷「重度憂鬱症」的指導方針中，刪除了長期存在的「喪親之痛排除條款」。[24]為摯愛之人的死亡而哀慟的人，可能展現出具備重度憂鬱症特徵的同類症狀（例如悲傷、失眠、對日常活動失去興趣等等）。多年來，DSM特別指出，既然哀慟是喪親之痛的**正常**反應，其症狀就不是診斷重度憂鬱症的恰當基礎。新版本則去除了這項排除條款。新版的憂鬱症定義激起了爭議，這對於哲學議題如何關聯到精神醫學業務，提供了洞見。

對於喪親之痛排除條款的爭辯，核心在於「正常」的重要性。雖然這個詞彙可以只表示什麼是尋常或平均的狀態，但在討論心理疾病時，這個詞彙最常有的是評價性而非描述性的力道。所以，我們需要分辨做為**描述性**字眼的「正常」與做為**評價性**字眼的「正常」。排除條款的支持者不只是說，憂鬱症狀常常發生在失親者的身上；他們說的是，這樣的症狀是恰當（或符合）失親者的，所以不需要精神治療。

反對排除條款的人則訴諸於比較正常失親者與重度憂鬱症的病例。他們提出證據，指出正常的失親者與重度憂鬱症可能呈現相同的症狀，然後做出結論：以不同方式對待他們，是沒有根據的。這個邏輯有問題，混淆了描述性與評價性意義上的「正常」。就算症狀一模一樣，排除條款支持者還是可以論證表示，這些症狀適合某個正在哀悼摯愛之人的人，但不是反過來的狀況。苦難可能是一樣的，但因為心愛之人死去而受苦，可能還是具備一種因其他因素受苦所沒有的價值。關於自然與苦難程度的經驗資訊本身，無論有多大量，都無法告訴我們，某個人是否應該體驗這種痛苦，而不是吃顆藥來讓痛苦離去。

所以，傅柯是對的：精神醫學實踐從根本上運用了道德（與其他評價性的）判斷。為什麼這樣很危險？首先，因為這樣的精神科醫師對於人類應該怎麼活，沒有特殊的知識。透過臨床經驗，他們可以提供關鍵性的資訊，指出不同生活方式（對於性愉悅、對你／妳的孩子、對某個政治理想）在精神上可能有的後果。不過，他們對於哪種結果算是好的人生，並沒有特別的洞見。所以，讓他們成為有特權的裁判者，決定哪些症狀應該被標籤成「心理疾病」，是很危險的。

讓這點尤其重要的原因是，就像大多數的專業人士一樣，精神科醫師都很樂意認為大概每個人都需要他們的服務。（就像心理學家馬斯洛〔Abraham Maslow〕所說的：「如果你只有一把鐵鎚，每樣東西看起來都像是釘子。」）另一個因素是製藥產業施加在精神科醫師身上的壓力，要求他們擴大精神治療藥物的使用規模。結果通常被批評是「醫療化」先前被接納的正常行為，舉例來說，害羞、小男孩在學校裡坐不住，還有形式比較輕微的焦慮。

當然，某些心理疾病，如有自殺傾向的憂鬱症、嚴重的精神錯亂，顯然需要治療，而且為了這些疾病，我們需要精神科醫師。但對於治療某種既定疾病有重大的倫理爭議時，接受醫師訓練的精神科醫師，可能常常會抱持純粹的醫學觀點，而這種觀點並不特別適合判斷道德議題。

像是喪親之痛排除條款這樣的例子，DSM應該對那些既了解醫學看法，也有更寬廣觀點的人所下的判斷，給予同樣的重視。舉例來說，人本主義心理學（humanistic psychology，遵循馬斯洛、卡爾．羅傑斯〔Carl Rogers〕與羅洛．梅〔Rollo May〕這一路的傳統），會認為喪親之痛不是一組症狀，而是一種在世間的生活方式，其意義對於不同人格、不同社會脈絡來說都有差別。醫療倫理學專家會以嚴格發展的倫理學體系，像是效益主義、康德主義（Kantianism）與德性倫理學（virtue ethics）的明確規範性關懷，來補足精神醫學強烈聚焦於經驗的傾向。

另一個重要的觀點，可能來自一個新興卻發展迅速的領域——精神醫學哲學；這個分支分析了精神醫療業務中的概念與方法論。精神醫學哲學家曾經對DSM的假設可以光靠症狀的臨床描述做出診斷，卻少有或者根本不注意症狀的潛在起因，提出了根本上的反對意見。既然已經有這些反對意見，撤除喪親之痛排除條款（一種針對病徵起因的少見訴求），顯得特別有問題。

最後，就像我們在海特的道德心理學裡看到的，在科學觀察以外，我們也應該考慮第一人稱的生活經驗。我們需要聆聽那些曾經經歷慘痛死別經驗的人，還有與他們一起承受痛苦的親友。就像傅柯可能會說的，精神太過重要，不能留給精神科醫師。

儘管有傅柯的雄辯之詞，恰當的結論並非「精神醫學沒有可以扮演的角色」。就像傅柯後來所說的，他對精神醫學（還有整體而言的人文科學）的批評重點「不是說一切都很糟，而是說一切都很危險」。哲學反省是對抗精神醫學中種種危險的關鍵護衛。

虛無的物理學

哲學中最深奧的問題之一，就是「能否從無中生有」。就像我們在第四章裡會看到的，這對於神存在的論證來說是基礎，而在二十世紀，德國哲學家馬丁·海德格（Martin Heidegger）把這點當成了解有任何事物存在是什麼意思的根本問題。最近，知名天文物理學家勞倫斯·克勞斯（Lawrence Krauss），曾經主張物理學家在回答這個問題時，能做得比哲學家更好。我們會探究，對於「無」意謂著什麼的常見哲學觀點，如何可能被用來反對這個主張。二十世紀法國哲學家亨利·柏格森（Henri Bergson）與十八世紀蘇格蘭哲學家大衛·休謨的觀念，則對虛無的討論本身意義何在提出質疑。

史蒂芬・霍金聲稱哲學「死了」，因為哲學家沒有跟上科學的腳步，這並不是物理學家與哲學家之間交惡的唯一近期例子。宇宙學專家勞倫斯・克勞斯，堅持「哲學與神學無法靠自己來處理真正基礎的問題，也就是有關我們自身存在問題的疑惑。」[25]傑出的科學哲學家大衛・亞伯特（David Albert），輕蔑地評論克勞斯的書：「就我目前所看到的，關於這件事（克勞斯聲稱宇宙可能從虛無而來），所能說的就是『克勞斯大錯特錯』，而他在宗教界與哲學界的批評則完全是對的。」[26]克勞斯無視於亞伯特的理論物理學博士學位，在一篇訪問中斥責亞伯特是個「低能哲學家」。[27]

如果我們遠離這種唇槍舌戰，就可以看到一個更正面的圖像。克勞斯儘管講了一些難聽話，卻沒有否認哲學家可能對我們理解「基礎問題」有些貢獻（他前面那句話裡的「靠自己」是個典型的限定描述）。而幾乎所有科學哲學家，尤其是亞伯特，都會同意，對科學的深入了解，對他們的學科來說是不可或缺的。就像我們接下來會看到的，有些哲學上的區別與論證，可以補足物理學家處理虛無問題時所付出的努力。

哲學家從物質（物理性的）宇宙整體需要一個非物質解釋的立場出發，來論證神的存在，已有長久傳統。他們主張，若非如此，宇宙就必須源於虛無，而從無中生有是不可能的。對於這個論證的一種回應是：宇宙可能一直存在，所以從來沒有「開始存在」這件事。不過，現代宇宙論中已經確立的大爆炸理論，通常被認為已經排除了「一直存在」的可能性。

克勞斯沒有被這條論證路線打動，他說，因為這種論證的力量仰賴「無」的意義，而在宇宙論的脈絡下，這個意義接著要仰賴科學如何理解這個詞彙。舉例來說，「虛無」有個可能為真的科學意義是「真空空間」：裡面沒有任何基本粒子的空間。但量子力學（早已確立的基本粒子理解架構）顯示，這些粒子可以從真空空間中出現，所以似乎顯示宇宙（也就是基本粒子及其所構成的東西）**可以**從虛無中誕生。

不過，克勞斯承認，粒子可以從真空空間裡出現，是因為真空空間雖然被這樣稱呼，卻包括了波動且「自發性地」製造出粒子的「場」（稱為「虛擬場」〔virtual field〕）。一個哲學家很有可能強力主張，這些虛擬場就是讓粒子從中出現的「有」。但克勞斯說，還有進一步的可能性，即量子重力理論（統合量子力學與廣義相對論）會容許真空空間本身就靠著理論中的定律而自動產生東西。

然後，從虛無之中，我們什麼都有了，包括空間、場與粒子。

但哲學家問道，那麼理論定律是什麼呢？有某些東西存在，而非什麼都不存在，那麼它們是從哪裡來的？克勞斯說，這個嘛——我們可以想像他設法保持耐性——有另一個很有希望的理論方法，看似可信地假定有個「多重宇宙」（multiverse）：獨立自足、非互動性宇宙的可能無限集合，其中的每個宇宙都有自己的自然律。事實上，多重宇宙可能包含具備每一種定律組合的各種宇宙。我們有我們現有的定律，只是因為我們處於這個特定宇宙。不過，當然了，哲學家可以論證表示，多重宇宙本身必然來自某處。

哲學家做出結論：在每一個轉折點，物理學家的說明都預設了某個東西的存在（粒子、場、定律、一個多重宇宙——隨便什麼）。所以，無論如何都不是真的無中生有。

不過，這可能是哲學家贏得戰役卻輸掉戰爭的例子。有個「無」的絕對用法，排除了名符其實的所有存在之物。在某種意義上說，克勞斯固執地無視這個用法。但他可以輕易地引述一些哲學家的說法，因為他們發現這種絕對性用法，還有從「無」中無法生「有」的相對應原則，實在晦澀難懂，無可理解。舉例來說，亨利．柏格森論證表示，當我們主張某事物不存在時，一定是因為有其他東西存在的方式排除了某事物。沒有人坐在這張椅子上，是因為每個人都在別處。從來沒有一位美國總統是二十五歲以下的，是因為憲法禁止這個作法。

如果柏格森是對的，一個什麼都完全不存在的狀態是無可理解的；這就違反了條件：「不存在」永遠都是存在之物的一個功能。我們需要區別把「無」當成相對性（相對於存在之物）的普通用法，還有把「無」當成絕對性（一種絕對沒有任何東西存在的狀態）的無可理解用法。如果我們這麼做，就會領悟到，如果把「無」當成一種絕對性的事物，**「可能無中生有嗎？」**這個問題就是沒有意義的。但如果「無」的意義仰賴某個脈絡，宇宙論或許能夠告訴我們，在整個宇宙的脈絡下，「無」意謂著什麼。

我們對柏格森的論證有疑慮。不過，就算這個主張撐過了對其可理解性的哲學批評，要把「不能從無中生有」應用在宇宙整體上，還有其他反駁意見。舉例來說，大衛．休謨論證表示，唯有從經驗中，我們才知道個別物體不能就這樣突然存在（這麼說並非一個邏輯上的矛盾，所以嚴格說來並非不可能）。既然我們沒有宇宙進入存在的經驗，就沒有理由說，如果它已經開始存在了，就一定有個起因。

雖然克勞斯可以訴諸於哲學來強化他反對「無中不能生有」的論證，他卻讓自己面對哲學上的批評，因為照他的說法，他假定科學實驗是關於世界的「真理的終極仲裁者」。科學的成功，給我們種種理由去繼續追求它的實驗性方法，用以尋求進一步的真理。但科學本身無法確定，關於世界的所有真理都能靠科學方法來發現。

既然科學只處理可以直接或間接透過感官經驗得知的事，它就無法回答世界上是否有任何靠感官經驗不完全可知的東西，舉例來說，意識、道德、美或神。要證明在感官經驗之外沒有任何東西，我們會需要哲學論證，而不是科學實驗。所以，克勞斯可能說對了，只有科學能告訴我們「有」什麼。可是少了哲學，他的主張只可能是信仰的問題，而不是知識。

在我們曾經檢視過的每一種針對哲學的科學挑戰例子裡，到最後都奠基在哲學假設上。「意識只是大腦的某種狀態或歷程」，這種主張是奠基於唯物論為真的哲學信念。要詮釋探究人類選擇的實驗，需要關於自由意義的哲學假設。快樂心理學一定要考量哲學家所理解及評估快樂的種種方式。強納森・海特的道德心理學需要哲學反省，才能確認並發展他的實驗。對於理性推論的心理學解釋，若少了恰當的哲學分析，就會冒著落入自我駁斥的風險。精神醫學的實踐，是奠基於需要哲學詳細檢視的道德假設之上。甚至是聲稱光靠科學（特別是物理學）就能對現實做出完整敘述的主張，本身就是一種哲學主張。

可以理解的是，科學家想要處理基礎的人類議題，而他們的資料與理論可以對這種討論做出貢獻。可是，在科學往此方向發展到這個程度以後，就遭遇到以其經驗方法無法回答的意義與價值問題。科學家都是一些聰明人，可以靠自己在這樣的問題上達到一些進展。可是，如果他們忽視哲學有漫長而豐碩的歷史，都在釐清這些問題，並且明確表達可能答案的範圍，就會浪費很多時間去走哲學家已經走過的老路。對於意義與價值基本議題感興趣的科學，應該回歸到它原本與哲學之間的共生關係。

到頭來，某些問題最終是哲學性的，而我們無法光靠訴諸經驗科學來回答這些問題。我們在下一章裡，提供這個原則應用在宗教信念例子上的擴充說明，同時也展示宗教信念可能容易遭受經驗性的批評。

Chapter 4

新無神論者

－道金斯對有神論論證的批評
－道金斯的無神論論證
－道金斯支持無神論的演化論證
－複雜性論證
－惡之問題
－結論

我們現在轉向許多非哲學家極端關心的一個哲學問題：「神存在嗎？」否定的答案，由演化生物學家理查・道金斯（Richard Dawkins）、山姆・哈里斯（Sam Harris）、已故的克里斯多佛・希均斯（Christopher Hitchens）及丹尼爾・丹尼特（此陣營中唯一的一位哲學家）領導的「新無神論者」所提出，在高教育水準的群眾中，已經有許多誠心相信又樂意宣揚的追隨者。新無神論者之間的共識是：支持神存在的論證，已經信用破產到讓無神論成為唯一理性的立場了，至少對於任何講理到能公平看待這個問題的人來說是如此。在此，我們主要檢視的是道金斯反對有神論的說法，（同時也檢視山姆・哈里斯怎麼談「惡」的問題）。

本章與下一章繼續較高層次的哲學思維，顯示我們能如何應用哲學概念與論證的大工具組，來達成對於單一議題的結論。這個討論的難度免不了會比較高，不過也會比即時反駁與灌籃式證據更令人滿意——這些是最熱門的宗教辯論中雙方的標準工具（雖然只是表面上好看而已）。

道金斯對有神論論證的批評

我們首先關注的，是道金斯反駁標準有神論論證的努力成果。這些成果苦於各式各樣的邏輯錯誤。他對於**宇宙論論證**（cosmological argument）的批評，混淆了**蘊含**（implication）與**預設**（presupposition），而他對於存有論論證（ontological argument）的批評，從對一個結論的厭惡開始，做了一個不合邏輯的跳躍，去說這個論證無效。他對出自宗教經驗的論證所做的批評，忽視了「我們**能夠解釋**一項經驗是幻覺」與「我們**應該解釋**一項經驗就是幻覺」之間的區別。

◎ ◎ ◎ ◎ ◎

在第三章裡，我們討論了「**無中可以生有嗎？**」這個問題，而最受歡迎的有神論論證之一——**宇宙論論證**，是用來支持否定答案的一種努力。以下是這個論證的基本公式化表述：

1. 有某個有起因的東西存在。
2. 任何有起因之物，必定是由一個它自身之外的起因所導致。
3. 如果每個起因都有其起因，那麼就有無窮多的起因序列（無限後退）。
4. 起因的無限後退是不可能的。
5. 所以，有一個沒有起因的起因（也就是第一因：一連串自身被其他事物導致的起因，追溯到最開端的那一個起因。）

道金斯認為這個論證可以輕易被反駁：有神論論證做了「完全沒有根據的假設，即神自身不受這種後退影響」。[1] 換句話說，這沒有回答一個聰明小孩問的問題：有人告訴他，神創造了一切；他則問道，誰創造了神？

但是，與道金斯所說的相反，這個論證並沒有假定神是「不受這種後退影響」，也就是說，沒有祂自身以外的起因。精確地說，它陳述的是前提1到4，邏輯上推導出第5點：有個沒有起因的起因（神）。但這些前提沒有一個陳述（或假定）說，神沒有起因。只有在我們犯下一個基本邏輯錯誤時，道金斯的批評才有效：認為這個論證的前提**蘊含**了其結論，因此它**預設**了結論。（回想一下我們在第一章裡對健全論證做出的定義）。這並不表示前述論證具有說服力。我們接下來會看到並非如此，就算比較細膩的形式都不是。但道金斯的評論，甚至連一個有力批評的開端都不算。

知名的存有論論證，首先是由坎特伯利的聖安塞姆（St. Anselm of Canterbury）在十一世紀發展出來的，但道金斯對它所做的處置，十分不足。他正確地陳述了其中的中心觀念：被理解為完美存在的神必須要存在，因為「根據這個事實，一個在真實世界中沒有的存在，就是不完美的了」。但他接下來把這個論證表達成一種操場上的恫嚇行為：「一個真的、真的很完美的東西，必定比一個愚蠢、古老的想像物來得好。所以我已經證明神存在了，啦啦啦啦啦！」[2]

道金斯對這個論證的批評，差不多就是他那嘲弄性表述的情緒反應：「這個偉大的結論可能從這種字謎遊戲式的詐術裡推演出來的想法，在美學上就冒犯了我」，還有「關於宇宙的偉大真相，竟然光從字謎遊戲裡就可推得，這不是好到不像真的嗎？」[3]對於一個論證結論的**厭惡**（或困惑、狂怒），怎麼能取代這個論證為何邏輯**無效**或**不健全**的有力說明呢？

不過，道金斯的批評者也需要更小心一點。**確實有些**論證是我們言正名順地拒絕的，就只因為它們的結論讓我們覺得很荒謬。道金斯本人就提出了季諾（Zeno）的悖論論證為例，做出結論：這種運動是不可能的。季諾論證表示，舉例來說，就連阿基里斯（在特洛伊的希臘大軍中最敏捷的戰士）都永遠追不上一隻在比賽中先出發的烏龜。他說，這是因為在阿基里斯要趕上烏龜所在位置所需的時間裡，烏龜會再往前移動一些。若不進入較高等的數學，要說明這個論證到底錯在哪裡並不容易，但總結說這個論證出了問題，就因為它的結論（一個比較快的跑者永遠不可能追上比較慢的跑者）很明顯、很荒謬地有誤，是很合理的。那麼，安塞姆的論證不是也一樣嗎？

不一樣。其論證的結論是一個有爭議性的主張（即神存在），卻不像季諾的結論那樣，直接牴觸了我們每天看到的事情。要貫徹道金斯對安塞姆論證與季諾論證所做的比較，他就必須說，在沒有評估過安塞姆論證或任何其他神學論證的狀況下，他就知道神顯然不存在了。這不是一個批評，而是沒有理由地斷言這個論證的結論是假的[1]。

最後，思考一下道金斯從個人宗教經驗對有神論論證做出的批評。他把重點

⊙ **注釋**

1 道金斯確實有提到對存有論論證的重要哲學批評，舉例來說，像是康德與諾曼．馬爾康（Norman Malcolm）的批評奠基於這個觀念：這個論證錯誤地假定「存在」是一種完美性質。但他沒有提出認為這個假設可能為假的理由，也沒提到讓人對這種論證重燃哲學興趣的近期回應，像是由查爾斯．哈特肖恩（Charles Hartshorne），特別是亞文．普蘭亭加（Alvin Plantinga）這樣的哲學家所提出的。

放在神或其他超自然實體（像是天使與聖母瑪利亞）的顯現或聲音。他考量到「大腦的模擬軟體具有令人敬畏的力量」而拒絕這種經驗的**真實性**（這些經驗所呈現的真實性）。他說，這個軟體「有能耐可建構出有最高真實力量的『顯現』與『探訪』」，就算這些經驗是假的。[4]他所有討論的構成方式，幾乎都是提供幻覺與其他虛假經驗的例子，然後解釋大腦如何能製造出這些經驗。

在此，我們需要比道金斯更完整地對他的論證做公式化表述。他的主張是：我們不應該認為宗教經驗是真實的，因為大腦的「模擬軟體」能夠製造出這些經驗，不管它們呈現的東西是不是實際上為真。但是，一個經驗可以透過模擬軟體製造出來的這個事實，就能證明此經驗不是真的嗎？這個問題應該要讓我們停下來思考一下，因為幾乎任何經驗，包括我寫下這句話的經驗，還有你讀到這句話的經驗，都可以是只發生在腦內的模擬。就像笛卡兒著名的論證，還有神經科學的證實，任何看似屬於我心智以外世界的經驗，事實上都可能是一場夢，或者某種別的錯覺或幻象。如果模擬的可能性，足以讓一項經驗變得可疑，那麼我們需要懷疑幾乎所有的經驗。道金斯對宗教經驗的拒絕，只有在他願意懷疑我們幾乎所有的經驗時才成立。2

◉ 注釋

2 我說「幾乎所有的經驗」，是因為許多知識論專家會說某些經驗（舉例來說，我自己的經驗：似乎看到一棵樹）不管是怎麼產生的，都會是真實的。

道金斯對宗教經驗的批評出錯，是從這個問題開始的，「**我們能夠把這個經驗解釋成虛幻的嗎？**」他反而應該要問：「**有某個特定理由要認為我們應該把這個經驗解釋成虛幻的嗎？**」為了解釋他的理由，他必須在哲學上反省可以恰當地把一項經驗當成幻覺打發掉的條件，然後證明所有宗教經驗都符合這些條件。有龐大的知識論文獻（通常非常批判宗教），談論如何評估宗教經驗的真實性。[5]道金斯的論證需要引進這些文獻。

另一個問題是，道金斯沒有考慮到另一種更常見且沒那麼戲劇化的宗教經驗形式。許多信徒回報他們有這樣的經驗（通常很頻繁）：他們形容有種鮮明的（非視覺也非聽覺）感覺，有神聖的存在出現了。威廉．詹姆斯在他對於宗教體驗的經典討論中，引用了許多報告中的這一則：

> 這不只是意識到有某個東西在那裡，而是融入了它的核心快樂之中，對於某種難以言傳的善，有種讓人震驚的覺察。它並不模糊，不像某首詩、某種香味、花朵或音樂帶來的情緒影響，而是確定的知識，知道有種強大人格就在近處顯現，而在這個體驗過後，留存下來的記憶是一種對現實的知覺。其他

> 一切可能是一場夢，但那個經驗不是。[6]

就算有很強的論據反對接受戲劇性的靈體與異象報告，這樣的批評卻無法自動適用在這些更普通的經驗上。

道金斯的無神論論證

我們轉向討論道金斯反對神存在的主要論證：**沒有論證的論證**（no-arguments argument），他的**演化論證**及**複雜性論證**。

沒有論證的論證主張，我們應該否認神的存在，因為沒有好的論證可支持祂的存在。為了測試這個主張，我們試著透過把一連串因果原則公式化表述並加以批評，來建構一個好的**宇宙論論證**。在此，我們會用到兩種關鍵性區別：**需要解釋的事**，以及**不需要解釋的事**，還有**偶然**（contingent）與**必然**（necessary）。我們會看到宇宙論論證需要一個原則來**避免起因無限後退**。在此，我們需要分辨兩種原則：「**無限後退是不可能的**」的原則，以及（比較好的）「**無限後退本身也需要解釋**」的原則。

評估這個論證的效力——還有藉此評估「沒有論證的論證」的效力——要仰賴一個關鍵性的區別：一名理性者**必須相信**的事，以及一名理性者**可以相信**的事。

◉ ◉ ◉ ◉ ◉

無神論的「沒有論證的論證」

雖然道金斯對有神論論證的批評明顯虛軟無力，但他與大多數新無神論者都確信不需要特別解釋自己的立場，只需要指出有神論者沒有提供好的論證可支持自己的立場。我稱之為無神論的「**沒有論證的論證**」。

許多無神論者喜歡聲稱，反對神存在的理由，就跟反對聖誕老人、復活節兔或牙仙存在的理由一樣：沒有好理由去相信他們之中的任何一個。乍看之下，拿支持神存在的論證去比較聖誕老人及其他的論證，看起來很怪。畢竟有許多支持神存在的知名論證，是由受人敬重的哲學家公式化表述出來的，而且有聰明博學的人認為這些論證很有說服力。但沒有一個超過六歲的人，會有那麼一點點可能去為聖誕老人真的存在而論證。

當然，光是有證明神存在的論證，並不能反駁「沒有論證的論證」。若比道金斯更小心地檢視，可能還是會顯示出所有這樣的論證是沒有價值的。我自己認為，沒有一個論證決定性地確立了神的存在。但我會論證，這並不支持「沒有論證的論證」。若要看出為什麼，就讓我們更深入挖掘宇宙論論證；我主張這個論證經過某種方式的公式化表述以後，可以反駁「沒有論證的論證」。

宇宙論論證

宇宙論論證的想法是，從某些已知結果來推出神是它們的起因。為了建構這樣的論證，我們需要一個**因果原則**：一段說明哪種事物需要起因來加以解釋的陳述。這種原則裡最簡單的會是：**所有事物都有個起因**。不過，這個主張的力道太強了，因為如果一切都有起因，那麼神也會有個起因，所以仰賴於別的事物之上，而那個事物就會有更強的理由是神。只有在我們有一條不適用於神的因果律時，宇宙論論證才會奏效。（對於「誰造出神？」這個反駁意見，嚴肅版宇宙論論證的其中一個回應就是這樣。）所以我們需要找到一個改良版的原則。

這裡有條哲學思路似乎可能做到這項工作。我們總是在尋求解釋。為什麼我的車會拋錨？為什麼蘋果樹今年提早開花？為什麼我的孩子在數學會考裡表現得這麼糟？科學中的很多部分，是像這樣持續不懈地追求解釋的延伸。有時候，我們指涉到我們已經知道的事情，藉此找到一個解釋。我的車子會拋錨，是因為我三年沒換機油了；樹會提早開花，是因為我們有個異常溫暖的春天；我的孩子表現很差，是因為他們不夠用功。可是，有時候尋求解釋會導致一種發現：或許我的車子會拋錨，是因為我不知道的某塊晶片壞掉了；或者樹會提早開花，是因為本地輻射濃度提高；或者我的孩子表現很差，是因為他們缺乏某個特別的「數學」基因。

宇宙論論證是一種盡可能追根究底、持續搜尋解釋的努力，要看出我們是否不只能發現對某單一事物的解釋，也能發現對一切事物的解釋。我們可以說，這是對這個世界（希臘文是 *kosmos*）整體而言的解釋，就讓我們稱之為「**終極解釋**」。所以，我們要有一個將會證明神是終極解釋的論證。所以，或許我們需要的因果原則，就是一**定會有個終極解釋**（**由某個終極起因所提供**）。

然而，現在我們需要更仔細地思考，一個終極解釋會解釋到什麼。我們已經說過，這是對一切的解釋，不過這到底是什麼意思？就定義上來說，某件需要解釋的事情，就不是不需解釋而自明的。這件事需要被它本身以外的某樣東西解釋。就像我們已經看到的，如果我們真的為一**切事物**尋求解釋，那麼就不會有任何東西可以用來提供解釋了。

如果要有個終極解釋，那麼，這一定是某種本身不需要解釋，卻解釋了其他一切的東西。宇宙論論證設法要解釋的世界，一定不是一**切事物**，而是一**切需要解釋的事物**。不過，什麼樣的事情需要解釋？

一個看似有理的答案是，我們必須解釋那些確實存在但**有可能不存在**的事物，用傳統的術語來講，就是**偶然**的事物。在我們的日常經驗中，幾乎每樣事物都是偶然的：我的手機有可能從來不曾被製造出來；地球本來可能沒有衛星；德國本來可能不會贏得二〇一四年世界盃足球賽；我自己可能從未出生。（事實上，我引用德國贏得世界盃足球賽當成例子，是在決賽開打之前，當時我心知肚明，可能必須把德國替換成荷蘭。）

因此，要讓宇宙論論證奏效，一切偶然事物的解釋必須是某種**並非偶然**的事物；也就是說，某個不只是存在，還不能**不**存在的事物；亦即它是**必然的**。如果它不是必然的，就會是偶然的，那麼它本身就需要解釋。（請注意，必然之物就不是偶然的，反之亦然。）簡單地說，宇宙論論證想證明存在的神，必須是一個必然而非偶然的存在。

所以，我們推進到另一個更好的因果原則：**每個偶然之物都需要一個起因**。但我們還是需要小心。大多數偶然之物，都可以被其他偶然之物解釋。世界（偶然之物的總和）是複雜的解釋系統。有一種可能性似乎是，世界本身可以提供所有我們可以合理要求的解釋。尤其是每個偶然之物，都可能被另一個偶然之物所解釋。舉例來說，比較大範圍的物體（從沙粒到銀河），都可能由組成它們的分子來解釋，分子則由原子來解釋，原子則由電子與質子解釋，電子和質子又由夸克來解釋。如果這樣是有意義的，宇宙論論證就無法起飛，因為就像我們已經看到的，其中的「神」是用來解釋偶然之物不能解釋之事的必然存在。

但是，我們可以實際理解「每個偶然之物都由另一個偶然之物解釋（導致）」的想法嗎？換句話說，可能有個偶然起因的連鎖，其中的每一個偶然之物都輪流解釋另一個偶然之物嗎？為了讓我們的例子有點變化，回憶一下羅素那個常被人提起的故事：據說他遇見一個人堅持地球是個扁平的盤子，靠一隻大象的背撐起來。羅素問道：「是什麼支撐著那隻大象？」那人回答，一隻大烏龜。羅素開口下了殺手鐧：「不過，又是什麼支撐那隻烏龜呢？」回答是，一路往下，都是一隻隻烏龜在支撐著。

但是，真有可能是一連串的烏龜嗎？不，至少不是數量有極限的烏龜。那麼，我們會面對兩個一樣糟糕的選擇。第一，可能有一隻烏龜沒有被任何東西支撐著，而這明顯違反了這條因果原則。第二，可能有**繞成一圈**的烏龜：一隻烏龜支撐著第二隻，但第二隻不知怎麼的也支撐著第一隻。這種狀況會要求其中每隻烏龜都支撐住自己的荒謬發展（或至少是一圈互相支撐的烏龜，但這一圈烏龜本身沒有支撐物）。

從兩棲類生物學回到物理學，如果這個偶然解釋者（contingent explainer）的鎖鏈以夸克作結，它們要不是沒有解釋，就是必須自己解釋自己。這兩種狀況都不合理。第一種狀況違反了每個偶然之物都有個起因的原則。第二種狀況等於說，有某種解釋了自身的存在，這樣會意謂著它以某種方式比自己搶先了一步。所以，偶然之物要解釋一切，就必須有個偶然之物的無限連鎖（後退），每一個都解釋了某個其他偶然之物的存在。

這對於我們建構一個宇宙論論證的努力有什麼意義？這意謂著，我們的論證必須否定「有某種偶然之物的**無限後退**，解釋了一切需要解釋之物」。否則，就不需要一個必然存在的神了。

在我們尋求一個宇宙論論證時，這是個關鍵性的階段。我們有個看似為真的因果原則：任何偶然存在都需要一個起因。現在，我們需要另一個前提：**一個偶然之物的無限後退，不能解釋一切需要解釋之物**。

但我們還需要再多一步，因為一個宇宙論論證有兩種方式，可以否定偶然解釋者的無限後退。首先，我們可以直接**否定可能有這樣的無限後退**。如果我們認為無限的解釋鍊從來沒有真正解釋到任何事，只是把種種解釋無限推遲，這個說法看似可能為真。如果分子解釋了岩石，原子解釋了分子，如此繼續無窮無盡，那麼我們真的有解釋到岩石嗎？如果無限後退讓其中的每個成員都沒有獲得解釋，它的存在會違反我們的因果原則。

可是，一旦我們領悟到「一個解釋者並不會因為它本身有個解釋，就不能解釋其他事物的存在」，前述思路就失去威力了。例如，我以最近曾腦震盪來解釋我的頭痛，腦震盪本身的解釋則是我的頭撞到汽車的行李廂蓋，而這件事又是由我喝醉酒的事實來解釋。

既然如此，我們可以正確地聲稱，在一個由被解釋的解釋者構成的無限序列裡，每個項目都被前一個項目解釋。以這種方式，序列裡的每個項目都得到解釋。如果序列裡的每個項目都有個解釋，為什麼還需要這個序列整體有另一個別的解釋？舉例來說，我可以解釋二十個人裡的每一位為何出席派對，而不必進一步解釋為什麼全體二十個人都在那裡。看起來，「否定有解釋者無限後退」的宇宙論論證，並不怎麼有前途。

但第二種消除無限後退的方法可能辦到這件事。我們可以同意，可能有偶然解釋者的無窮序列，但仍然主張**這樣的無窮序列本身需要一個解釋**。從實效上來說，我們或許能夠同意，可能有烏龜的無窮序列，每隻烏龜都支撐著其他的烏龜，而整個連鎖則支撐著地球，但還是堅持所有這些烏龜為何存在，一定有某種解釋。也就是說，我們的論證會要求偶然之物的無限後退**本身**，必須有個解釋。這給我們的宇宙論論證兩個關鍵前提：一條因果原則和一條排除無限後退的原則。

現在我們可以公式化表述我們的論證：

1. 有偶然的存在物。
2. 任何偶然存在物之所以存在，都有個解釋。
3. 這樣的解釋，必須由一個必然存在物或偶然存在物的無限後退來提供。
4. 由偶然存在物的無限後退提供的解釋本身，需要一個必然存在物提供的解釋。
5. 所以，有個解釋了偶然存在物之所以存在的必然存在物。

這個論證在是邏輯上有效的；也就是說，如果前提為真，那麼結論就是真的。前提1是很明顯的，幾乎我們所知的一切事物都能夠不存在。前提3，如同我們已經看到的，沒有看似可能為真的選項：少了無限後退，透過偶然存在解釋的偶然存在物，要不是會循環成一圈，就是會結束在一個沒有解釋的偶然存在物之上。所以，這個論證的成功，仰賴前提2（我們的因果原則）為真，以及前提4（我們排除無限後退的原則）為真。

如果前提2必須被理解為包括整個世界，它或許是有問題的。在這種狀況下，你可以論證表示，這世界是所有偶然存在物的集合，所以只要這個集合裡的每個成員都能被解釋，其整體就不需要另一個獨立的解釋。但在我們的論證裡，前提只應用在個別偶然存在物，而不是這些存在物的集合之上，而我們的經驗大量支持這項主張：任何獨立的偶然存在物確實有個解釋。舉例來說，再想一次先前提過的偶然存在物清單。為什麼我的手機被製造出來、為什麼地球有衛星、為什麼德國贏得世界盃足球賽、為何我出生了，一定有某種解釋[3]。

所以，我們的論證似乎只仰賴已經建立的前提4：偶然解釋者的無限（後退）連鎖，本身就要求有一個必然（非偶然）的存在物來解釋它。

但為什麼我們應該認為這種後退的存在有個解釋呢？相對於前提2（我們的因果原則），我們沒有直接經驗可以支持目前的主張，因為我們對於無限後退沒有經驗，就像我們永遠不可能數盡所有數字。我們可以指向這個事實：在科學中，我們總是尋求更進一步的解釋，但尋求解釋的作法，並沒有保證一定找得到解釋。

◉ 注釋

3 有時候，會有人指出量子理論容許沒有解釋的事件。而量子物理學法則解釋了適用這些法則的事件，只是其解釋是**統計學式的**（容許在某個範圍內的種種事件，各有不同或然率），而不是像牛頓物理學的那種**決定論式**解釋（只容許出現一種事件）。

儘管如此，偶然事物的無盡連鎖仍然是個（複雜的）偶然之物，為什麼它不該需要解釋？而且，就像我們已經看到的，有好理由可認為任何有限連鎖是有解釋的。有什麼理由認為當數量達到無限時，就有某種辦法可擺脫解釋偶然性的需要呢？在這些考量中，沒有一個可以證明前提4為真的決定性證據。不過，如果在徹底反省後，你覺得這樣的考量很有說服力，也沒有理由說你是不理性的。請記得第一章在倫理與政治確信方面所做的結論：就算沒有證據，在看過所有證據與論證以後，堅持在你看來還是很明顯的事，是合乎理性的。當然，同理可證，不認為這樣可以明顯反駁此前提的人，也是理性的。對於這個前提，講理的人可以合理地各有歧見。

「沒有論證的論證」失敗之處

我們對於宇宙論論證達成的結果，代表了許多認真發展的神存在哲學論證典型；尤其是那些用了各種因果原則的論證（以阿奎納〔Thomas Aquinas〕、阿威羅伊斯〔Averroes〕與萊布尼茲〔Gottfried Leibniz〕的古典版本為基礎）。而且，亞文．普蘭亭加對於一個存有論論證所做的公式化表述，要求的前提只有神有可能存在（雖然是在一種夠強的意義上有可能，但這留下了異議的空間）。

所以，有些有神論論證在邏輯上有效，並仰賴一、兩個不是明顯有誤或可證實有誤的前提，且具備某種直覺上的吸引力。在反省之後，某些人可能會理性地接納這些前提，然後也接納了結論。不過，沒有理性上的要求非要人接納那些前提不可，拒絕這些前提一樣合乎理性。

某些讀者會感覺到，我們對於宇宙論論證的詳細討論，與實際的宗教信念不怎麼相關。他們可能會說，誰仰賴這樣的邏輯圈內人行話，來合理化他們的信仰？但我會提醒這樣的讀者，討論重點不是證明信徒如何證成他們對神的信仰；而是回應那些聲稱他們有正當理由否定神，是因為沒有嚴肅論證支持有神論的人。是無神論者而非信徒，激發了這樣的討論。

我強調這個論點，是因為許多像道金斯這樣的無神論者，把有神論論證當成明顯不切實際的想法，而且忽視了它們的細緻與複雜之處。當然，信徒或非信徒並沒有普遍性的義務要捲入這種哲學糾紛。不過，那些大肆宣揚有神論論證已經失敗的人，需要拿派得上用場的詳細分析來支持自己的主張。

所以，到了最後，「沒有論證的論證」到底怎麼樣？這個論證是這樣的：

1. 沒有支持神存在的好論證。

2. 如果某個主張沒有好的論證，那麼，如果我們是理性的，就應該加以拒絕。

結論：如果我們是理性的，我們應該否定神存在。

但我們對於宇宙論論證的討論，證明了前提 1 與這個論證的結論為假。**確實有**好的（即便不是決定性的）論證支持有神論，而且一個人**可以**理性地相信有神存在。所以這個論證並不健全。

總結來說，有一些我們可能視為**可信**卻不是**決定性**的論證，支持神的存在；而這些論證損害了「沒有論證的論證」支持無神論的基礎。所以，道金斯要解釋他對無神論的支持，確實需要一個反對神存在的論證。從結果來看，道金斯有這樣的論證，是以演化論為基礎。

道金斯支持無神論的演化論證

演化論證部署了像達爾文自然選擇論證這樣的科學解釋，來反駁神的存在。我們會看到達爾文對這個論證的系統化說明是無效的：其結論是「神存在」**為假**，然而它的前提頂多顯示某一個有神論論證（**設計論證**〔design argument〕）**沒有證明**神存在。然而，應用**善意理解原則**，會看到我們可以用達爾文演化論證的兩個前提，來建構出一個更好的無神論論證：**複雜性論證**（complexity argument）。

◎ ◎ ◎ ◎ ◎

就像最有吸引力的神存在論證之一，道金斯從同樣的論點開始：光靠機率事件（例如，廢物堆積場裡吹的風）製造出一個高度複雜物體（例如，一架噴射機）的可能性有多麼低。這個有神論論證指向器官上的相似性，像是眼睛與某些為特定用途而設計的機制（像是手錶），然後論證表示它們需要一個設計師。這個論證的其他形式則主張「宇宙本身是個需要設計者的複雜機制」。所有這些論證，都從我們檢視宇宙時發現的看似明顯的設計（目的〔purpose 或 teleology〕）開始。

就像設計論證的支持者一樣，道金斯接受有需要解釋「宇宙中如何出現這樣複雜、看似不可能的設計」。[7] 不過，道金斯聲稱，設計論證預設了複雜性的唯一可能解釋是機率（這完全沒有解釋到任何極有可能發生的事），以及來自有智慧存在的設計。他指出第三種可能性：從簡單物體逐漸發展出的複雜物體，達爾文的自然選擇演化論就是第一流的例子。道金斯把他的論證奠基在第三種解釋可能性之上，然後聲稱顯示出「神幾乎肯定不存在」。[8]

道金斯概述的論證是這樣的：

1. 宇宙中看似明顯的設計，需要有一個解釋。
2. 宇宙是高度複雜的。
3. 宇宙的有智慧設計者，會是複雜度更高的。
4. 一個複雜的設計者本身需要有一個解釋。
5. 所以，一個有智慧的設計者不會提供這個宇宙複雜性的解釋。

6. 另一方面，自然選擇的（個別）簡單過程（非生物也有類似的過程，但至今還沒有被完全了解）可以解釋宇宙看似明顯的設計。

7. 所以，一個有智慧的設計者（神）幾乎肯定不存在。[9]

如前所述，這個論證在邏輯上是無效的。它的前提1至4並沒有在邏輯上蘊含第5個前提：一個有智慧的設計者不會解釋到這個宇宙的複雜性。前提6補充說，像自然選擇這樣的演化原則可以解釋這種複雜性。不過這一切展現的是，演化解釋了宇宙的複雜性，而一個有智慧的設計者則沒有。這會駁斥設計論證的主張（假設神是宇宙的設計者），但這並不表示神不存在。你無法藉著證明一個**特定論證**（設計論證）**沒有證明神的存在**，來證明神**不存在**。舉個例來說，就算道金斯的演化論證是正確的，也沒有證明宇宙論論證是不健全的；神可能還是偶然之物存在的必然起因。道金斯頂多駁斥了一個支持有神論的論證，但沒有顯示神不存在。

ⓟ複雜性論證

不過，道金斯把他的理由呈現為一個單一論證，對他來說並不完全公平。比較好的作法是（在此引用善意理解原則），把他看成未曾明說地把兩個相關卻不同的論證結合在一起。第一個是對我們才剛討論過的設計論證的批評。但我們可以用他的前提3與4，建構出一個更好的論證來反對有神存在。

◉ ◉ ◉ ◉ ◉

複雜性論證彰顯了兩種有關神的概念——**擬人化的**與**形上學式的**——之間的基本區別。這個論證反駁一個擬人化神的存在，即這個神的完美是人類完美的「超級化」版本。不過，這並沒有反駁傳統有神論形上學式的神，其特徵是**非物質**、**簡單**且**必然**。這樣的神超越了人類的種種範疇，無法成為科學探究的對象。

雖然一個形上學式的神存在的可能性，阻擋了複雜性論證，卻還是對有神論造成一個根本的挑戰，因為它逼迫有神論拋棄更容易理解的擬人化概念，去捍衛形上學式的概念。

◉ ◉ ◉ ◉ ◉

複雜性論證是從這個觀念開始的：能夠設計並維持某個像宇宙這樣複雜之物的存在物，本身必須是高度複雜的，所以要有個解釋。大衛・休謨在兩個世紀之前，也提出了類似的論點：「一個心智世界或觀念的宇宙，就像一個物質世界或物體的宇宙一樣，要有個起因；而且，如果在它的安排上很相似，一定也要求有個相似的起因。」[10]利用道金斯的語言，我們可以把休謨的提議發展成一個成熟的論證：

1. 如果神存在，祂必須是宇宙的有智慧設計者，也是一個解釋宇宙的存在物，但祂自身不需要解釋。
2. 宇宙的有智慧設計者是一種高度複雜的存在物。
3. 一個高度複雜的存在物本身，需要有一個解釋。
4. 所以，不可能有一個存在物既是宇宙的有智慧設計者，又是宇宙的終極解釋。
5. 所以，神不存在。

這個論證在邏輯上是有效的：如果前提都是真的，結論也是真的。如果論證健全（即其前提都為真），這個論證證明了：沒有傳統意義上那種是宇宙終極解釋的智慧存在物，即一個提出解釋，卻沒有被任何其他東西解釋的東西。

任何傳統有神論者都必須接受前提1，因為這只是陳述了猶太教、基督教與穆斯林宗教的中心教義。前提2與3（呼應道金斯原有論證的前提3與4）似乎相當可能為真。但這些前提牴觸了西方偉大的一神論思想家們，例如奧古斯丁（Augustine）、阿奎納、邁蒙尼德（Moses Maimonides）與阿維森納（Avicenna）對神的**形上學式**概念。對他們來說，神是完美的存在物，但這種完美並不是**擬人化的**，不是人類完美性的無限外推。神的完美屬於一種極端不同的種類。

首先，祂是**非物質的**，所以不是由空間或時間中延展的局部零件所組成的。這個論點也損害了道金斯的假設（即神必須是複雜的），因為他的複雜性定義，是用物質世界物體的種種部位來說明的。再者，對於「一個有智慧設計者是高度複雜的」這個說法，證據是從人類與動物智慧的例子裡衍生出來的，這仰賴物質性的大腦。

更進一步說，神的傳統哲學解釋論證表示，神的完美性要求祂是極端**統合**且**簡單的**。這表示，我們講到祂的知識、力量、良善等等，嚴格說來都不是彼此截然有別的完美性質，反而是我們用不完備的方式，來表達與祂的存在等同的那種完美有多深刻、多豐富。它們與祂本身的存在是同一的，所以彼此是同一的（不管那是什麼意思）。

最後，傳統觀點是神的存在**不是偶然的**。祂不是本來可能會或不會實際出現的存在物；祂的存在是**必然的**。如同我們在關於宇宙論論證的討論中看到的，如果神是必然的存在，像道金斯那樣說神的存在會要求某種外在起因來解釋，就是沒有意義的說法。

當然，前述看待神的方式並沒有證明道金斯是錯的。不過，就算他能證明這種觀點可以被棄之不顧，他的前提2與3是否正確，還是嚴重的問題。善意理解原則要求認真與另一種觀點交鋒。

這樣的交鋒不是瑣碎小事。神與其他存在物有著劇烈差異的觀念，在形上學的大傳統裡，已經發展出廣泛的細節與精緻性，從柏拉圖與亞里斯多德開始，由中世紀哲學神學家（奧古斯丁、安塞姆、阿奎納、司各脫〔Duns Scotus〕），近代早期理性主義者（笛卡兒、史賓諾莎、萊布尼茲），以及德國觀念論者（費希特〔J. G. Fichte〕、謝林〔F. W. J. Schelling〕、黑格爾）延續下去，到了今天，在理查・史溫本（Richard Swinburne）及亞文・普蘭亭加這樣的當代分析形上學家作品裡開花結果。（在第五章，我們會談論這些形上學觀點所面對的問題。）

不幸的是，道金斯對於這些神聖性質的概念幾乎沒什麼話好說。有時候，他聲稱哲學神學家的細緻討論與他的論證無關，因為他們全都預設了神的存在，對於他的無神論論證來說是丐題的。傳統上對神本質的討論（例如阿奎納的討論），通常遵循聲稱已經證明神存在的證明而來。但這些討論並沒有預設神存在。他們問的問題是：「**如果神確實存在的話**，祂的性質是什麼？」同樣地，當代物理學家可以討論某些宇宙學家提出的多重宇宙性質為何，卻不必預設多重宇宙存在。

新無神論者有時候說，我們可以拒絕這樣的討論，將之當成從混亂不確定的思維中，流露出來的含糊揣測所造成的糾結。但若如此，也需要證明出來。一個主張在乍看之下很難理解或是明顯有誤的這個事實，並沒有證明這個主張裡什麼都沒有。對於那些不熟悉自然選擇理論的人來說，像是複雜如人眼的結構竟能以某種方式從一連串隨機突變中發展出來，看起來可能無可理解或者不正確。但這並不意謂著我們可以不看細節就拒絕這個理論。

某些無神論者會讓這種形上學的討論進行不下去，因為他們堅稱除了感官經驗可知的存在物以外，不可能有其他的存在物（換句話說，一切都是物理性的）。可是，在此重複一個先前已經提過的論點，這個主張本身怎麼能夠從感官經驗裡知道呢？感官經驗只能告訴我們靠感官經驗可知的事情。對於任何其他的事情，感官經驗都是靜默不語的，甚至無法說那些事情不存在或者不可能。同樣地，光靠視覺感受無法告訴我們，有沒有或者可不可能有不可見之物。

以下的論點用在這裡十分恰當，也就是：神是否可能是一個**極端有別於**我們感官經驗所知的存在物。這樣的問題怎麼可能由感官經驗來決定？我們能從感官經驗中得出的結論，都是關於感官經驗可知的那種存在物，然而，我們的問題在於是否有其他種類的存在物。

道金斯建議了另一條途徑，讓無神論者避開了神本質的議題。他論證表示，不管我們認為神有多麼不同，如果祂對於物質世界有因果效力，那麼祂的存在必定是經驗方法可以偵測到的。依照他的說法，「一個有超自然智慧造物者的宇宙，與沒有這種造物者的宇宙，在種類上會很不一樣」。他從中得出結論，「一個超級智慧體存在或不在，是明確的科學問題」。[11]從這裡似乎會順勢推論出：如果科學沒有找到任何神存在的證據，從所有或然率來看，祂就是不存在。

不過，道金斯沒有提出**科學能偵測到的**、必然會區別出有神與無神宇宙的特徵。舉例來說，假定大爆炸是一個物質宇宙劇烈的自發性爆發，讓一個物質宇宙開始存在，卻沒有創造者。我們沒有理由說，這樣的宇宙在經驗上不可能與另一個由非物質的神創造出的宇宙相同。所以，科學證據無法損害「神曾經創造宇宙」的主張。[4]

所以，一個複雜性論證的支持者，免不了要去檢視傳統形上學對神聖本質的解釋。道金斯的複雜性論證失敗了，因為他沒有引進並抵銷「認為神是簡單且必然」的形上學論證。既然他忽視了這些論證，就沒有證明「神的假說幾乎確定不是真的」。

◉ 注釋

4　如果有神論者論證神的存在，是透過訴諸奇蹟，即在世界被創造出來後，又有特別的神力干預介入，科學就會變得有相關性。以這個主張為例，神造成的治癒事例，可以受到科學證據的質疑：這次治癒可能是自然發生的。不過，你可以主張奇蹟發生，卻不需要把你對神的信念奠基於這個主張之上。許多虔誠之人判定某些事件是奇蹟，正是因為他們有獨立於此的信念，認為有個可以做到這種事的神存在。

不過，神本質的形上學是一把兩面刃。複雜性論證提出了有說服性的解釋，說明神不可能是一種外推結果，也就是我們所知的某種智慧存在的「超級化」版本。這樣的造物者會是高度複雜的，所以，如同這個論證所顯示的，它不可能是世界的設計的終極解釋（沒有被任何其他東西解釋）。

所以，有神論者無法看似有理地把神理解為一個超級人類——以人形出現的擬人化概念神。他們反而必須設法把祂理解成極端不同種類的存在物：非物質、必然存在，而且或許完全是簡單的。就像我們在第五章會看到的，這樣的設想會碰到一些嚴重的挑戰，而有神論者如果想迎擊無神論的挑戰，就必須設法應付這些難題。

事實上，神性問題對有神論者的威脅，勝過對無神論者的威脅。無神論者如果想用複雜性論證來反駁有神論，就必須處理這個問題。不過，他們有其他選擇，特別是像我們很快會看到的「惡之論證」。有神論者對複雜性論證沒有看似合理的回應方式，除非他們表明要如何理解一個極端不同於流行宗教擬人化神祇的神。

⓬惡之問題

我們的新無神論者觀念之旅，以無神論的惡之論證作結，並大致描繪出一個奠基於**必然之惡**（necessary evil）與**非必然之惡**（unnecessary evil），還有**人類知識**（human knowledge）與**神聖全知**（divine omniscience）的回應。這些區別原則上支持對惡之問題的一個回應，但還是一樣留給有神論者一個問題，即理解神與我們之間的鴻溝。

◉　◉　◉　◉　◉

「沒有論證的論證」與「複雜性論證」都沒有駁倒有神論，雖然後者對有神論者施加壓力，要他們解釋神的本質。不過，支持無神論的所有論證中，最古老也最有感染力的惡之問題，又如何呢？對於這個問題的傳統公式化表述，新無神論者沒有增添多少東西，不過確實提供了對這個議題具代表性的清楚陳述。在此，我們看的是山姆．哈里斯的著作《給基督教國度的一封信》（*Letter to a Christian Nation*）[12]裡的版本。我們的討論會很簡短，只是陳述這個論證，並且提出一條有神論回應的基本路線。在第五章，我們會進一步往下鑽研這個論證的意義。

哈里斯從引用無可否認的惡之例子開始：折磨、強暴並謀殺兒童，海嘯與颶風造成的大規模生命損失。然後，他注意到，就算這種事情發生在基督徒與他們的家人身上，他們還是相信「一個全能又充滿了愛的神在看顧」他們。哈里斯問道：「他們相信這件事，是對的嗎？他們相信這件事，是**好**的嗎？」他的答案是「不」，而他說：「無神論的整體就包含在這個回應裡。」更完整的說法是：「無神論者這種人，就只是相信（那些確定神存在的人）應該有義務提出證據，來證明神的存在，而且，說真的，還要證明祂的慈善，因為我們在這世界上每天都見證到無辜的人類受到無情的摧毀。」[13]在伊比鳩魯（Epicurus）的經典推論中，從缺乏任何獨立證據來證明全善、全能之神的存在，推出無神論：「如果神存在，祂要不是做不了任何事以阻止極糟糕的大災難，就是不想這麼做。所以，神要不是無能，就是邪惡。」[14]

有個方式可以讓這個論證有效。假設有位醫師知道惡性腦瘤的一種簡單根治辦法。如果這位醫師與一個因為惡性腦瘤而垂死的孩子待在房間裡，而醫師並非有道德缺陷的怪物，我們期待他會做治療。因此，如果有人堅稱「有位好心的醫師在這孩子的房間裡，而且他知道怎麼治好這孩子的癌症」，我們會正確地要求這個主張要有很強的證據，因為從這孩子沒有被治癒的事實裡，已經有很強的證據說明這個主張是假的。

不過，如果有神論是真的，房間裡會有某個人能夠治癒這孩子。神以祂的全能，可以在祂選擇的任何地點、任何時間，行使祂的力量。如果這孩子死了，這就表示沒有一個兼具力量與意願去干涉的存在物，也就是說，沒有神。

如同哈里斯所提到的，有神論者有時會提出這個看法：「人的道德標準無法用來判斷神。」不過，他正確地拒絕了這個見解。如果神的善，有某種與我們所謂的善相當不同的意義，那麼沒有理由去讚揚、仰賴祂的善，或者從中得到慰藉。這樣的神性「善」，不會回應那些引導人走向宗教的疑問與渴望。基督教的神必定同意我們的判斷，也就是：人類的苦難是很大的惡，要盡最大程度的可能性去消滅它。

不過，有神論者還是有個回應。並非每一種惡都應該被消滅。假設我的孩子正在經歷生某種病的中等程度磨難。一般來說，我會想要消滅這種苦難帶來的惡。不過，進一步設想，我知道從長期來看，這種苦難會讓我的孩子變成一個更好的人，比較不自私，也更能體恤他人。那麼我就有好理由去容許這種苦難。這顯示出，消滅一種惡，可能製造出更大的邪惡，或者可能消滅掉比惡更重要的善。既然神是全知的，人們認為祂對於特定之惡的長期效果所知更多，而且是為了讓世界從整體來說變得更好而容許這些惡，是很合理的想法。

你可能反駁說，這條思路只適用於那些像我們一樣力量有限，無法什麼都做，而必須在（舉例來說）撲滅火災與阻擋洪水之間做選擇的人身上。可是，神是全能的；祂的力量沒有極限。所以，祂應該永遠不必為了更大的善，而容許任何惡。祂可以防止我的孩子受苦，也能幫助那孩子變成更好的人。

不過，有個回應是，即使全能者也有一項限制：它不能實現邏輯上不可能的事。舉例來說，它不能讓我忍受誇張的痛楚（這可能是很好的事），又在同時讓我感覺不到任何痛。一個很常被引用的例子，就是人類的自由。當然，神可以控制我們的行為或加以干涉，以避免這些行為的邪惡結果。但邏輯上來說，如果祂要我們具備「有意義的自由」這種善，祂還能這麼做嗎？就算是神，似乎也不可能在讓我們真正自由的同時，還排除掉我們可能做出的任何惡事[5]。所以，我們需要分辨**必然之惡**（就連神都無法在不讓世界變得更糟的狀況下消滅的惡），以及神可以也會消滅的**非必然之惡**。

考慮到這個區別，有可能神沒把我們會消滅的惡給消滅掉，不是因為祂沒把這些事情看成邪惡的，而是因為祂對於存在於宇宙中的善，還有為了擁有這些善而在邏輯上必須有的惡，比我們知道得更多。我們需要考慮神的**全知**與我們極端**有限的知識**之間有區別。[16]

哈里斯可能會回答說，雖然神有可能為了這個理由，而沒有阻止這個世界的惡，卻沒有理由去認為實際上就是如此。基督徒有什麼證據，說全世界的邪惡都是為了可以抵消惡的善？不過，是哈里斯的論證表示，惡讓神的存在極端不可能。考慮到必然之惡的假說，惡的事實並沒有顯示神不存在。進一步說，既然我們的知識是極端有限的，對於這個假說本身有多可能或不可能，就沒有堅定的觀念。順理成章的推論是，只有在某些惡是不必要時，惡才會讓神的存在不可能，而我們完全不確定是不是這樣。結論是，惡的存在沒有給我們一個好理由去認為神不存在。

◉ **注釋**

5 這是有爭議性的。舉例來說，相容論可能主張神可以用一種仍然容許抉擇自由的方式，導致我們的抉擇。我的整體論點是，有神論者可能看似合理可信地提議，有**某些**惡是神為了在其他狀況下無法存在的善，而加以容許的。

關於惡，還有更多事情可以說，而我們將會再度回到這個主題。然而，用這種方式除去惡之論證的殺傷力，對於信徒能夠如何思考神，引進了更重要的限制。在對抗道金斯無神論的複雜性論證這方面，對人來說，神變得更加神祕而難以理解。我們會在第五章進一步探索這個問題。

結論

宗教信徒或許能夠讓新無神論者的批評轉向。但這種轉向對他們所相信的事情來說，不是毫無後果的。首先，他們必須拋棄對神的素樸觀點，必須停止想像祂的完美就是人類完美性的超級版，也不能把祂對世界的干預，看成與任何強大、非神聖存在（例如極度先進的外星人）的干預是一樣的。此外，素樸觀點與奧古斯丁、阿奎納與其他人公式化表述的主流神學信條不一致。這些信條把神呈現為與其造物極端不同，尤其是祂的全然簡單性與必然存在性。

不過，素樸觀點已浸潤到許多流行信念與實踐之中，而信徒需要努力思考，（如果真有辦法的話）他們如何調和神的傳統形上學，還有宗教對許多人的意義。（這點與第一章的自我理解原則是相關的。）而且，對於主流神學信條來說，也有一些嚴肅的知性挑戰。同樣地，設法應付惡之問題，需要領悟到神的全知讓祂對宇宙之善為何的觀點，有了巨大的不同。

這些議題都沒有提供對有神論的決定性反駁，在知性上，無法讓相信有神論等同於相信復活節兔或牙仙。不過，任何知性上的嚴肅信念，都必須回應這些挑戰所需的限制。下一章將會迎向這些挑戰。

Chapter 5

宗教不可知論

－神的簡單性與必然性
－惡與全知
－不可知論？
－哲學家為何有信仰？
－有哪種說法支持信仰？
－沒有知識的信仰
－一種不可知論者的宗教
－結論：宗教與政治

第四章的論證表示，有神論者可以有效地回應新無神論者的批評，不過這些回應將引起更進一步的難題。我們對這些難處的討論，是以**神聖屬性**（divine attribute）為中心，即一個神聖存在的必要特徵。我們先從試圖了解**簡單**與**必然**的屬性時，會引起的一些哲學議題開始。有關簡單性的問題，是從一個**實體**（substance）及其**性質**（property）之間的區別，還有簡單性與**不變性**（unchangeability）之間的連結中浮現的。必然性似乎讓類似數字這樣的**抽象存有物**（abstract entity）變得可以理解，不過這樣的存有物與「人」這樣的**具體現實**（concrete reality）之間，似乎有個鴻溝。

接著，我們考慮一個對於惡之問題的回應。在此，討論將回到**全知**的屬性，並對於傳統上把上帝描繪成全善、全知、全能的宗教妥適性，提出質疑。

在所有的討論之後，結論是無神論或有神論都沒有決定性的論據。這指出**不可知論**（agnosticism）可能是個吸引人的立場。我們區分「實踐」不可知論的各種方式，並且提及有神論宗教也有不可知論元素。**否定神學**（negative theology）與湯瑪斯．阿奎納的觀點——談論神必須使用類比語言——也會在此討論。

接下來，我們轉向信仰的正面理由，從哲學家自傳性文章的概括考察開始，這些文章讓我們稍微了解，在反省性宗教信徒的信念之下有什麼。這導向到宗教的三個面向：**做為生活方式的宗教**、**做為理解模式的宗教**，還有**做為知識體的宗教**。我論證有個可行的信仰形式，它接受一種生活方式，也採用相關的理解模式，但不聲稱有宗教知識。這是我所謂的「**宗教不可知論**」。最後，我在宗教與哲學信念之間的比較中，回歸到「**確信**」的觀念上。

◉ ◉ ◉ ◉ ◉

理查．道金斯支持無神論的最強論證是，我們無法調和神的複雜性與祂的完全獨立性。有兩種傳統的神聖性質（描述神徹底完美的種種屬性），即祂的簡單性與必然性，建議了對於這個反駁意見的回應。這種回應說，神必定是簡單的，因為複雜性（有局部或區域）是一種不完美：一個有局部的存在物，如果局部分離之後就會被毀滅。這排除了道金斯的預設：神是複雜的。而且，如果神是必然的，那麼祂的存在就不要求因果解釋，這排除了道金斯的結論：神必須仰賴某種其他的存在物。不過，就算信徒都已經發現，也很難理解一個既簡單又必然存在的神聖本質。

神的簡單性與必然性

簡單性是個特別困難的障礙，就連傳統有神論者都曾經為之卻步。舉例來說，普蘭亭加以**實體**（substance）及其**屬性**（property）之間的哲學區別為基礎，提出了一個強而有力的批評。[1]一個實體是一個獨立存在的東西，例如一顆棒球；它的屬性就是棒球所具備、無法脫離棒球而自存的各種性質，像是其顏色與渾圓性。普蘭亭加論證表示，如果神缺乏所有的複雜性，祂的各個屬性就沒有任何區別了：祂的善性、力量、知識等全都是完全一樣的。所以，神只有一個屬性，就讓我們稱之為「超級性」吧。

這就夠難理解了，但還有更糟的情況。我們甚至不能說「神有超級性」，因為這蘊含著**神**（具有超級性的這個人格）及**超級性屬性**之間有區別。若要完全簡單，神就必須與祂的超級性**同一**（identical）。但那就表示神只是一種屬性。這又不合理，因為一個屬性（想想一朵玫瑰的紅，或者水的冰涼）不是可以獨立自存的具體東西，如果它可以，它就會是個實體了。就像我們已經看到的，一個屬性只是以其他物體的一個面向而存在；它倚賴擁有這個屬性的東西。不過，我們先前也已經看到，神不仰賴任何其他物體。所以，說「神是一種屬性」，是不合理的。

同時，也要注意簡單性蘊含了**不變性**。如果一樣東西可以改變，我們必須分辨它的**實際**（actuality，現在是什麼樣子）與**潛能**（potentiality，可能變成什麼樣子），這就表示那不是完全簡單的。不過，既然不變的神對發生在我們身上的任何事，都無動於衷，即面對這些事都不會改變，那祂怎麼可能愛我們？一個不變的神怎麼能夠導致事情在一個不斷變遷的世界裡發生，這也很令人費解。

因為這些理由，很難看出神怎麼可能是簡單的。至於必然存在的觀念，就稍微好處理一點。在我們想到數學時，這似乎很合理。三比二大是必然為真的，不過，如果沒有數字這種東西，就不可能是真的。所以，二和三不是必然存在的嗎？自從柏拉圖首度提出這個看法之後，這個立場已經吸引了許多哲學家（還有數學家），雖然這個觀點仍然備受爭議，但至少看起來像是我們可以設法論證的事情。不過，像數字這樣的抽象存在物是一回事；一個人格——神應該是——又是另一回事。我們能不能合理解釋一個必然存在的人格（就算是一個有神性的人格），並不清楚。

所以，道金斯的論證並沒有確立無神論，不過確實逼迫有反省能力的信徒趨向一個精緻複雜的形上學概念神。這樣的概念可能無法理解，而且無論如何，很難跟聖經與宗教經驗中的人格神彼此調和。

惡與全知

我們在第四章曾經看到，信徒如何擊敗這個主張：神的存在與惡的存在並不一致。不過，惡之問題在哲學上的逃逸方法，並不乾淨俐落。我們可以訴諸於我們對神知道什麼的無知，或許藉此避開「全善的神所創造的世界仍有邪惡」的明顯矛盾。不過，這個訴求限制了許多有神論者會對神發表的意見，尤其是關於「神想要什麼」的主張。

拿一個近期的例子來說，烏娜．克羅（Una Kroll）是第一批英國國教女性牧師之一，為了辯護在英國國教教會裡按立女性主教的提議，論證表示這個提議會「成為一種範例，顯示出我們如何有可能在一個儘管有深刻歧異，還是以相互親愛尊重為基礎的社群裡生活」。她接著藉這句話一錘定音：「我相信，這是神要我們學習去做的事。」[2]

在我們看來，神很有可能要我們學習活在奠基於愛與尊重，但彼此有深刻歧異的社群裡，只是這不會超越神看似會想拯救無辜兒童免於罹癌死亡的程度。一旦這個訴求被用在神與我們之間的知識鴻溝時，我們就不能從我們**認為**神會想怎麼做，推論到祂**確實**想這樣。

同樣地，我們應該在做艱困決定時自問「耶穌會怎麼做」的常見建議，也不是真正的指引。如果像傳統神學所說的，耶穌是神，那麼唯一的答案可能是：「耶穌會做一個全知之神會做的事；而我們既然無知，就不知道那可能是什麼事。」

我在此處的重點，不是像某些人主張的「神超越了道德的基本原則」。不過，是否要應用這樣的原則，仰賴我們行動情境中的特定事實來決定。「汝不可殺人」通常沒有禁止我射擊一個標靶來練習，但如果我知道標靶附近可能有人會被我射到，這條戒律就會禁止我這麼做。正因為神所知的遠比我們多太多，就算祂是根據祂與我們分享的道德原則來行動，對於祂較優越的知識會怎麼影響祂的行動，我們根本沒有任何概念。

更進一步說，就算神不是「超越道德」的，祂的全知確實容許這種可能性：祂的道德原則知識比我們的優越得太多，甚至可能與我們自認為知道的道德相矛盾。當然，我們仍然有義務根據自己誠心視為正確的道德原則來行事。不過，沒有辦法知道這些原則是否反映了神的完美道德知識。在此，我們可能想要說，在基本道德原則方面，神永遠不會讓我們被騙，但這樣的反應忽視了神與我們之間的知識鴻溝。

對於有神論者來說，應付惡之問題的同時，還要處理另一個雪上加霜的壓力。偉大的有神論宗教回應的是人類深刻的願望，其中最重要的是我們在一個危險世界的終極安全願望（就像基督徒說的「得救」）。這並不是說，除了這個願望以外，宗教裡就什麼都沒有了，只是說少了這個願望的世界觀，不會讓人感覺到宗教上的滿足。我們的救贖可能仰賴我們的自由選擇（舉例來說，接受神的恩典），而如果做了正確的選擇，救贖就會得到保證。

所以，神必定是這種救贖的可靠來源。在完全致力於讓我們得到救贖這方面（前提是，我們出於自由意志提供所需的任何協力合作），祂必然是善的；而且在確保沒有外部因素（在祂與我們的意志控制之外的因素）會干擾我們的救贖這方面，祂必然是強而有力的。這些是我們所謂神的概念的「**宗教妥適條件**」（conditions of religious adequacy）。

乍看之下，神身為全能、全知與全善者的傳統定義，似乎符合這些條件，但並非如此。首先，「所有屬性」並不必然保證我們的救贖。神可能完全致力於拯救我們，就算祂缺乏對其他存在物的恰當道德態度。同樣地，祂可能沒有力量可凌駕與人類救贖無關的其他影響力。

更重要的是，傳統神聖屬性並不足以保證我們的救贖。一個全能的存在，會有能耐做必要的一切來拯救我們。不過我會論證，神的全知會對我們的救贖造成障礙。

在此，回到我們對惡之問題所做的回應。對於這個問題，「**一個全善又全能的神，怎麼可能容許我們這個世界上的邪惡？**」唯一可用的答案是，這樣的神可能有超越我們理解的知識。如同休謨的見解，惡之問題只有靠著訴諸我們的無知來化解。

特別是有神論者必須承認，一個全善的存在物，就算具備了最高程度的力量，可能都必須為了宇宙整體的善，而容許相當多的局部性邪惡。但我們沒有辦法知道，人類本身是否可能成為這種必然性的犧牲品。舉例來說，我們不知道是否有、或者將會有某個其他更先進的物種，而神為了他們，會容許我們被消滅或承受無盡的苦難。

當然，一個全善的神會做任何可能做的事，把施加在我們身上的惡降到最低程度，但我們沒有辦法知道這個最低程度看起來是如何。某些人曾經提出這個看法：當神容許苦難，到最後必定是為了受苦者的利益。可是，我們有什麼根據可以認為全知的神就是這樣看事情呢？惡之問題最受歡迎的回應——自由意志辯護——強調道德主體的自由可能是一項極大的善，值得讓神忍受可怕的惡行。作惡與從後果中學習，可能是「塑造靈魂」（soul-making），導致我們達成更高的道德完美性的根本部分。奧古斯丁如果沒有年輕時的罪孽，可能變成一個聖人嗎？同樣地，我們也沒辦法知道，對於一個超級物種的靈魂塑造來說，「毀滅我們的快樂」會不會是不可避免的一步，而這個超級物種的最終成就，會讓神能夠接受我們的終極損失。

我的結論是，考慮到回應惡之問題的標準方式，就算知道有個全善全能的神，並不保證實現我們將會被拯救的願望。因為可能會有更高的目標，而讓一個善意的神犧牲掉我們。

所以，雖然惡之問題並沒有造就出無神論的有效論證，卻需要有神論者拒絕把神與人類置於同一個道德水平的神性概念。就像反駁道金斯的複雜性論證時，需要把神想成在形上學層次上極端不同於人類；所以要消解惡之問題的殺傷力，需要把神想成在倫理學層次上極端不同於人類。這些差異可能引導我們提出這個疑問：我們的信仰能否保證它所承諾的終極安全感？

不可知論？

我們已經看到，無神論或有神論都沒有決定性的論據。這指出了不可知論——我們不知道神是否存在的主張——是個有吸引力的選擇。不可知論可以用多種不同方式表達其主張。你可能認為不可能知道神是否存在，所以放棄思考這個問題；或者你也可能繼續搜尋答案，或許還帶有某種類似宗教熱忱的情感。就算你的結論無法超越不可知論，你對有神論宗教也可能有相當不同的態度。依照亞歷山大・金雷克（Alexander Kinglake）的精神，這位十九世紀歷史學家建議，每間教堂都應該貼一張寫著「如果為真，就很重要」的告示；你可能用漠然的態度對待宗教，是因為沒有理由相信宗教為真。這種態度可能實際上等同於無神論。不過，就算宗教可能不是真的，你還是可以認為宗教很重要。你可能發現這是道德指引、靈魂塑造工作與知性理解的一項來源，所以參與了某個宗教社群的生活。

我們應該也要牢記，有神論宗教本身可能包含不可知論的強烈元素。我們已經看到，形上學式的神之概念如何引起棘手的問題：如何理解我們談到的神；而這些問題並沒有毫無爭議的解答。除此之外，就連最正統的神學家，如湯瑪斯・阿奎納，都強調神的不可理解性是擬人化神概念的關鍵性反對意見。這導致了拒絕關於神的積極斷言的「否定神學」。我們斷言神是善的，卻堅持我們對「善」具有的任何意義，都不會妥適地界定出神的特徵。所以，我們必須說，在我們能夠理解的任何意義上，神也**不是**善的。

依照阿奎納的說法，我們對善意神的描述是「類比性的」：它不具有我們日常使用該詞彙時的字面意義。這個類比概念也跟一般的類比（像是我說「我的愛就像一朵玫瑰」）不一樣。我可以具體說明我的愛與一朵玫瑰共享的屬性，如美麗、細緻、新鮮，還有沒有分享到的屬性，如帶刺且需要肥料。對神來說，不是這樣的。我們無法說，我們與善聯想在一起的任何屬性，可以名符其實地用在神身上。我們對於神所說的**任何事**，都扭曲了祂（雖然我們說不出是怎麼扭曲的）。就算在我說「神存在」時，「存在」的意思也不可能等同於我說「我、我的狗或我所在的銀河」之「存在」。

當然，這不同於我們不可能知道神存在，而阿奎納與其他神學家做出詳盡的闡述，要證明在他們對神的談論中具有某種意義。不過，在他們對神的斷言裡，總是有著緊張的否定暗流，一個總是存在的「對，可是」，與不可知論有很多共通點。關於神的這種不確定，也不只限於純化的知性分析。這種不確定性有來自聖經的深刻根源；舉例來說，摩西問神，他應該說神是什麼人的時候，神訓斥了他：「我是自有永有的。」（I am who I am.）而神祕主義者則堅持神的無可形容性（任何語言都不能表達他們的神聖經驗）。

在這一章結尾，我會回到**宗教不可知論**的觀念上，但首先我想討論宗教信念可能有哪種積極例證。透過宇宙論論證，我們已經看到一個對信仰的證明，原則上可以支持最低限度的有神論。但大多數信徒沒有嚴肅的管道可接觸（或者沒有興趣知道）這樣複雜的論證。而無論如何，信徒實踐的實際宗教、堅持的教條，遠超過「神存在」這樣最低限度的主張。他們有什麼理由支持自己的信念？

哲學家為何有信仰？

基督教護教學（Christian apologetics）有很長的傳統，雖然現在沒那麼重要了。護教學者從支持神存在的哲學論證開始，然後繼續從歷史的立場來論證耶穌基督存在過，而且福音書精確重述了他的人生與教誨。他們進一步論證表示，既然耶穌聲稱是神之子，並且藉著死而復活來證明此事，我們應該要接受他在福音書中說的真理。最終步驟是，證明耶穌的教誨支持著護教學者偏好的基督教會所表達的信念與習慣作法。

就算這條論證路線的每個步驟都沒有嚴重的問題，我們仍可以確定，這並不是大多數信徒的信仰根據。至於什麼才是呢？對於許多聰明、有見識又會反省自身信仰的信徒而言，有哪種理由呢？我所發現的最佳答覆，在大約二十年前出版的兩本書裡，其中身為宗教信徒（大多數是基督徒）的哲學家，設法解釋他們如何相信，又為何相信。[3]雖然每個故事都不一樣，但有某些廣泛共享的特徵，可以幫助我們看出聰明博學、對理性反省又有強烈信念的人，怎麼會變成宗教信徒，甚至一直保持這個身分。這裡有一份概述，指出這些記述提出的皈依主要因素為何。

一種吸引人的生活方式

首先，信徒被宗教生活方式所吸引。有時候，這事關出生於某種特定宗教社群裡，而且一直覺得這樣很舒服又有回饋。葉史瓦大學的猶太哲學專家大衛・沙茲（David Shatz），是以正統猶太教徒身分成長，並且一直滿足於這種生活方式。他說：「我的信奉之心，並不是根植於理性辨明了我的信念這種（天真的）概念；反而是根植於猶太教提供給我的知性刺激、感受、對他人的關懷、激勵，還有一種有召喚性又感動人心的整體觀點。」[4]

在其他例子裡，非信徒逐漸地移入一個宗教社群裡。這種移動通常起於遇見他們尊敬仰慕的信徒。巴希爾・米契爾（Basil Mitchell，生前一直是牛津大學的宗教哲學家）提到他開始在牛津大學教書時，「我第一次遇到有想像力、表達清楚明確，而且在哲學上也很成熟細膩的基督教思想家。」[5]在這裡，「在虔誠英國國教信徒的陪伴下，我立刻有種回到家的感覺。」[6]參與一個宗教社群（禮拜儀式、團契）幾乎總是能帶來一種滿足感。對於彼得．范．殷瓦根（Peter van Inwagen，聖母大學的一位形上學專家）來說，重要的一步就只是得知「我喜歡去教堂，而對於上教堂的一種無意識恐懼，不再是我與教堂之間的藩籬。」[7]

已故的威廉．阿爾斯頓（William Alston，在知識論與宗教哲學領域中工作）提供了一個較為完整的說明。在他五十多歲，過了十五年「世俗生活」之後，在造訪牛津時，他開始上教堂，並且發現美妙的音樂是「與神聖溝通」的一種手段。[8]回到普林斯頓後，他繼續上教堂，但沒有「在知性上贊同基督教的教條」。但他對宗教剛產生的開放心態，仍然對他有種影響力：「我有生以來第一次，開始稍微理解愛是什麼意思。」他到了一個新教區，發現一位本堂牧師，他「是靈性能夠到達什麼程度的活樣本」。接下來，他加入一個「低調的」主教派靈恩團體[1]，然後開始看出「這些人真正在與持續出現於生活中的神溝通」，所以他現在有了「一整批基督徒生活的榜樣」。他加入了一個「死硬派」靈恩派

⊙譯注

1 靈恩派基督徒強調個人宗教經驗與戲劇化的信仰表達，像是預言與說方言。

團體，接收「方言的禮物」，對於「聖靈的存在」產生一種「嶄新且更鮮明的感受」，這種感受從來沒有完全離棄他。後來，他脫離了靈恩派宗教，但從此刻起，他完全且永久地成為一位基督徒。[9]

宗教經驗

阿爾斯頓繼續說，最終把他帶向信仰的是：他在基督教社群裡發現一種「對神之愛以及聖靈存在的經驗」。[10]「這就像是讓某人睜開眼睛面對環境中的一個面向，而先前這個人是看不到這一面的。」他說，在這個社群裡的生活，意謂著透過研讀並思考聖經經文與神學傳統、祈禱與沉思、接受聖餐、基督教團契，以及過著愛的生活，逐漸增長理解。

還有一些幾乎沒有異象或神的探訪的宗教性「超越經驗」。[2]這些經驗在具體性、強烈度與頻率上各有不同，但總是在某個強烈意義上，說明了宇宙間有「更多」超越唯物論解釋所容許的事物。亞文・普蘭亭加回憶起一件事，當時他還是哈佛新鮮人，而且正在處理自己對宗教信仰的「懷疑與矛盾情緒」：

⊙ 譯注

2　我們在第四章討論過這樣的經驗，威廉・詹姆斯引用過。

突然間就好像天堂開啟了一樣：感覺像是我聽見了有壓倒性力量、莊嚴與甜美的音樂；有無可想像的輝煌與美麗的光芒；我似乎可以望見天堂本身之中；而我突然間極其清楚、有說服力又確信地看見，或許是感受到，上主真的在那裡，而且就是我曾想過的一切。這個經驗的影響停留了很長一段時間；我仍然卡在關於神存在的論證之中，但在我看來，它們通常只是學術性的，「沒有多少存在上的重要性」，就好像一個人要去論證是否真有過去存在……或者是否真的有其他人存在。[11]

普蘭亭加說出了許多類似的經驗（雖然通常沒這麼強烈），他稱之為「神的示現」，出現「在山岳中、在祈禱裡、在教堂中，在讀聖經、聽音樂、看見樹葉或草葉上的陽光之美時，在樹林或一個雪夜中」。[12]

形上學與歷史論證

哲學家信徒通常（雖然絕非總是如此）也在形上學論證裡，找到支持神存在的理由。宗教哲學專家威廉．溫萊特（William Wainwright），承認有一種「懷疑主義的性情」引領著他質疑所有的形上學立場。不過，他說，他經過考慮的觀點是「古典有神論形上學撐過了批評，至少跟它的競爭者一樣好，而且可能還更好」。[13]他並沒有說古典有神論（尤其是基督教的有神論）比較有可能為真而非為假；但他確實認為，這個觀點比其他任何形上學觀點更有可能性。進一步說，他認為「在有可能為真的解釋時……採納**某種**解釋，會比什麼都不採納來得合理。」[14]雖然如此，他保留一種「除了最世俗的事情之外，我們對於任何事物的推論都可悲地不足的感受」，尤其是在最深刻的問題上；特別是考慮到不信任我們對基本事物所做推論的馬克思主義、佛洛伊德派，甚至是基督教思想基礎時，我們很難不去懷疑，「就連我們最佳的公式化表述都只是『稻草』」。[15]

不過，溫萊特的懷疑論對另一個方向也有效：他傾向於質疑那些我們可能稱之為「狹義理性」，忽略了信仰與感受的要求：「我先天的懷疑主義讓我忍不住懷疑，如果我**不**信賴詹姆斯所說的我的**信仰傾向**（believing tendencies），我可能會被耍。換句話說，我從來無法抑制住（如他所說的）那種懷疑：『心』可能是我們與現實『最深層溝通的器官』。」[16]

理查・史溫本（Richard Swinburne）曾經在他的哲學作品中，沿著護教論的路線走得相當遠，從神存在的證明，到基督教天啟真實性的歷史論證，都包括在內。不過，他澄清，他在有嚴肅論證支持信念以前，就已經是信徒了：「我大部分的知性發展，一直都是把我四十年前就非常含糊地相信的事加以系統化，並且證明其合理性。雖然我的觀點在比較次要的事情上改變了，我的世界觀卻沒有。」[17]然而，他確實認為，負責任的信念需要具備理由：「宗教的實踐……確實意謂著為了一個極端值得的目的，慷慨地獻出你的生命。不過，這個目的確實值得，是需要被證明的……；而且這牽涉到顯示出基督教神學體系……有某種合理的機率為真。」[18]然而，他並沒有主張他在護教學上的努力，為他的宗教信仰提供決定性的證據：「我不完全有把握說（基督教信仰的核心主張）是真的……但我判斷它擁有占了重大優勢的支持證據。」[19]

不信的失敗

大多數哲學家對於反對其信念的重要反駁意見，確實堅持看來很可能為真的回應；所以，哲學家信徒通常會發表關於惡之問題與其他反對有神論意見的討論，並不令人意外。不過，不是每種難題都必須被排除。就像泰倫斯·潘納倫（Terence Penelhum）這位宗教哲學家說的一樣，一個哲學家信徒不必然要回應對其信仰的所有反駁：「他不必假定所有的難題……都會得到解決；只有其中一部分可以被解決、已經被解決，其餘的部分則是徹底難以應付。」[20]

哲學家信徒通常強調，大多數形態的無神論裡，包含很可疑的唯物論式或自然主義式信念，這些信念只是假定它們可以解釋像是「意識」與「客觀道德價值」這類實際的存在。亞文．普蘭亭加甚至發展了一個論證：結合了演化論的自然主義，在邏輯上蘊含了懷疑論（懷疑我們有知道任何事情的能力）。[21]哲學家通常也會被他們眼中屬於學院派不信者的自負與自滿而推向宗教。范．殷瓦根特別蔑視這一點：「我知道我對於『偉大的世俗界共識』變得越來越反感……讓我反感的事情，可以總結成學校操場上的大聲疾呼（cri de coeur）：『他們自以為好聰明！』我就是厭惡從這種共識延伸出來，針對基督教的攻擊中那種惡意而自滿的愚蠢。」[22]

有哪種說法支持信仰？

就算對哲學家而言，宗教的首要吸引力在於其生活方式。他們覺得上教堂、遵循道德規範、讀聖經等，很令人滿足。有神論論證在哲學家的宗教信仰中，似乎頂多扮演補充性的角色。雖然如此，這是個強烈的知性組成元素。信教的哲學家滿足於他們可以回答對其信仰的反駁意見，而且他們可以看出像唯物論這類支持不信神的觀點中，有重大的難題。他們通常也有一些宗教經驗，至少很熟悉某些不信者輕易就拒絕、視為幻覺的那種超驗現實。結合這些論點，有信仰的哲學家做出結論：他們的宗教讓世界整體有融貫的意義，提供了一種不可知論及無神論都無法匹敵的理解。

在這一刻，我們需要引進**理解**（understanding）與**知識**（knowledge）之間的關鍵哲學區別。在此，我提出的是強烈意義上的「知識」：知道一個宗教是真實的世界，它需要對神的存在、本質，以及神對歷史的干預，提出一個能證成宗教教條主張的歷史／形上學解釋。相對之下，「理解」意謂著一種用來思考事物的、成效良好的方式，卻沒有隱含著這種思考方式提供了可靠的知識，能說明實際存在著什麼，以及世界上發生了什麼事。

有信仰的哲學家，可以恰當地主張自己知道他們的宗教為真嗎？在這些證詞裡，只有一種元素可能支持這個知識主張，就是神聖的經驗、神存在的形上學論證，還有神在我們世界中顯現並行動的歷史論證。這種經驗在信徒之間很常見，而且不能馬上就打發掉，但這些經驗不夠廣泛深刻，不足以提供像是感官知覺那樣的確定性。當然，大多數信徒的宗教經驗都遠遠不夠具體，不足以支持關於神本質的傳統主張（祂只是非常強大，還是真的全能？），或者祂對我們的計畫（如果真有的話，我們可以期待哪種死後生活？）。形上學與歷史論證只對少數信徒（最知名的是理查·史溫本）來說，扮演某種角色，不過就算在這種狀況下，他們頂多提出一個看似為真的解釋。他們並沒有提供具有說服力的論證，表示神存在、基督死而復活，或者有一個將會讓我們永遠快樂的天堂。哪怕是最敏銳的哲學家信徒，整體來說也很難認為他們有紮實的知識，可以說明他們的特定宗教信條是名符其實為真的。

沒有知識的信仰

總結來說，宗教信仰似乎牽涉到三種不同的面向。有**宗教式的生活方式**、**宗教式的理解**，以及**宗教式的知識**。宗教式的生活方式，在一個許多信徒作證表示這讓他們的生活變得更好的社群裡，提供了一種道德方針。宗教式的理解，對於世界整體，尤其是我們的人生，提供了一種理解的方式。宗教式的知識，則提供了一種對於超自然現實的歷史／形上學解釋，如果為真，就證明了宇宙間有個善意力量在運作。

許多信徒有完全正當的理由，相信他們在某個特定宗教社群裡，或者遵循某個特定宗教傳統的生活，有很大的道德價值。然而，如果他們認為自己過的生活，是唯一可能為他們帶來道德充實感的生活，或者這種生活對每個人來說都是帶來道德充實感的唯一或最佳生活，則是沒有道理的。這個主張不可能是完全排他的。

許多信徒也有正當理由主張，他們的宗教觀點對於我們生命中的主要特徵（認知、道德與美學上的），提供了一種說得通的理解，而且對於一切需要去思考的事物，都提供了一種融貫又成果豐碩的思維方式。然而，就如同上一段所說，沒有提出排他性主張的正當理由。

到最後，對於宗教知識的主張，並不像新無神論者堅稱的那樣，像關於牙仙和聖誕老人存在的主張一樣可笑。但支持宗教式知識的那種「證據」，包括從可信卻有爭議的前提中衍生的形上學論證、斷續出現又相當模糊的宗教經驗、來自極其有限資訊的歷史論證等，並沒有符合建立知識體的一般（常識性或科學性）標準。在我看來，不可知論，甚至是同情或願意接受某種更積極看法的不可知論，是關於宗教知識主張的最佳判斷。

一種不可知論者的宗教

不信者，甚至還有許多信徒，通常都假定若沒有宗教知識的基礎，成果豐碩的宗教理解就沒有立足點。但真是如此嗎？或許有可能在沒有知識的狀況下得到理解？在此，對於我們的知識範式——科學——的限制所做的一些反省，會很有幫助。

物理科學可能最終給我們對於現實的完全說明。也就是說，物理科學可能給我們一些因果定律，容許我們預測宇宙中發生的每件事（到達任何量子或類似不確定性的上限）。這樣會讓我們得以徹底解釋身為因果體系的宇宙。不過，我們的經驗中有些面向（意識、人格、道德責任、美）可能不是因果體系的一部分。依照我們在第三章談自由意志時應用的區分，它們可能不是可觀察的**事實**，而是**意義**。

對於道德與美學意義來說，這是很明顯的；就連一個行為的完整因果製造過程的說明，都不會告訴我們這是好的或美麗的。對於語言學意義來說，也同樣成立。如果有一份將在一百萬年後，以我們完全不知道的語言寫成的文本，我們也許能夠預測寫作方式的確切物理配置。但看著這個配置，我們還是無法理解那份文本。

同樣地，雖然我們現在沒有任何像是意識完整因果說明的東西，卻對於那種說明從**第三人稱客觀角度**來看會像什麼樣，有相當好的概念。但是（在此訴諸第三章所做的另一個區別），我們幾乎不知道如何把實際經驗中的**第一人稱主觀觀點**（從內部觀點來說），如看見一個顏色、聽見一首交響曲、愛一位朋友或恨一位敵人是什麼感覺，合併到這種說明裡面。

在最低限度上，我們現在沒有這種經驗的恰當因果說明，也無法知道這種解釋是不是即將來臨。立場奠基於唯物論的無神論者可能相信，這樣的解釋有一天會浮現，不過這個信念並不會比宗教主張——神以宇宙終極因果力的身分存在——來得更有知識。

然而，這並不等於我們無法了解自己的第一人稱經驗。不只是我們的日常生活，還有藝術、文學、歷史與哲學，都對這樣的理解有貢獻。聲稱除了（比如說）現今最佳的神經科學結果以外，我們對這些經驗毫無理解，是很荒謬的。

每種理解模式都有自己的**本體論**；所謂的本體論，就是某個理解模式之下的存在物所構成的領域，而這個理解模式就是藉此來表達它理解到的世界。基本物理學的本體論，包括夸克與其他基本粒子；生物學的本體論，包括細胞與物種；佛洛伊德心理學的本體論，就是本我的驅力與超我的審查；社會學的本體論，就是家庭、部落與機構。有些人論證表示，只有基本物理學的本體論描述了世界的實際狀態；到最後，沒別的東西，就只有基本粒子的迴旋而已。不過就算如此，關於甲蟲、伊底帕斯情結及聯合國的言論，能幫助我們以基本物理學做不到的方式來理解事物。同樣地，文學，以其虛構的本體論，透過關於唐璜、艾瑪·包法利與摩莉·布魯姆的故事理解性慾，就算在關於現實的最終說明裡，這些實體全都沒有任何地位。轉向宗教的話，很有可能透過談論原罪來理解邪惡，透過談論神聖創造來理解世界之美，還有藉著談論天堂來理解快樂的意義。

許多馬上就拒絕宗教本體論的人，錯在認為這些本體論如果表達的不是世界因果機制的知識，就毫無價值。許多信徒的錯誤，則在於認為透過這些本體論而得的理解，顯示出這些本體論確實表達了這種知識。

就像在道德的例子裡一樣，無論是宗教性或其他性質，沒有排他或不會錯的理解模式。宗教應該也確實逐漸接受其他理解模式，並且設法把這些模式跟它們自己的模式整合起來。藝術與詩歌中的宗教表達一直就是這麼做。舉例來說，想想約翰・多恩（John Donne）在〈擊打我的心，三位一體的神〉（Batter My Heart, Three-Person'd God）之中的軍事、政治與性征服意象。

對宗教表達嚴肅興趣與激賞的非信徒，把它們想成是生活模式與理解模式。這些非信徒與欣然接受關注的信徒，應該將此謹記在心：這對於宗教知識的相關主張什麼都沒說。

如果知識存在的話，可為宗教信念加上一個重要的向度。不過，一個成果豐碩的生活方式與理解方式，就算少了知識，也是個巨大的禮物，而宗教知識主張卻很難支持它。我們應該騰出空間給那些擁抱宗教，視之為道德指南與理解來源的人，但仍然對宗教的知識主張保持不可知論態度。舉例來說，我們應該容許一個好基督徒可以懷疑三位一體與復活的字面真實性。事實上，我敢打賭，許多自稱的基督徒並不完全確定這些教條的真實性，而其他宗教的信徒也有同樣的懷疑。說他們是宗教不可知論者相當恰當。

結論：宗教與政治

這些對於宗教信念的反思指出，宗教主張有個類似政治信念的知識論地位，就像第一章裡討論過的那樣。兩者最終基礎的確信，都不是靠著從更基礎的信念中得到的論證來確立。然而，這並不表示宗教（或政治）確信是不理性的。並非每件事都可以透過邏輯證明來確立，不過就如前文所述，**理性**（rationality）與**邏輯性**（logicality）並不一樣。如果一個「確信」對於我經驗過的世界來說，很有道理；而如果我用我能取得的最強反駁批判來檢視過它，並在遵循善意理解原則的狀況下，對不同的思路做過仔細而公平的考量，那麼我在理性上有權堅持這個「確信」。

我已經論證過，對於世界以現狀運轉的起因所抱持的確信，如果無法得到科學探究的支持，就不應該堅持。若是如此，我們應該把確信範圍限制在關於意義與價值的主張上，而不是在狹義的知識上。這一點同時適用於政治與宗教。對於未受規範的市場對美國經濟的可能影響，做出沒有經驗根據的假設，就跟對人格化的神對你人生的干涉，做出沒有經驗根據的宗教假設一樣有錯。另一方面，一個「你應該尋求與神同一」的宗教確信，對於理解你的人生可能很有幫助，就像「你應該為資本主義的勝利（或者追求社會主義革命）而效命」的確信，可能對理解貨幣史也很有幫助一樣。

同樣地，歧見問題在政治與宗教中也是平行發展。就算面對來自知識同儕的歧見，我有權利（甚至是責任），要堅持一個對我個人操守來說很基本的信念。不過，這個權利蘊含一種責任，要仔細檢視我的哪些信念事實上是「確信」，在我的自我認同裡有基礎地位。與那些支持不同宗教確信的人爭論，也不是毫無意義的。就像我們在第四章看到的，這樣的論證可以導致重要的觀念澄清，甚至是對自身確信的修正。

最後，我們應該注意哲學分析與論證在宗教和政治信念方面的角色。我們在這一章談宗教時看到的事情，也在關於政治的第一章裡看到過：哲學是個概念與邏輯工具的倉庫，這些工具對於我們掌握自身確信的知識論地位、解釋其結果、應付知性挑戰時，是不可或缺的。到了這個程度，有反省能力的信徒需要訴諸哲學專家的權威，來理解並捍衛他們的信念。但是，宗教與政治確信，甚至是哲學家所持的那些確信，不必然要（而且鮮少是）從哲學論證中衍生出來的。對於我們的確信，哲學是重大**資源**，卻不是**來源**。

我在第一章中檢視政治，以此為例說明哲學論證原則如何增進我們的公共討論品質。先前四章已經顯示出哲學如何幫助有關科學與宗教的討論。下兩章會回歸政治，顯示出哲學如何幫助我們思考並談論處於公共生活核心的價值問題。

Chapter 6

快樂、工作與資本主義

－快樂
－工作
－資本主義的問題
－一種自由主義式的反駁
－重新思考資本主義
－我們能做什麼？
－結論

我們以四個元素來展開關於**快樂**的哲學解釋：**運氣**、**工作**、**樂趣**與**愛**。樂趣有個邊緣性的角色。另一方面，工作是快樂的重要部分，而且必須以一種亞里斯多德式的區別來理解：**工具性活動**（instrumental activity，價值只在於達成其他事物的手段），還有**自有價值的活動**（activity valuable for its own sake，這需要亞里斯多德所謂的**閒暇**〔leisure〕）。

一向被放任自行發展的資本主義，看似讓快樂臣服於利益，所以需要規範，好讓它為社會的快樂所用。我們以自由主義的**個人權利原則**（principle of the rights of individuals，尤其是個人自身的快樂概念），還有**基本益品**（primary good）與**基本善**（basic good）之間的區別為基礎，來回顧這個結論的哲學批評。

按照**善意理解原則**，我們會仔細檢視米爾頓．傅利曼對資本主義獲利的辯護，論證表示這個辯護仍然容許資本主義體系的實質規範。這導向**公共資本主義**（public capitalism）的概念。

最後，出現了一個**民主改革的悖論**（paradox of democratic reform），根據這個悖論，一項資本主義改革要得到公共支持，需要的條件是這個改革已被實行。這導致了一項建議：要改革資本主義，需要有教育來為立法鋪路。

資本主義的批評者棄絕它的假設：「貪婪是好的。」支持者則承認它可能奏效，就如十八世紀作家伯納德．曼德維爾（Bernard Mandeville）所說的，透過「個人的惡德」奏效，不過終極的結果是造成社會整體幸福的「公共善」（public good）。馬克思主義者與其他激進主義份子則堅持，資本主義實際上是幸福的敵人，而這個概念也有來自不同來源的支持：

> 對於雇主的鐵石心腸與沒有節制的競爭，勞動者已經被迫降伏、孤立又無助……好讓少數非常富有的人，能夠把比奴役好不了多少的枷鎖，加諸於人頭鑽動的貧苦勞動大眾之上。[1]

在當代美國政策的討論中，沒有多少空間給有關資本主義的嚴肅批評。我們接受了以下這個觀點：我們認為快樂所需的必要條件之一是繁榮富裕（即使它不是快樂的全部條件），而資本主義經濟就是這種繁榮富裕的主要產生者。我們辯論著是否要為了特定目的而增加或減少對特定事業的規範，但就算我們有在反省，也鮮少反省到資本主義體系本身的普遍功能與價值。而在這麼做的同時，我們就忽略了基本的問題：資本主義與我們的快樂之間，真正的關係是什麼？

在這一章裡，我提出一個哲學架構，以對資本主義做出一種評估。就像在宗教的例子裡一樣，我對於表達自己的觀點並不會猶豫，但我的主要目的是提供讀者概念上的資源，以便開始思考我們經濟體系的道德性。我不會提到進一步的議題，像是比較資本主義與其他的安排（如社會主義）。我的目的只是帶領我們踏出第一步，以便對資本主義體系做出更深層次的批判反省。

在一個資本主義經濟體系裡，私有企業在「自由市場」中製造並銷售商品與服務；也就是說，在這個市場中，是由供給與需求，而不是公共政策來決定企業要製造什麼，還有要收多少錢。在資本主義之下，大多數人透過為企業工作來賺錢以購買東西，或者比較沒那麼頻繁的狀況，是透過投資企業的獲利來取得金錢以購物。一般認為，要提供我們過快樂生活所需的商品與服務，資本主義是最佳的體系。若要評估這個體系，需要檢視其中牽涉的兩種不同人性元素：讓體系維持運作的**工作**，還有據說這個體系可幫助我們達成的**快樂**。

快樂

如同我們在第三章所見，研究「純粹客觀現象的快樂」之成果，有嚴重的限制。在此，我追隨從柏拉圖與亞里斯多德以降各個哲學家的腳步，呈現一個符合我們生活經驗的快樂觀點：為了達成這種快樂而奮鬥，而且有時可以達成這個目標。

我認為，快樂牽涉到四種事物，第一個大半是運氣問題。你承受的苦難（生理上與心理上的）必須夠少，這樣才有可能快樂。苦難可能是高貴又能陶冶性情，但也可能把我們削弱到一種除了自身痛苦以外別無其他的狀態，沒有任何事物能讓痛苦變得有意義。當然，我們可以在過著其他方面都很快樂的人生時，應付偶然的一陣極大苦難，但在某個程度上持續的苦難就會抹消了快樂。

有些倫理學觀點混淆了快樂與應付不快樂的方式。舉例來說，某些版本的斯多噶主義，推薦你調整自己的欲望到能力所及的範圍內。比方說，要是你無法避免痛苦，就不要讓避免痛苦成為你的目標；學著去接受它。不過，你可以接受的痛苦就這麼多；超過某一點以後，痛苦就變得凌駕一切，摧毀了快樂。斯多噶派有個減輕某些痛苦的優秀策略，卻不是要確保快樂的生活。同樣地，某些宗教提供了希望：將來的幸福可能讓我們安於現在的苦難。但是，除了這種希望的基礎何在的問題之外，安於劇烈痛苦也不等於快樂。要避免人生可能帶來的最糟狀況，你需要幸運。

在此，字源學指向了正確的方向：好運（「hap」是古北歐語裡的運氣，可比較一下「happenstance」〔偶然之事〕這個字）在快樂的生活裡是關鍵性的。關於第二項元素，我們可以看看伏爾泰的哲學故事《憨第德》（*Candide*）。書中大半章節都顯示出這位主角憨第德與他的同伴，經歷了一連串恐怖的大災難：地震、暴風雨、酷刑折磨、強姦與戰爭。這一切全都看似荒謬地脫離現實，然而這幾個人怎麼能夠承受這麼多苦難？直到我們領悟伏爾泰只是在這幾個人的生命裡濃縮了人類承受的大量痛苦為止。（你必須讀這個故事，以便了解伏爾泰怎麼能夠把這個故事變成滑稽鬧劇）。

在最後一章，這些角色逃離了他們的苦難，在土耳其鄉間建立一個穩定的社群。不過，「無聊」毒害了他們的生存狀態，他們幾乎渴望著過去那些痛苦的冒險了。在諮詢過幾位當地智者之後，憨第德領悟到他們需要的是工作。每個人承擔起某種對社群福祉有貢獻的工作，而所有人都很快樂。憨第德用這句知名的格言來做結論：「我們必須耕耘我們的花園。」

所以，完成工作是快樂的第二個需求條件。但我們無法只為自己工作。我們是各個不同的人，但要存活且生氣蓬勃，就需要一個社群；所以，我們無法把自己的快樂與其他人的快樂分離開來。我必須做某些事情，既滿足我個人，也讓我認為自己對其他人製造出重要的好處。當然，除非我有幸生來富有，否則我的工作也必須產生足夠的收入，以提供最低的限度物資，若少了這些物資，快樂不可能存在。挑戰就在於找出有適當收入且讓人滿足的工作。

快樂的第三個特徵，是古希臘人所謂恰當的「樂趣之用」（見米歇爾・傅柯的《性史》〔*History of Sexuality*〕第二卷與第三卷）。我們通常把樂趣想成只是物理感覺的滿足，但也有情緒與心理上的樂趣，如藝術與社交的喜悅，許多人認為這種樂趣比起食物和性來得重要。所有這些各式各樣的樂趣，是快樂的重要面向。在我們經歷人生時，它們通常以相當隨機的方式降臨到我們身上，對於我們的工作所帶來的那種更散漫、沒那麼強烈的樂趣而言，是一種令人愉快的補充項目。

危險性在於人們追求快樂生活時，總會給予樂趣特別優厚的地位；而對於一個富有的社會來說，這種危險性特別大。某些版本的效益主義倫理學就做得很明顯：它們把「快樂」視為樂趣經驗的累積最大值。不過，我們真的能夠相信，快樂只是由一連串愉快狀態所組成的，沒有別的東西嗎？不盡然。已故的哈佛哲學家羅伯特・諾齊克，在他關於「經驗機器」[2]的思想實驗裡，指出了這個關鍵論點。

假定神經科學家發展出一種設備，讓你可以擁有任何你喜歡的主觀經驗，像是一段偉大的浪漫愛情，寫出一本極棒的小說，拯救你的國家免於毀滅。你甚至可以設定整個人生裡都充滿可能實現的最愉快經驗。但接上這樣的一臺機器，並不會給你一個快樂的人生。如果你不曾實際上做到任何事，不曾完成一個符合人性的重大目標，怎麼可能快樂？如果（假設你不知道）你的整個人生只是坐在一間實驗室裡，享受一連串愉快的感覺，你怎麼可能快樂？

另一方面，「樂趣」看來確實是快樂的一項重要元素。想像諾齊克的經驗機器逆轉版：有個設備不會阻礙我們在真實世界中成就偉大的事物，卻會解除腦部愉悅中樞的作用，所以我永遠無法在主觀上享受我做的任何事。我們會說這個結果是一段快樂的人生嗎？

儘管如此，「樂趣」在快樂生活中只能扮演次要的角色。樂趣本身通常會引進一種欲望，讓人想重複並加強它們。若少了內省心靈的節制，它們可能把處於真正快樂核心的工作給邊緣化。樂趣產生病變的信號，通常是一股執念，不想「錯過」特別吸引人的樂趣，而且高度期待的經驗若在實際上沒有符合預期時，會強烈感到失望。（像一瓶藏在地窖很久的六一年拉菲紅酒，已經過了最佳賞味期；你的結婚紀念二十五週年威尼斯之旅，整個星期都在下冰冷的雨。）要避免快樂的「快樂主義式腐化」，最佳策略是全心全意歡迎來到我們身邊的樂趣，卻不讓對樂趣的明確追求主宰了我們的人生。當然，同樣的道理可以應用在購買樂趣時通常會需要的金錢上。

最後，最重要的是人類之愛的快樂，我的快樂是起於配偶、孩子與朋友，甚至是全人類的快樂，還有自己對這些人的快樂有所貢獻。這樣的愛可能帶領我們超越僅只是快樂的領域，而進入個人道德與宗教價值的世界。這樣可以導向為了別人的快樂而犧牲自己的。愛是快樂的頂峰，不過很重要的是，它讓我們敞開了那超越只是快樂的人性之善，這就是為什麼我會對此再多談一些。

工作

關於快樂的討論已經把我們導向工作，我曾經論證過，工作在我們的快樂中是核心組成元素。在某些方面來說，這是普遍共享的觀點。我們為人類的工作倫理喝采，從工作的生產力來評斷我們的經濟，甚至還有一個全國性假日來向工作致敬。

但有個藏在底層的矛盾情緒。我們藉著不工作來慶祝勞動節；〈創世記〉通常被解讀成「認為工作是亞當因罪惡而得到的懲罰」；而許多人數著到下次度假前的日子，而且把滿足的退休當成工作的核心理由。我們對於工作的情緒很矛盾，因為在資本主義體系裡，這意謂著為了薪水而工作（僱傭勞動），而不是為了工作本身。這是哲學家所說的**工具性活動**，這種活動的價值不在於它自身，而在於我們可以用它來達成什麼。對大多數人來說，有薪水的工作是全然必要的，失業者對此知道得再清楚不過了。不過，在我們的經濟體系裡，大多數人把工作視為達成其他事物的手段；這樣可以過活，但沒有造就出一種生活。

那麼，工作是為了什麼呢？在《尼各馬科倫理學》（*Nicomachean Ethics*）

裡，亞里斯多德有個驚人的答案：「我們工作是為了有閒暇，快樂仰賴於此。」[3]這在乍看之下可能很荒謬。我們怎麼能什麼都不做卻很快樂，不管這樣有多甜美（dolce far niente，無所事事的甜美）？怠惰不是會導向無聊嗎？至少從《包法利夫人》（*Madame Bovary*）開始，就有那麼多小說描述過那種毀滅人生的倦怠無聊？

一切都視我們如何理解「**閒暇**」這個詞。這只是怠惰，什麼事都不做嗎？然後，閒暇的生活在最佳狀況下很無聊（如《憨第德》中的一個教訓），在最糟的狀態下又很恐怖（就像巴斯卡〔Pascal〕說的，沒有其他事物能讓我們分心，而不去想到死亡）。不，亞里斯多德所想的「閒暇」是**自有價值的活動**（與我們所謂的工具性活動——當作達成其他目的的手段時，才會有價值的活動——是相反的）。這當然就是我所指的、做為快樂核心組成元素的「工作」。但我們需要把這種「亞里斯多德式工作」，跟為資本主義引擎加油的那種工具性工作區分開來。

我們可以先跳過哪種活動本身，或許是愛、冒險、藝術、科學研究或哲學思維等，就很令人享受的問題。重點在於參與這樣的活動，然後與其他人分享這些活動，是處於快樂生活的核心。它們本身就有價值。無論如何，亞里斯多德式工作（經過恰當理解的「閒暇」）應該是我們的主要目標。

伯特蘭．羅素在他的經典論文〈讚美怠惰〉（In Praise of Idleness）裡表示同意。[4]他說，從工具性意義上使用「工作」一詞，「在現代世界裡，對工作美德的信念造成大量的傷害。」另外，「通往快樂與繁榮的道路，反而在於有組織地縮減工作」。在過去兩世紀的科技突破以前，閒暇可能只是「一小群特權階級的特有權利」，靠著奴隸勞工或相近等同物來支撐。但這不再是必要的了：「工作的道德是奴隸的道德，而現代世界不需要奴役。」

羅素引用亞當．斯密（Adam Smith）著名的製針工廠例子，讓解決方案看起來好像很簡單：

假設在某一刻，某個數量的人參與了針的製造。假定他們一天花八小時，製造出這個世界所需數量的針。某人發明了一種辦法，讓同樣數量的人可以做出兩倍多的針：針已經便宜到幾乎不會再用更低的價錢買到了。在一個明智的世界裡，與針的製造有關的每個人，都會接受工作四小時而不是八小時，而其他一切都跟以前一樣。

羅素認為，我們只是靠一種扭曲的殘存偏見，才遠離了閒暇的世界：這種偏見擁護自相矛盾的觀念，認為工具性工作本身就值得做。

但羅素的建議忽略了某件事。他假定繼續一天工作八小時的唯一理由，是製造出更多我們並不需要的針。然而，在資本主義中，這個主意會是做出更好的針（或者可能是某種比針更好的東西），藉此增進我們的生活品質。

假設在一九三二年，當羅素寫下他的論文時，我們遵循他的建議，把所有生產收入轉換成增加的閒暇。抗生素、噴射機和數位電腦在那時都只是遠方地平線上的微光。創意思考家享受著他們的亞里斯多德式閒暇，可能會延後這種發明的理論性設計。而少了工具性工作的實質增加，企業永遠無法實現這些設計並量產。羅素的論點說得很好，但我們要問：我們要在何時且如何（在數量或品質上）限制商品生產，以便挪出更多閒暇？

以資本主義生產的語言來說，就是**「多少才算足夠」**[5]**？**這不是個容易回答的問題，但既然我們的快樂需要不少相對於工具性工作的閒暇，看來我們必須對物質生產做出一些限制。

P 資本主義的問題

在此，我們需要批判性地思考資本主義。資本主義在本質上是「製造物品，並以盡可能獲利的方式賣出」的一個體系。如果產品賣出，是因為它們對人類的快樂有貢獻，這樣很好，但到頭來它們為什麼賣出並不重要了。如果一項產品賣出是因為大家錯誤地確信這個物品能提升快樂，那麼這個體系至少是跟原來一樣有效。事實上，說服人們買品質較差的產品，通常會比做出品質更佳的產品來得容易。這就是為什麼店鋪裡充斥著滿足流行趨勢與不安全感的產品，而不是符合人類真正需求的產品。

藉著只製造讓人過更快樂生活的東西來增加閒暇，並且讓人生更值得，是有道理的。但在資本主義之下，對大多數人而言，工作占掉了大量的時間與精力。因此，許多人發現，我們所做的事之所以有價值，主要是把它當作賺錢以購買必要物資的手段。更糟的是，資本主義內在本質中無盡地增加生產的需求，導向一種被廣告主導的文化，堅持我們需要越來越多的物質商品。所以，即使我們可以花更多時間休息，享受所擁有的東西，反而會工作得更久、更辛苦，以便達到更高的奢侈水準。結果是，比較成功的那些人在新潮餐廳吃飯，住在昂貴的屋子裡，穿著設計師服飾，旅行到異地，卻常常沒有時間真正享受他們擁有的東西。當然，我們全都同意有條界線存在，在超過之後，更多的物質商品對於真正的快樂並不會造成多少改變。但幾乎我們所有人都認為，自己遠低於那個程度。

所以，資本主義看似從兩個方面與我們的快樂作對。資本主義所要求的工具性工作數量，讓我們沒多少時間做自有價值的工作，而且它催逼著我們想要那些我們認為會帶來快樂的事物（就算事實並非如此）。所以，資本主義比較像是我們的快樂障礙，而不是手段。這指出我們應該用另一個比較能夠帶給我們快樂所需之物的經濟體系來替換掉它，或者至少規範它，好讓它少致力於獲利，多致力於我們真正需要的事物。

一種自由主義式的反駁

不過，資本主義的支持者可能會說，你是不是忘了資本主義的整個重點在於選擇的自由？你推崇一種快樂的菁英主義理想：有閒暇可以賦詩、聆聽交響樂、與朋友深談，那些據說超越「較低層次」滿足（有足夠薪水可滿足基本需求，也能買你在廣告上看到的迷人物件）的所有事物。也許，沒有接受過太多教育、非價值觀勢利鬼的人，在實際上有了資本主義提供的東西以後，**就是**快樂的。

事實上，對於我們這條思考路線的民粹式批評，有些令人印象深刻的知性支持。自由主義傳統的政治哲學[1]，特別是約翰·羅爾斯（John Rawls）的作品，反對把任何特定的快樂概念架構指為社會的規範。根據羅爾斯，還有其他自由主義者，包括理查·羅蒂、阿馬蒂亞·沈恩（Amartya Sen）與瑪莎·納斯邦（Martha Nussbaum），一個民主社會的基本觀念，應該容許人們形成並追求**自己的**快樂概念架構。我們可能認為，有閒暇實踐個人抱負的工作是處於快樂的核心，而且也許這是真的。但這些自由主義思想家堅持，我們沒有權利把這種真理（如果這算是的話）置於社會核心。人必須有自由為自己選擇。任何其他的狀態，都是對獨裁主義（甚至可能是極權主義）社會敞開大門。

⊙ **注釋**

1 在此，「自由主義」意謂著一種強調個人自由的政治哲學。在當代自由主義者與保守主義者的區別中，兩邊都吸納了這種強調的不同面向。

自由主義者確實同意，社會必須提供羅爾斯所謂的**基本益品**：那些對於任何人的快樂都很基本的事物。基本益品的例子是，「公民的與政治的自由權、收入與財富、從事公職的管道，以及『敬重的社會基礎』。」[6]如同羅爾斯所說的，這些是「形成理性人生計畫」的必要條件，所以必定是所有理性行為者所欲求的。羅爾斯在這些基本益品與**基本善**之間做出區別，基本善定義出的是快樂生活裡牽涉到什麼的特定概念架構。

從自由主義的觀點來看，每個社會必定提供了基本益品，少了這些東西，就沒有人具備有意義的機會可追求快樂。但社會不該對人們應該追求哪些基本善而採取某個立場，因為**自主性**（autonomy）——選擇自己的好生活概念架構的權利——是個包羅萬象的價值。基本善具體指出一個快樂生活的內容。基本益品只告訴我們，為了選擇並努力得到**任何**特定快樂生活的概念架構，我們所需要的是什麼。從自由主義者的角度來看，自主性的需求限制了政府推銷基本益品，同時仍然對基本善及其具體指出的種種快樂概念，保持中性態度。政府可以適當地幫助我得到足夠的食物與房舍，但政府不該鼓勵我出席古典音樂會勝過流行音樂演唱會，或者偏好有機農產品勝過速食。

從這種自由主義立場，有兩個強烈理由要支持資本主義。資本主義無可匹敵的生產力，讓達到物資需求（一種基本益品）所需的財富最大化，而它的自由市場，則容許我們去追求可達到自訂構想中快樂生活的任何基本善。

這種自由主義論證，預設了資本主義確實提倡個人自由。但得到一份工作，通常意謂著奉獻很多時間與精力，以提供雇主想要的事物，而非自己想要的事物。除了工作責任以外，雇主甚至設法塑造雇員的思維與價值觀。如果你對老闆在販售的產品（甚至還有生活方式）有信心，你會做出更好的網球鞋，或者賣掉更多人壽保險。想想〈人權法案〉（the Bill of Rights）裡保證的種種自由。人們常常會抗拒政府對自由表達與隱私的任何一丁點限制，但雇主卻告訴我們怎麼著裝，如果我們挑戰其想法就會被炒魷魚，而且他還窺伺我們，看我們是否偷懶不做事。在工作場域之外，我們在廣告之海中泅泳，幾乎全部的廣告都設法要讓我們想要那些賣家希望我們想要的東西。

資本主義體系把自己呈現為自由選擇的僕人。它聲稱按照消費者想要的程度，製造消費者想要的任何東西，而且它付給我們薪水，讓我們去買想要的東西。但這些主張是假的。資本主義企業尋求的是超越一切的獲利最大化，這個目標通常要求我們做不感興趣的工作，好讓我們去購買那些因受到廣告制約而想要的事物。在勞工的生活完全由「生產最大化的工具性工作」與「獲利最大化的消費」構成時，獲利將會最高。因此，資本主義事業對其雇員的自由與快樂，是不利的。

這種衝突解釋了凱因斯（John Maynard Keynes）在一九三〇年的預測為何會失敗：他預測在下個世紀中，資本主義體系將能夠以一般雇員一週大約工作十五小時的狀態，來符合我們所有的物質需求。他認為，這會讓人有充裕的閒暇時間去追求快樂的生活。凱因斯說對了資本主義的生產力，但看錯了工具性工作的削減；從一九三〇年以後，工具性工作只下降了大約二十%，而且沒有展現出進一步降低的跡象。[7]凱因斯沒能夠體認到資本主義多成功地模造人們，讓人在物質商品中找到快樂，而因此從中獲利。我們少有閒暇，因為我們需要賺足夠多的錢，去買我們認為會讓自己快樂的事物。如果我們同意資本主義是對自由的威脅，就應該回歸到以下這個觀念：我們要不就得消除，要不就得嚴格限制資本主義對獲利最大化的驅力。

不過，我們或許低估了支持資本主義的論據，現在又是應用善意理解原則的時候了。

🅟重新思考資本主義

在經濟大蕭條、新政以及戰後經濟繁榮的驚人上揚之後，美國看似穩穩地走向會讓資本主義經濟體系臣服於強力政府限制的準社會主義。從一九八〇年雷根當選以後，一種朝著不受拘束（放任式）資本主義的反向運動，變成了主要的政治力量。這種政治運動得到一些保守派知識份子的支持。最重要的其中一位是米爾頓·傅利曼，在論證「資本主義企業最大化其獲利，對社會最有幫助」的人之中，他或許是最清楚明白又有說服力的。到目前為止，我們已經建構了節制獲利的論據。如果傅利曼可以建立他的論點，我們會需要重新思考先前已經發展出來的，關於快樂、工作與資本主義相互關係的解釋。

一個社會同時既要有一個經濟體系來交換商品，還要有一個政治體系來制定法律，如果我們從這個事實出發，最能夠體會傅利曼的論證。傅利曼同意自由主義觀念：一個社會的終極目標，應該是個人可以自由追求自己構想中的快樂。不過，他指出，在任何政治體系與個人自由之間都有種基礎性的緊張，因為政治決定無法代表每個人的意志。

在絕對君主政治體系中，每個人都必須順服於君主的意志；在民主政治體系中，每個人都必須順服於多數人的意志；而任何居中的體系，都會牽涉到一個群體順服於另一個群體的意志。可是，傅利曼主張，資本主義是一個容許個人自己做決定的體系。我們彼此買賣的事物，是取決於每個人。在此引用傅利曼的例子，一個決定男人應該戴什麼顏色領帶的民主政治體系，可能導致每個人戴的是多數人偏愛的顏色。資本主義體系容許製造商之間的競爭，並可能因此導致出現大範圍的各種顏色，以呼應不同個人的主觀品味。

隨之可以推論的是，可能的話，我們應該讓經濟體系而不是政府來做決定。在關於人們買賣什麼東西的決定上，尤其應該盡可能少把政府扯進來。在許多狀況下，人們都會用經濟交易來最大化自身的獲利。（這通常同時適用於買家與賣家身上，我購買某物，是因為我偏愛你賣的某物勝過我付出的金錢，而你偏愛我付出的金錢勝過你賣出的某物。）這就是資本主義會有的作法：在交易中，為雙方創造更多的價值。

傅利曼的立場，是從他對於「什麼才是真正獲利」的看法中衍生的。我們通常把獲利當成是生意擁有者獲得的東西，並可隨擁有者的意思花用。但傅利曼反而提議，把獲利看成進一步生產的來源，本意在於繼續為社會創造越來越多價值的過程。從這個立場來看，挪用獲利到任何其他的目的上，如吹捧擁有者或支持慈善活動，都是在削減生產，並會因此製造出較少能用來滿足人類欲望的商品。

所以，根據傅利曼的觀點，在一個自由經濟體系中，「商業有個獨一無二的社會責任，也就是利用其資源，並參與設計出可增加自身獲利的活動」。不過，為什麼獲利應該是經營生意的唯一目標呢？為什麼不容許、鼓勵，甚至要求這些事業體，嘗試以製造人們想要的產品之外的方式來改善社會呢？傅利曼用他自己的問題來回答：「如果生意人確實有造成最大獲利以外的社會責任……他們怎麼知道那是什麼？自行選擇私營事業的個人，能夠決定社會利益是什麼嗎？」更進一步說，如果我們容許企業把獲利轉向滿足超越其商品需求的需要，傅利曼認為，我們實際上是讓他們發揮「稅務、消費與控制的公共功能」，而這些功能理應是公務人員的領域。[8]

當然，私營事業的個人用自己的收入來做慈善捐贈，並沒什麼錯。不過，傅利曼的觀點說的是：商業獲利本身不是個人收入，而是我們用來製造物品的體系中的一項基本元素[2]。若要達成其他目的，就算是幫助有需要的人，最好都留給政

◉ 注釋

2 從傅利曼的觀點來看，將一個生意的擁有者與經營者的錢拿來做個人用途，應該被視為一種降低獲利的開銷，所以應該保持在最低限度，就像這個生意付出的任何其他酬勞一樣。執行主管的鉅額薪水與不必要的大量紅利，都跟資本主義恰當的實踐相反。

治流程來做決定。

這建議了一種對於我們的資本主義批評所做的回應。有可能造就出最大化獲利的事物，並不是讓人類生活得更快樂的事物。不過，資本主義的社會功能不是讓人更快樂；而是最大化人們會想買的物品之生產力。我們可能會說，商業買賣應該設法讓人想要種類正確的、會讓他們真正快樂的那些東西。不過，我們為什麼應該認為，生意經營者對於人們應該需要什麼東西，會有任何特別的洞見呢？這種決定需要關於基本善的價值判斷，而這種事最好留給民主政治機構。

即使我們接受了傅利曼對於資本主義體系適當功能的觀點，他仍沒有證明最大化獲利是資本主義唯一的目標。他只是顯示任何進一步的目標都必須由政治的決定來設定，而不是留給經營生意的人決定。傅利曼事實上同意了，商業的唯一社會責任是「增加其獲利」。他的完整說法如下：「商業有個獨一無二的社會責任，也就是利用其資源，並參與設計出可增加自身獲利的活動，**只要它維持在遊戲規則範圍內，即在沒有欺瞞騙局的狀況下，參與公開而自由的競爭**」。[9]

加粗字體裡的限定條件，承認了獲利最大化的一個關鍵限制。更重要的是，這讓傅利曼表態同意以下這個原則：應用資本主義體系的社會，可以對它加諸限制。這個原則也隱含在傅利曼的主張裡，即任何把獲利用在社會善之上的商業生意，都會篡奪政治體系的角色。

在傅利曼的說明裡，資本主義不是獨立於政治體系而運作的經濟體系。資本主義是那個政治體系的創造物，而這種創造物有著超越可圖利商品交換以外的目標（例如說，道德上與社會責任上的目標）。所以，生意擁有者在創造獲利時，必須為了具優先性的社會價值而接受政府的限制。這樣似乎會自然推導出（比方說）我們原則上可以限制生產，好讓人有參與亞里斯多德式工作所需要的閒暇。

政府的這種行動派角色，看起來像是直接反對傅利曼的放任自由主義堅持：在沒有政治控制的狀況下，亞當．斯密所說的神奇的「看不見的手」，可以「從私人的惡行」裡製造出「公眾的善」。然而，在實際上，傅利曼明白表示，看不見的手是連接到政治身體上的。他這麼引進斯密的名言：「我們其他人的責任，是建立一個法律架構，好讓追求個人利益的個人——在此引用亞當．斯密的話——『在看不見的手引導之下，提倡一種並不在他意圖內任何一部分的目的』。」[10]這個「看不見的手」之所以為公共善而運作，只因為它是由我們的政治體系透過其法律而實行的社會價值所指揮。這些價值形塑了資本主義經濟體系的功能。

傅利曼承認，讓更大範圍的多種政府干預，來讓資本主義不至於脫軌，是有需要的。首先，有些必要干預就只是為了讓市場能被視為真正自由的：對抗欺瞞騙局的法律、財產的清楚定義、合約的法律強制力，還有在市場規則的詮釋起爭議時的司法決定。就算那些最傾向於採取放任式觀點的人，都不太可能拒絕政府扮演這種角色。

然而，傅利曼走得更遠。舉例來說，他堅持政府需要控制金錢的供應，並且採取一些步驟來避免會毀滅自由市場的壟斷。他也對以政府干預來抵銷「鄰居效應」（經濟學家通常稱之為**外部經濟效益**〔externality〕）持開放態度，並將之定義為「一個嚴格定義上自願交換為不可能的狀況，（因為）個人的行動對其他個人有影響，而要對這些影響收費或加以補償是不可行的」（補償由工廠所導致的污染，是傅利曼舉過的例子之一）。他進一步點出政府有「補充……私人慈善活動與個人家庭保護無責任能力者」（例如兒童與精神失常者）的需要。[11]

我們也必須記得，當傅利曼說商業買賣應該最大化其獲利時，意思是「長期獲利」，而不是指每一季、每一年，想來也不是任何固定年數的獲利。這麼說是很合理的：要得到整體最大獲利，可能需要長期發展，而在這段期間裡，獲利可能遠非最大數字。那麼，我們應該如何衡量一個公司的成功呢？不同的投資人會有不同的標準，就看他們什麼時候想要或需要收取其收益。這也看我們考慮的是多長的時間跨度，某些方式明顯地比其他方式更有利可圖。一個更長期的觀點有可能會要求「負起社會責任」的執行方式：避開短期獲利，以建立公司身為「好公民」的名聲，同時創造出更大獲利的條件。舉例來說，較長期的觀點可能會考慮一個社會整體，舉例來說，在把整個社會納入考量時，可能考量到的時間幅度，至少是某一特定時間點上所有社會成員的平均壽命範圍。採納這個長期觀點，給予了「最大化獲利」的意義一種比較有人性的圖像，因為一個實至名歸的社會責任感名聲，很可能對最大化長期獲利而言，是必要的。

傅利曼對資本主義的辯護，原則上容許大多數現在的經濟保守主義者所棄絕的干預。我們來思考一個極端先進的提議：透過提供每個人諸如適當的食物、房舍、健保與教育等基本益品，來消弭貧窮。這項計畫的支持者可能會論證：

以我們這樣的一個經濟體系，能夠製造出遠超過足夠的物資，來滿足每個人的基本人性需求，因此要人們在市場上競爭這些物品是沒有道理的。缺乏這種物資的人，在跟已經擁有的人競爭時，沒有什麼機會可取勝；而其餘每個人的財富相對小幅減少，相較於苦難的消除，就會是無足輕重的了。那麼，為什麼不保證每個願意工作的人都會得到足夠的收入，可以滿足他們的基本需要？

雖然這可能聽起來像是個典型的「社會主義」方案，卻跟傅利曼對於資本主義本質與功能的說詞是一致的[3]。唯一的問題，在於我們是否把「貧窮」判斷成一種嚴重的社會之惡，是否認為我們有資源可執行這個方案，而且可以找到實施這項計畫的辦法，卻不至於造成抵銷性的負面效果。這些問題的答案仰賴的是實際判斷，在相當程度上，獨立於傅利曼的資本主義辯護背後的基本理論考量。

其實，傅利曼本人就建議了這種作法的一個版本：使用「負所得稅」來讓人脫離貧窮。他的想法大致如下：給任何回報顯示收入低於貧窮線的人一個折扣，

⊙ 注釋

3 當然，這個方案在技術上來說不是社會主義式的（生產工具的國有化），但會需要某種由政府進行的獲利分配，許多人認為這樣是社會主義式的。

讓他們至少能達到貧窮線以上。我們現行的低收入家庭福利優惠（earned income tax credit）——尼克森與雷根總統都支持這個作法——是這種想法的應用，不過只限受僱者可以取得。同樣地，從傅利曼式的原則出發，我們可能限制資本主義的生產，以給予公民可去追求更高形式滿足的閒暇。

對於資本主義應該導向獲利最大化的主張，傅利曼提供了一個聽來可信的辯護。但他的辯護把資本主義闡述成民主政治體系的一種工具，其獲利是為了社群內同意的目的，而去做有效的利用。因此，他承認為了更高社會價值而限制獲利的需求。這絕對沒有讓他變成一個政治上的前衛份子（傅利曼反對社會保障系統、公司與累進所得稅，還有聯邦支持的州際公路與國家公園）。他與前衛份子的強烈差異，主要是從關於經濟處境的歧異觀點，以及各種政府計畫的間接影響而來。

所以，我們看到傅利曼對資本主義的辯護，並沒有損害到我們的批評。對於社會價值在系統化政策闡述中所扮演的角色，以及在恰當環境下經濟體系需要政府干預等這兩方面，他同意前衛派的意見。在過去幾十年裡，除了少數激進的學院派及運動份子以外，大多數前衛份子都轉而同意傅利曼對於資本主義經濟扮演角色的核心立場。所以，他們會分享傅利曼對於經濟政策的基本確信。他們的不同意見，會出現於某個特定情境中「適當規範」為何的事實性問題。

最近關於經濟議題的政治僵局，起因是有這麼多保守份子已經移動到超越傅利曼的立場了。他們幾乎反對所有對商業的規範，拒絕有任何需要政府出面的社會問題解決方案，而且通常看似堅持從短期獲利的角度來判斷企業的成功。所有這些立場都偏離了傅利曼捍衛的資本主義。不過，雖然傅利曼提供了資本主義的可信理論論據，現今保守主義者對這個體系更加激進的理解，卻沒有知性上值得尊敬的支持。回到傅利曼的立場，並不會消除保守主義者與自由主義者之間的實質歧異，但至少容許這些歧異能做些有利的政治討論。

如此分析傅利曼支持資本主義的論據之後，我們應該得出什麼結論呢？不管我們是否覺得這很有說服力，但這個例子強烈地暗示：如果我們在資本主義經濟下運作，就需要「讓資本主義做為獲利產生器的力量，低於對整體社會好處」的更寬廣考量。在這樣的考量之外，資本主義就會是我們先前討論中所假定的那樣：一個提供我們生存必要商品的引擎，但對於提供人類生命意義的道德價值並不感興趣。反思傅利曼的想法，我們可以看出，除了把資本主義視為一種在欲望滿足之外，別無其他目的，沒有靈魂、無道德的機制，還有其他觀點。但只有在我們把它整合到一個將資本主義製造不出的好處也納入考量的道德視野之後，才能做到這一點。

加州大學聖塔芭芭拉分校的政治哲學家克利斯多佛・麥克馬洪（Christopher McMahon），最近推薦一種**公共資本主義**的概念架構，它把商業（至少是大公司）視為政府行政機構，執行長們則是公職官員，全都隸屬於更高位階的民選官員之下。[12]這是一種辦法，可以把資本主義放到一個更寬廣的社會／政治脈絡下，同時堅持傅利曼的觀點：商業界主管沒有制定公共政策的立場。在此同時，麥克馬洪卻反對傅利曼看來可信的主張：政府官員鮮少適合說明怎麼經營生意。對於我們是否應該接受麥克馬洪對於公共資本主義的獨特理解，我不做定論，但我們不妨採用這個名稱，從比較寬廣的意義上將之理解為某一種資本主義，它在本質上連結到（不管這個連結的確切性質是什麼）維持我們這個社群的社會價值。這種意義上的**公共資本主義**，很可能完全符合傅利曼對資本主義的分析，還有我們在這一章前面對工作與快樂的說明。

我們能做什麼？

到目前為止，我們的結論是——在此重複米歇爾・傅柯很有用的說法——資本主義就像所有權力結構，「並不壞，但有危險」。要如何用最佳方式來抵銷這些危險呢？首先，我們可以通過法律，以避免各種資本主義權力的濫用（形成壟斷、虐待勞工、使用騙人的商業手法）。我們也可以精心立法，就像傅利曼的負所得稅（或者它的另一個選擇），這種立法可避免資本主義留下來並加以容忍的貧窮。

不過，很難看出我們要如何有效立法來對抗資本主義對快樂最大的兩種威脅：其焦點放在相對於閒暇的工具性勞動，還有它對物質主義價值的支持。舉例來說，我們可能要求一週最大工作時數實質上比四十個小時少、強加較高的消費稅（對於花費徵稅，像是營業稅），並且對廣告做出較強的限制[4]。不過，在此我們碰到了**改革資本主義的悖論**（paradox of reforming capitalism）。這種立法需要公民的支持，但只有在目標**已經達到**時，才會獲得支持。既然大多數人都同意資本主義那種工作與娛樂的道德觀，這個建議看似烏托邦式的幻想。唯一會支持這種改革的人，是已經棄絕這種道德觀的少數人。

◉ **注釋**

4 這些是羅伯特與愛德華・史紀德斯基（Robert and Edward Skidelsky）在《多少才滿足？》（*How Much Is Enough?*）裡的某些建議。

所以，資本主義的基礎改革，必須設法改變人的基本價值。而唯一有效的方式，是透過教育。對於教育系統，大家有很大的不滿，但對於學校教育應該不只是提供職業訓練，也要有人文教育（在此，我們理解為一種塑造公民的教育，讓他們對於人類生活的種種可能性有寬廣的了解，還具有批判能力，可以在這些可能性之中，做出充足資訊下的選擇）的觀念，大家也相當尊重[5]。這樣的教育不該灌輸任何人類生活基本善的特定視野，卻會發展出自決的主體，他們可以看透市場的奉承勸誘，並且堅持市場要提供他們獨立決定的、對於擁有快樂生活來說必要的事物。

我們既不應該也不能控制這種主體的決定。他們的自由不只是在控制個人行動的形上學意義上，也在於文化意義上：在某種有重大意義的程度上，掌握了他們可以得到的選擇範圍。後面的這種自由，是取自於我們文化史上持久又不斷增加的文學、哲學、政治、宗教與科學成就遺產，而從中衍生的。這些成就潛藏於定義個人世界的特殊機制與實踐，不過他們也支持對那個個人世界的激進批評與其他選項。文化包含了革命的種子。

在此，我是訴諸知性與道德傳承，而傳統保守主義者（這個詞彙在此使用的

⊙ 注釋

5　我會在第 7 章更仔細地發展這條思考路線。

意義，在今日受到了威脅）已經訴諸這些傳承，來公式化表述他們對快樂的概念架構。但就像前文提過的，認為我們可以透過由上而下強加傳統價值來改造現代世界，是很愚蠢的想法。這種改造反而必須由下而上，由它打算裨益的那些人來鍛造。我們需要的人文教育，並不是由傳承舊世界遺產的菁英，把他們長期被灌輸的智慧帶給群眾；反而是由美國的新世界教育理想所激發，也就是向每個人平等開放，而且只受到其能力與堅持程度所限制。有個風險是，這些自由公民的終極決定不會是我們心裡想的那種真理。自由且擁有充足資訊的他們，可能選擇資本主義的物質幻覺。但在一個民主政治體系裡，除非有人民的意志支持，否則一種好生活的理想是沒有力量的。接受自由教育的消費者，以及投票人，是我們讓資本主義從屬於快樂生活人性理想之下的唯一希望。

結論

雖然我曾經提議過資本主義的一種特殊哲學觀點，但主要目的一直是闡明哲學如何能釐清政治與經濟議題、它是否能夠導向對某個特定觀點具有說服力的論據。舉例來說，你可能不同意我對快樂的說明，但我的討論至少應該已經向你顯示，把樂趣當成快樂的唯一來源有哪些問題，也提出一些你可能忽略的其他相關因素，像是運氣與工作。同樣地，你和我可能對工作有不同的觀點，但我們可能還是都能體會工具性工作，還有亞里斯多德所謂「閒暇」、為其本身而做的工作之間的區別，還有羅素要求大量減少一週工作量有什麼樣的弱點。

我們應該也會看到羅爾斯對於基本益品與基本善之間的區別有何價值，並且意識到資本主義與自由之間的緊張關係，不管這種緊張應該怎麼解決。無論我們對米爾頓·傅利曼最大化獲利的概念架構，做出什麼樣的最後判斷，我們可以同時了解到它與「貪婪是好事」之類的流行口號有什麼不同，還有他的立場比起初看來的更接近前衛派的經濟觀點，還有這種接近性可能如何敞開大門，以迎向對公共政策更有成果的討論。最後，我們應該已經稍微感受到對資本主義的分析與評估，如何連結到乍看很遙遠的民主教育主題，事實上這會是下一章的主題。

Chapter 7

資本主義社會裡的教育

- 一個問題
- 大學所為何來？
- 工具性教育
- 被視為商品的教育
- 測驗有何用處？
- 教學：科學或藝術？

我們從對第六章**改革資本主義的悖論**的一個回應起頭，先從菲利普．基徹（Philip Kitcher）主張**資本主義與人文教育不相容**的支持論證開始。在幾個對此論證的反駁與回應之後，我們看到這個論證奠基於一個未曾言明的**預設**上：對於除了自身以外別無其他目的的**知性文化**，我們的社會沒有一種根本的支持。與一般觀點相反，我會主張這樣的支持，隱含在我們最好的學院與大學中教學研究人員扮演的核心角色裡。這種向心性，顯示出資本主義的價值不是我們社會中唯一的基礎價值，所以在原則上移除了資本主義與人文教育之間的衝突。這個論證仰賴一種亞里斯多德式的區別：**工具性知識**（instrumental knowledge）與**自有價值的知識**（knowledge for its own sake）。這個區別也讓我們可以反省為何大學應該要關注知性文化，而不是職業訓練。

不過，如果大學沒有提供職業訓練，那麼從幼稚園到中學的教育就必須做到。我論證，如果希望如此，就需要有菁英專業人士在這些學校當教職員，也就是從醫師、律師與大學教授的同類型高成就者群體中取得。

資本主義支持不適切的教育觀點，因為它把教育當成馬克思所謂的**商品**（commodity）：某種為了販賣而製造出來的東西。商品化尤其扭曲了**教育**的意義、測驗所扮演的角色，還有**教學**的本質。教育不是特別關注傳遞（被視為商品的）知識給學生。我們應該拒絕讓衡量知識的測驗，在評估教師與學校時扮演基礎性的角色。最後，我們應該把教學當成一種**藝術**而不是**科學**來理解，而受到大力提倡、被當成教育問題解決方案的教學「科學」，不太可能讓這門藝術因此獲益太多。在此，我們會利用**行動**與**事件**之間的區別，還有對於一項行動的哲學理解。

我們靠著重複應用一種最受歡迎的哲學論證技巧，來達成這些結論：揭露**預設**（種種支持傳統觀點的假設，通常沒有言明，甚至未曾實現）。透過質問那些限制我們思維的預設，能特別有效地把新觀念引進一個陷入僵局的辯論。

◎ ◎ ◎ ◎ ◎

前一章的結論是，我們需要教育成為不受規範資本主義的對立物。我們的經濟製造體系，在放任不管的狀態下，會把我們推向物質主義欲望，並讓其產品可以輕易滿足我們。這個體系在以下這種經濟循環裡最繁榮：我們想要的會是最大化其獲利的產品，而且我們會製造那些產品，來賺到我們購買產品所需要的金錢。資本主義的迷思是，我們負責這個體系，是因為它製造出我們出於自由意志選擇要買的東西。事實上，資本主義企業有一大部分是致力於塑造並操縱我們的欲望，好讓他們回應那些可帶來最大利益的欲望。

一個問題

我曾經提議把人文教育（粗略來說，是除了它本身以外別無其他目的的科學與人文學科研究）視為對資本主義危險性的必要回應。「人文」（liberal）這個詞彙，出自古代觀念中一個相對於奴隸的自由人人生，是很適切的，因為這種教育就是為了要擁有免於資本主義強加限制的人生。不過，「教育可以幫助我們管理資本主義體系」的這個觀念，碰上一個明顯且看似壓倒性的障礙。我們的種種學校，其主要的目的之一，就是生產具備資本主義企業所需技巧的雇員。我們怎麼能夠期待這樣的學校能制衡資本主義呢？

哥倫比亞大學的哲學家菲利普．基徹，透過發展亞當．斯密在《國富論》（*The Wealth of Nations*）[1]中的一條論證路線，對這個問題提供了一個強而有力的公式化表述。這個論證始於斯密的洞見，即資本主義尋求最大化生產力，而且透過分工來達成：讓經過特別訓練的勞工進行生產過程的不同面向，就像在生產線上一樣。既然如此，資本主義需要習得特定技巧的工人們，而這些技巧從基礎人工操作能力到高層次的工程與管理，範圍甚廣。不過，基徹主張，人文教育與這些技巧沒有什麼關係。所以，在資本主義經濟方面，這種教育頂多只具有小角色。

在這個時間點上，我們可能同意資本主義不怎麼需要人文教育，且反對「生產最大化是不必要的」。我們可以教育一群具有適切技巧、能迎合經濟需求的勞動力，同時仍然提供人文教育方面的實質訓練。但基徹指出，在今日的全球經濟裡，一個適當的資本主義體系必須跟其他這樣的經濟體系競爭，其中許多經濟體系**將會**最大化他們的生產力。在一個國家裡，如果有些學校不生產技巧最佳的勞工，國家可能不會成功。

對於這條思考路線的一個常見回應是，人文教育對於資本主義生產力來說是根本性的。少了這種教育所提供的、更廣博的知性塑造，工人們會缺乏將來需要的習得新技能的彈性，而這些新技能現在或許還未知。用基徹的例子說，只給予電腦工程師現行最常用程式語言的密集訓練，比不上這種訓練再加上更廣博的邏輯、數學與電腦科學教育來得有用。

不過，這個例子正好強調出這種人文教育辯護的問題。就像基徹指出的，在相關技術領域裡較廣博的教育，對於有適應彈性的勞動力而言很必要。不過，拓寬人文教育所提供的事物——對於人類生活之寬廣可能性的理解，並具有批判能力，可以從各種可能性之中，做出有知識基礎又經過良好思維的選擇——不太可能提供那種彈性。資本主義需要我們習得新的技術性技巧。這不需要我們對人類的可能性有較深刻的了解，或者有能力從中做出明智的選擇；如果我們要當柔順好操縱的顧客，所需的條件正好相反。

可能有個支持論證是：人文教育導致的創新，所能達成的成果遠超過聚焦於具體實際問題的技術思考。畢竟這就是傳統上支持純粹科學研究的理由。（我們會在後面回到這個關於創造力的問題上。）然而，基徹指出，只有百分比很低的學生具有這種創意突破的潛力。資本主義可以訓練一小群菁英學生來做科學與人文學科的純粹研究，藉此獲得創新的好處。

基徹做出結論：資本主義與人文教育的價值不一致，而為了保存這些價值，我們需要在經濟體系裡做根本的改變。但如果像我在第六章裡提過的，人文教育的價值是轉化資本主義的關鍵，結論似乎是這種教育將是個失落的理想目標。我們希望會帶領人們脫離資本主義價值的那種教育，將必須次於這些價值。

然而，只有在假定「資本主義定義了我們的根本價值」時，基徹的論證才奏效；在這種預設下，我們的社會除了物質性的滿足之外，對於純粹科學與人文理解的價值，沒有主要的認可。而在少了這個**預設**的狀況下，並不會順理成章地導出「保存人文教育價值需要根本的經濟改變」。要看出這個預設可被質疑的原因，我們需要看看大學教育系統。

大學所為何來？

我們對這個問題的典型回答，是提出大學能滿足的種種目的，而對於這些目的來說，人文教育是唯一的答案。大多數的其他目標，如合乎市場需要的技巧、道德與社會發展、學習如何學習等，都綁定在雇主的需求上。是的，年輕人需要這些品質。不過，我們的最佳大學，即前一百名主要研究型大學與五十所最佳的四年制學院等大學教育的模範，在人文教育之外，並不是提供達到這些目標的最有效率的方式。

這些機構全都是環繞著教學研究人員而建立的：大批卓越的物理學家、生物學家、經濟學家、心理學家、哲學家、歷史學家、文學學者、詩人、藝術家等，他們從事一些最前衛、學術上有高度特殊性與創意的工作。這樣的學者可能當純科學與人文學科的教師會非常棒，但他們遠非最划算的工作訓練來源。就算我們把人文教育視為許多目標之一而囊括進來，學院並不需要這麼高能力的教學研究人員來教大學部學生。完全奉獻給教學，對於研究沒有特別興趣、卻在其學科裡有碩士學位的人，就可以從事很優秀的教學工作。

雖然我們的頂尖大學與學院為了多種不同目的而教育學生，其核心卻是研究人員，那些主要是因為特殊化研究的成果而被僱用、保留與升級的人。以這樣的教職員角色與性質來說，一個學院唯一看似有理的存在價值，就是滋養一個**知性文化**的世界：將能夠在科學上知道、人文上能理解，或者做藝術性表達的觀念世界，奉獻給我們。在我們的社會裡，該世界的主要人口是學院教學研究人員。法律、醫學與工程學，仍然被理解為有效利用實用技巧的「知識專業」，儘管如此，這些技巧還是根植於科學知識或人文理解知識，因此在這個層面上也被包括在內。

所以，只有在我們把這種知性文化視為必要的時候，支持現行的高等教育系統才是合理的。否則，我們可以用更有效率又更便宜的方式，提供工作訓練及基本的社會與道德養成給年輕成人。而沒有必要花很大的開銷，來支撐終身職制度學院人士高度特殊化的興趣。如果我們沒有高度看重學院與大學的教學研究人員致力從事的知識與理解，學院與大學就沒有什麼獨特的目的了。

有許多學院，例如州立大學分校和某些人文學院，在比較少但仍舊重要的程度上，參與了這種計畫。其他學校，像是社區大學，有著相當不同的目標，它們更接近於高中與商業學校提供的工作訓練。不過，體認到不同學院的多樣化目標，並不影響首要高等教育機構中，知性文化所扮演的核心角色。

關於各種學術性學科在我們的知性文化中的確切價值，以及它們所扮演的角色，有些重要的問題。某些人認為文學學者被政治化的知性時尚給腐化了，其他人則認為哲學家迷失在邏輯性瑣碎議題的細節中。不過，認為這種文化整體在我們的社會中並沒有基礎重要性，是很荒謬的。我們可以認真地說，我們不想要一個支持高層次純科學研究、藝術與音樂、歷史理解或哲學反思的社會嗎？曾經有過一些社會，在沒有大學的狀況下維持了知性文化（古希臘與羅馬是清楚的例子）。不過，我們大多數的科學研究，還有幾乎所有人文學科成果都發生在學院裡；而且學院日漸成為詩人、小說家、藝術家與音樂家受訓與受僱的場所。對我們來說，知性文化與大學生活之間的連結這麼接近，以至於要是分離將會同時摧毀兩者。無論如何，學院和大學都是我們推進並傳播科學、哲學、歷史、藝術與文學等人類必要元素的手段。

而且，在學院中以知性文化為核心，有個獨特的優勢。知性學科裡的專家需要接觸聰明又有挑戰性的非專家。否則，他們沉浸在自己那些先進研究的種種複雜之處中，會開始看不清他們在做的事情對人類整體的重要性何在。讓大學不只是研究機構，也是各學科教育中心的智慧就在這裡。

當然，一所大學具有知性文化保存、發展與傳播之外的功能。學生希望有資格從事比較好的工作、交朋友與找到配偶，甚至希望可以玩運動。不過，這些功能並不需要居於學院核心的菁英教學研究人員。這些功能全都可以透過有宿舍、社交活動與運動設施的職業學校來實現。我們對於學院教授的重大投資，唯一的合理理由是：把對知識與對知性文化的欣賞，傳遞給下個世代。如果大學的主要重點並不是讓學生們對知識與理解的新面向敞開心胸，我們將可以輕易地消滅它們。

然而，這個結論與另一個常見的預設衝突：這個預設是，大學教師需要專注於「**讓**」學生覺得「這個學科有趣」，其方法是展現出這些事物如何與學生的職業及流行文化興趣相關。與此相反，學生需要看出學術性學科如何**在本質上**就是有趣的。比較重要的是學生要超越他們現有的興趣，而不是教師讓學科符合學生既有的興趣。好的教學並沒有讓一個課程的主題變得更有趣；而是啟發學生進入知性文化的迷人部分，從而讓**它們**變得更有趣。

在第六章，我們看到亞里斯多德區分**工具性工作**與**自有價值的工作**的價值。在此我們需要一個類似的亞里斯多德式區分：**工具性知識**與**自有價值的知識**。做為一所研究型大學核心的教育，會聚焦在自有價值的知識上：在一個滿足的人生裡形成重要部分的知識。

一個明顯的反駁是：如果上大學主要是為了培養學生的知性文化，我們怎麼能提供他們取得好工作所需的訓練？我們的社會對於自有價值的知識有種難以抗拒的興趣，但稱職的員工需要工具性知識：其本身沒有具特殊價值的資訊與技巧，只是提供資本主義社會所需商品與服務的必要手段。對於傳統「知識專業」（像是工程、法律與醫學）的職業感興趣的那些人，大學可以就這麼堅持為他們而設計的標準研究所與大學部課程。這樣做很有道理，因為這些職業需要結合人文教育與高階的職業訓練。

然而，現今的教育思維假定，不只有那些菁英專業，對於絕大多數的好工作來說，大學都是取得相關工具性知識的自然場所。這直接導致這個預設：幾乎每個人都應該上大學。不過，我們一旦問大學在實際上要怎麼為學生準備好面對工作場域，這個預設的基礎就開始崩塌了。對於大多數工作來說，大學教育只提供某些基本知性技巧：有能力理解複雜的指示、清楚而有說服力地寫作與說話、有批判力的評估意見。除了這些基本技能之外，得到大學學位後，也顯示你有雇主需要的道德與社會性質：你在長達四年的時間裡，在相對來說沒什麼監督的狀況下，服從權威、趕上作業截止日期，並且執行了困難的任務，就算你覺得這些任務很沒意義又無聊。對大多數工作來說，有什麼背景比這個更好？

然而，這樣的知性與道德／社會訓練，並不需要向荷馬史詩、基本粒子理論、實驗心理學或康德哲學的專家學習。也就是說，這樣的訓練並不需要沉浸在大學教學研究人員提供的那種知性文化中。所以，為什麼要認為幾乎每個人都應該上大學呢？因為（在此我們又會碰到另一個許多人抱持的教育預設）我們相信，大多數年輕人要得到好工作所需要的工具性知識，就只能在大學這個場所裡取得。

工具性教育

這應該看似一個非常古怪的假定。為什麼一個好的初等與高中教育不該提供大家所需的工具性知識？具體來說，在社會裡大多數的「好工作」中要成功，知性上需要什麼？以下是一個看來可信的傳統模型：在文學、藝術、科學、歷史與政治上的適當背景，可以閱讀並理解國內媒體上的文章；進入微積分之前的數學基礎；寫出組織良好、文法健全的商業備忘錄與部落格文章的能力；還有對一種外國語的中等程度使用能力。

接受這種教育的學生，對於大多數令人滿足又有好薪水的工作來說，都會是絕佳的候選人（有時候還加上一個企管碩士學位或其他特殊的碩士學位）。從雇主的立場來看，擁有這種訓練的高中畢業生不會需要大學學位，除非他們想成為會計師或工程師、追求將來進入法學院或醫學院的前專業學程，或者在科學或人文學科裡接受博士研究工作的訓練。除此之外，上大學的主要理由就在於其知性文化。

當然，許多今日的高中並不提供所需的工具性教育，而我們用大學裡的補救工作來彌補這個缺陷。這是個資源的巨大浪費。原則上，初等與高中教育沒有理由不能提供雇主需要的工具性知識。對於這種失敗，我們聽過各種解釋，缺乏技術、教師的低薪水，還有缺乏家長參與。這些因素很重要，不過除了學生自己的辛勤學習以外，教育的結果多半仰賴是誰在教他們。其他解釋這種失敗的可能因素之所以相關，只是因為那些因素讓學生與教師沒辦法做他們該做的事。

不過，我們從幼稚園到中學的教師都無法提供這種教育，這不是很清楚嗎？甚至許多來自最佳公立學校——小班制、有很多電腦、教師薪水豐厚，還有關心的家長——的學生進入大學時，水準遠低於我認為他們應該達到的程度。顯而易見的解釋是：我們替基礎教育的教師設定了驚人的低標準。對於其他以知識為基礎的專業，如法律、醫學、大學教職，我們都是從大學生中招募頂尖的十%到二十%。但對於基礎教育的教師則非如此。

有一段時間，傑出的女性會選擇小學與中學教職，因為其他專業把她們屏除在外。現在，其他專業對女性比較開放了，我們必須接受從整體來說（雖然其中有些令人讚佩的例外），大學前階段的教師，會是比較不成功的學生。我們透過訓練、證書與績效責任制，設法應對這個事實所造成的問題。不過到最後，就像在其他專業一樣，才能是沒有替代品的。

我同意，就算是最好的教師，如果工作時必須應付人數過多的班級、缺乏紀律，還有毒害許多學校的愚蠢官僚體系，可能都會變得沒有效果。最重要的是，他們可能無法對生活在赤貧狀態下的學生伸出援手。事實上，幾乎沒什麼機會可吸引最好的學生到有這種問題的學校教書。要吸引更好的教師群，必要的一部分努力就是減輕及緩和這些問題。

在對於教育的辯論中，或許最有害的預設是：我們無法從有最高學習成就的人裡，選出幼稚園到中學基礎教育的教師。一般公認，很少有最優秀的大學生選擇小學或中學教職。最鼓舞人心的資料顯示，只有高中教師可能稍微高於平均，同時小學教師則低於平均相當多。[2]不過，為什麼不採納對其他專業有效的同一模型，放在小學與中學教育上？

其中一個反對意見是，最佳學生沒有興趣教書。不過，我們有理由可認為事實是相反的。設計給那些想成為大學教師者的頂尖博士課程，申請者遠比它們能接受的量還多。再者，許多會在教職中找到滿足感的優秀學生沒有申請研究所，要不是因為他們缺乏某些專門化研究技巧，就是因為他們不想在大學教師高度競爭的工作市場上冒險。如果非大學的薪水與工作條件，在任何方面貼近大多數大學的條件，這些學生將會形成教職的人才庫。也有許多頂尖學生對於做為博士課程焦點的先進研究毫無興趣，但比較喜歡非大學教職，勝過更缺乏知性參與、對社會較無用的工作。

另一個反駁意見是，教導兒童和青少年需要社會與情緒能力，即同理、培養及規訓的能力，而這些能力可能不會跟「最佳」大學學生所具備的知性品質一同出現。不過，我們沒有理由可認為：聰明、表達清晰又對觀念充滿熱忱的人，整體來說比較不可能有這些教學能力。我們只需要選擇同時具備高度知性能力，還有成功影響某個年級學生所需的特質的那些人就好了。此外，很重要的是，教師必須是可信的權威人物（他們現在常常都不是）。具備理由充分的自信，以及菁英專業者名望的教師，會比較容易行使這樣的權威。

要理解高中的學科，可能不需要高水準的知性能力，小學的學科就更別提了；但以現今的低標準，我們發現教師缺乏這種基本理解的情況並不算不尋常。此外，也需要相當多的聰明才智，才能恰當地回應學生的問題與需要。

更重要的是，對於任何層級的教學，最大的知性挑戰都在於有效果地呈現內容。現有的系統似乎常常假定，幼稚園到中學教育的教師在這方面會需要「專家」的引導。但人們對於這種所謂專業的存在，已經有相當程度的懷疑。數十年來，教育理論已經產生一連串失敗的萬靈丹（新數學、全語言閱讀、跨課程寫作、以發現為基礎的學習、分組研究等等）。不過，在任何狀況下，更聰慧的教師比較有可能自行發展出更好的教學方法，也比較能夠理解並應用任何由上而下、加諸於他們身上的智慧。

最後一個反駁意見會是這樣：雖然這可能看似合理，但把基礎教育的教師變成菁英化的、高度受到尊重的專業，太貴了。我們能夠認真期待去把三百萬小學與中學的教師人口，補充到符合醫師與律師的水平嗎？我們怎麼負擔得起？

首先，我們需要克服對加稅付錢給所需事物的那種自毀性厭惡。但除了這一點之外，還有好幾種將會削減花費的因素。我們不需要付錢到讓教師與醫師、律師看齊的程度。大學教職（除了兼職教授的有薪奴役之外）對於薪水更低得多的階級來說，有很強的吸引力，而基礎教育教師不會需要菁英機構裡正職教授的薪水。更進一步說，長期而論，由菁英專業人士組成、讓我們可以把年輕人的教育託付給他們的教學團隊模式，也許值回票價。能力不足所導致的教師流動率也會少得多。我們將不再需要現在這樣細膩複雜，又讓人士氣低落的外部評鑑過程，還有符合外部專家最新觀念的教師持續再訓練。我們也不再需要規模浩大又昂貴的非教師行政人員網絡，來監督這些流程。

更進一步說，如果我們專業化小學與中學教師，就可以仰賴他們提供大多數人做好工作所需的知識與技巧。大學教育提供的對象，會是尋求進入某些專業（法律、醫學、工程學、教職），以及想參與超越大多數工作需求以上層級的知性文化的那些人。這表示我們可以把大學裡的相當多資源，都轉移到基礎教育學校裡；現今，那些資源都放在大學裡，用來教導那些學生早該學到的事情了。

這個討論在多大程度上消解了基徹提出的說法：資本主義與人文教育是無法相容的？在某種意義上說，這麼做完全沒有解決問題。如果資本主義本身決定了一個社會的基本價值，知性文化將會被邊緣化。而我們已經看到的是，**在我們的社會裡**，大學做為知性文化中心的實質特權地位，顯示出我們的價值並不完全被資本主義體系所決定。這就是為什麼我們可以區分工具性知識的教育，還有自有價值的知識的教育。

專業化基礎教育工作者可以符合資本主義企業的工具性需要，讓大學去滿足「光是擁有就讓我們快樂」的知識追求。大學也會提供工具性知識，不過，只是針對需要高度專科化的工具性知識，再加上知性文化的知識專業，來提供訓練。這種見解讓大學主要致力於人文和科學的研究與教學。以這種方式，大學教育就發揮了對資本主義唯物價值的制衡功能。

或許最令人驚訝的結論是，人文教育的命運仰賴於改善基礎教育。然後大學就會從為工作市場進行教育訓練的負擔中解放。若少了這種改善，大學將必須妥協它們對知性文化的承諾，才能接手處理小學與中學在工具性知識上的懶散廢弛。要避免這種災難，需要照著其他知識專業的路線，重新改造基礎教育。

被視為商品的教育

就算我們對資本主義的信奉，並沒有消滅我們對人文教育的強烈支持，但這種信念卻支持了可能扭曲教室內發生什麼狀況的思維方式。這個體系鼓勵我們預設，我們重視的一切就是馬克思所謂的**商品**：某個有可衡量價值的東西，而且可以用不牽涉個人的方式來製造與轉移。舉例來說，性交易把性愉悅當成商品，相對於兩個人真正愛著彼此，名符其實在「做愛」的樂趣是相反的。任何被商品化的東西，都可以被賦予一種經濟價值，並就此買賣。不過，就算實際上沒有金錢交易，商品化會扭曲了我們對那些具人性重要性事物的想法。

教育是個首要的例子。我們把教育講成一種商品，說教育的數量在迅速成長，而學校把它轉移給學生。在第二章裡，我們甚至看到經濟學家如何透過教師產生的附加價值數量（藉著較高的測驗成績來定義），來評估教師。這種思維方式扭曲了我們對於**教育**目的、**測驗**所扮演的角色，以及**教學本質**的觀點。

教育與知識

教學是一項**行動**（某個人做的某件事）。哲學家已經對「行動」付出相當多的注意，而他們的反思提供了談論教學行動的有用觀念。一項行動就是我們做的某件事，相對於發生在我們身上的事（以哲學術語來說，就是**事件**〔events〕。我們在第三章用這個區別來討論自由）。如果我在椅子上睡著時頭垂下去了，頭往下垂是一個事件，不是一項行動。相對來說，「點頭表示同意」是一項行動。回到柏拉圖與亞里斯多德，大多數曾經談過這個議題的哲學家已經做出結論：一項行動的本質仰賴它的用意，即意圖要達成的標的（或者像哲學家常說的，**目的**〔object〕）。同樣的身體活動，假設是我的手去按一個電動開關——可能打算要打開一盞燈、驚動一個小偷，或者送出掀起革命的暗號。不同的意圖對應不同的（哲學意義上的）目的，所以也對應不同的行動。

從商品的觀點來看，教書是一項行動，行動的目標是把傳遞知識給學生，讓他們知道**怎麼做**（技巧），或知道**某件事**（資訊）。如果這種觀點需要一個論證，只要點出我們需要測驗來衡量教學結果，似乎就夠了。假使不是要決定教學傳授了什麼（及多少）知識，那麼測驗的作用是什麼？所以，教學的目的是增加學生擁有的商品（知識）份量。

但讓我們想想在教育過程中接受的許多測驗吧。現在做那些我們在幾年前名列前茅的測驗，大多數人會表現得有多好？這裡是個快速測驗：

- 討論三十年戰爭的起因。
- 瑪麗現年二十歲，當瑪麗還是現在的安的年紀時，瑪麗現在的歲數是那時的安的兩倍。安現在幾歲？
- 莎士比亞的早期喜劇，與他晚期的浪漫劇有什麼不同？
- 請簡短摘要說明孟德爾定律。

如果教學的目的是知識，那麼整體而言，其效果看似很短暫。我們可能知道得夠多，足以在課程尾聲的測驗上表現良好，但除非我們定期回歸到學習資料上，否則除了幾個不連貫的元素之外，我們將會忘記一切。（回歸到前面列出的測驗問題：第一題是與宗教有關；第二題需要列出一個方程式；第三題，喜劇本意在於有趣，浪漫劇則不盡然如此；第四題與豌豆的遺傳學有關。）

當然，幾乎每個人到最後都學會如何讀、寫、做基本算數到某種程度，再加上其他學科，像是歷史和地理的初步知識。不過，那是因為我們在應付生活時，不時重溫這種知識，像是傳簡訊、付帳單、跟上新聞時事，而不是因為我們在三年級時一次學會了一切。

對於比較細緻的成人知識，同樣的道理也為真，就算在我們特別專精的領域裡亦然。我對於某些我在大學與研究所研究過的哲學家所知甚多，但只限於那些我曾經在教學與研究中反覆回歸的那些人。普遍來說，這就是我們保留的那種知識。但我們只研讀過一次，卻沒有一再重新研讀的東西，大半都失落了。頂多是學習過的痕跡能當成一種「有教養人士」的跡象而已（講到瑪德蓮小蛋糕，我就會說典故出自普魯斯特）。

商品式圖像大大偏離了學生在「學習」時真正發生的事。那時候學生的確獲得了一些知識，但在大多數狀況下只是暫時如此。教育的目的，尤其是人文教育，是某種能持久的東西，而那種目的通常不是知識。

但如果教學的目的不是知識，又是什麼？近年來，我在聖母大學教一年級優等學生一堂討論課，在課堂中，我們閱讀涵蓋範圍很廣的種種文本，從柏拉圖、修昔底德（Thucydides）、卡爾維諾（Italo Calvino）到納博科夫（Vladimir Nabokov）。我們需要對某份文本有完整知識才能進行活潑的討論，而學生會寫出需要細讀特定段落才寫得出的優秀報告。但我確定這些詳細知識的半衰期不到一年。我開始相信，教學的真正目標是讓學生與偉大作品有近距離的接觸。如果教學的目的是知識，那麼我的努力大半都會徒勞無功。我的行動若要成功，行動目的就只能是**幫助學生有某些特定經驗**：在進行關於古典作品的閱讀、討論與寫作時，得到的知性、情緒、美學，甚至是道德經驗。

這種經驗的價值是什麼？它們讓學生察覺到知性與美學滿足（享受，或者在更好的狀況下是快樂）的新可能性。學生們可能不會享受我們讀的每一本書，但他們會享受其中某一些，然後發現這種事物（希臘哲學、現代主義文學）可以帶給他們快樂，又是如何帶給他們快樂。他們可能永遠不會再探索這種可能性，但這一切仍然會是他們人生的一部分，在他們看到荷馬新譯本書評、一本詩人T．S．艾略特的傳記，或者本地戲院演出《偽君子》或《海鷗》時，可能又會有什麼東西再度萌芽。

大學教育向學生引薦我們的知性文化，其主要方法是透過以下這種可能性的增生擴散：數學發現之美、科學理解的興奮、歷史敘事的迷人，還有神學推測的神祕。我們應該先從教學產生的持久興奮感來評判教學，而不是從教學傳遞的知識量來評判。在學生維持並加深他們最初的接觸，到最後開始對索福克里斯（Sophocles）或貝克特（Samuel Beckett）有些實質掌握以後，知識（或者更好的說法是理解）可能到最後會浮現出來。不過，這樣的理解是後來才出現的，是在時機成熟時，從好教師植入學生靈魂中的火星裡燃燒起來的。[1]

所以，大學教學的果實，應該由博物館、劇院、古典演奏會、書籍討論群組，還有像《科學美國人》（*Scientific American*）、《紐約書評》（*New York Review of Books*）、《經濟學人》（*Economist*）與《大西洋月刊》（*Atlantic*）等，來判斷。這些是我們的學生最有可能收割其教育益處的地方。而這種益處比較不是擁有一種商品，而比較像是一種管道，可通往探索思想與創意想像的世

◉ 注釋

1 請回想我們在第 5 章討論與知識相對的理解。我在此的語言，意在顯示我如何詮釋一種古老的智慧：「教學不是填鴨，而是點火。」

界，這些事物可以幫助學生從資本主義的商品價值中釋放出來。

資本主義並不完全對這種文化世界不利。雇主通常說，他們想要僱用有批判力與創意思考力的人，有能力察覺未曾言明卻有問題的假設，而且能發展出新方法來理解議題的人，這些都是與人文教育相關的美德。不過，有批判力與創造力的態度，在商業界沒什麼發展性。額外的好處似乎總在於發揮巧思，改造標準程序與既有價值，以便造就出有利可圖、卻常常治標不治本的改變。舉例來說，在電影中，比起設法達成新的藝術典範，你通常會從續集裡賺到更多錢。真正有效的模型，不是孔恩那種革命性科學裡的激進思維，而是他所謂「常態科學」裡的問題解決路線。更進一步說，鼓勵革命性思維，可能導致關於資本主義體系的尷尬問題。

儘管有貝爾實驗室和幾個（越來越少見的）其他例子，深刻的概念改變通常來自大公司官僚體系之外，或是來自尋求巨大獲利的企業家。普遍來說，那些尋求較短期性實際結果的人，深深受限於一般期待的要求。我們的知性文化，如物理學家與詩人、心理學家與音樂家、哲學家與視覺藝術家，產生了重要的評論與創意。那些沒有融入這種文化的人，缺乏觀看與思考新方式的主要來源。以茲拉・龐德（Ezra Pound）曾說過：「文學一直是新聞的新聞。」而所有的人文與科學成就，也都是這樣。

測驗有何用處？

知識商品化的另一個作用，是測驗在教育系統中的優勢角色。對於幫助教師評判學生在某個課程的進步程度來說，測驗非常有用；不過，現在像是SAT或GRE這樣的一次性測驗，影響了一個學生的整體未來。測驗也評量教師本身，而實際上也是在評量整個教育系統。所以，測驗變成了教育所努力的關鍵、學校是否成功的試金石。測驗所扮演的角色，應該要有更多限制才對。

在二〇一〇年，閱讀成績顯示美國十五歲學生在國際排名列於中段，亞洲國家則名列前茅，這促發了研究人員與教育家號召要立刻採取行動。[3]接下來兩年，兩位社會學家，理查・亞倫（Richard Arum）與喬希芭・羅克沙（Josipa Roksa），發表的研究成果顯示，有四十五%的學生在上了兩年大學之後，在一個批判思考測驗裡沒有明顯的進步。[4]從這裡，許多人做出結論：大學教師應該提高課程中的標準，要求更多的讀書時數，並且指定寫更長的報告。

不過，我們需要問，呈現的證據是否呼應了我們真正有的顧慮（相關證據原則的一種反面應用）。有一個問題在於：某個特定工具是否實際上測試了我們想要學生知道的事情。我們極少想要學生只是為了考試本身而有好表現。測驗一定要求或者展現出某些寶貴的知識或技巧，就像知道怎麼算乘法、了解美國內戰，或者做批判性的思考。學生完全有可能在這種主題的考試上表現失敗，卻還是擁有那些能力或知識。舉例來說，如果一個數學測驗要求在五秒內計算「392×654」，或者一次歷史考試要求知道五十次美國內戰戰役的精確日期，若學生表現不好，我們也不會關注。

在我們測試像是批判性思考這樣複雜的技巧時，這個問題變得特別嚴重。亞倫與羅克沙使用的大學生批判性思考測驗，牽涉到一種模擬的「績效任務」（performance task，舉例來說，衡量相關證據來決定某個虛構公司應不應該買一種最近墜毀過的飛機）。針對可能超出學生的經驗與興趣範圍之外的議題而捏造出的例子，我們真的在乎他們能不能對此做出批判性的思考嗎？或許如此，但接著我們需要證明，若在這種例子裡表現良好，則呼應到在現實世界中的批判思考能力。

我在自己的教學過程中注意到，某些學生很難對我課堂上的哲學問題做出中肯的論證，卻能夠發展出非常精細的論證來說明我應該讓他們遲交報告。我也學到，一旦他們領悟到那些哲學問題的重要性以後，批判技巧很快就會隨之而來。

無論如何，就像我們在前文看到的，沒什麼理由可認為我們上的課程之長期結果是知識；不如說，我們的經驗可創造出在未來理解知性文化的可能性。所以，測驗的主要目的，是從學生對資料的短期掌握程度來下判斷，讓教師知道學生是否已經適度地吸收資料。在學生學過課程以後的幾週或幾個月內進行的標準化測驗，免不了會顯示出明顯的退步，除非（也很有可能如此）教師浪費時間回顧舊資料，而不是帶領學生體驗新的經驗。

所以，把測驗置於教育的核心，有根本上的缺陷。這麼做就假定了學習是消極接受被視為「可傳播的商品」的知識。在此，我們可以再度應用**行動**與**事件**之間的區別，這次是用在學生的學習上。如果學習只是一個事件，欠佳的測驗成績主要是讓教師顯得糟糕，他們是唯一相關的有責任行為者。不過，事實上，教師們頂多提供學生可以用來教育自己的資源；也就是說，積極地參與並從教師提供的經驗中獲利。教育仰賴教師與學生的聯合行動，而這些行動的目標並不是知識。認為教育是商品的轉移，則模糊了這個真理。

當然，我們確實需要資訊，在得知特定學生現在的課程參與是否充分到可以推進到更進階的材料上，也需要不同學生相對成就的比較性資訊。不過，一位曾經在一個班級執教一學期或更久的教師，似乎最有立場做出這樣的判斷。為什麼該有任何額外的外部評鑑需求呢？

只有在我們有理由不信任教師的判斷時，才會有這種需要。現在，對於小學與中學進行標準化測驗的堅持，是從這種不信任中流洩出來的，而我先前鼓吹過的幼稚園至高中教育專業化，將會大大削減這種測驗的需要。我們還是會需要學業成就的一致要求，還要有方法去辨識出受到不公正評量的教師。不過，我們可以把這些事情託付給值得信賴的專業社群本身，就像我們信任醫師、律師及大學教授做他們那一行的主要監督者。

教學：科學或藝術？

有一種很有影響力的觀點，直接牴觸這種看法：我們可以信任（任何年級的）教師都清楚怎麼教學並評估其學生。論證主要的重點是，堅持一套從認知心理學與神經科學中得出的經驗性知識，它告訴我們心智如何學習，還有應該怎麼形成課堂實際工作的基礎。所以，舉例來說，心理學家戴安・哈波恩（Diane Halpern）與米爾頓・海克爾（Milton Hakel）在一篇影響很大的文章裡說：「對人類認知的研究是一種經驗科學，有紮實的理論基礎，還有以研究為基礎的應用方式，我們可以也應該在大學課堂上加以利用。」不過，他們補充道：「不幸的是，研究文獻通常被忽視」，反而「實質上所有大學教員……照著他們被教導的方式去教學」，結果是「很難設計出一套教育模型，比今日大多數學院與大學使用的這套模型，更會牴觸現在對人類認知研究的發現了」。[5]

同樣地，哈佛大學前任校長德瑞克・伯克（Derek Bok）斷言說：「（大學教師）使用的方法，常常設計得很差，以致難以達成他們的目標。」[6]他對主流的講課方法特別有意見，他聲稱經驗研究已經顯示這種方法明顯地沒有效果。天普大學的心理學家諾拉・紐康姆（Nora Newcombe），用很好的方式概述了這個立場：「對於教學的既有概念化過程，就是暗中視之為一種技藝或藝術，透過有整體相關性的課程，還有觀察工作中的藝匠，大學生可以被引導進入其中。目前提議的重新概念化，則是把教學視為一種學習的應用科學。」[7]

科學（或知識）與藝術（或技藝）之間的區別，就像哲學一樣老；贊諾芬（Xenophon）與柏拉圖兩人都回報說，這是蘇格拉底思想中的一個重要主題。不過，這個區別從一開始就捉摸不定，尤其是在對知識的不同理解上。抽象的數學與形上學可能是純粹理論性學科的範例，與實用藝術及技藝截然有別。不過，現代意義上的科學知識是從經驗性學科中興起的，這些學科是以實際應用其中理論的實驗，來驗證它們的理論。這樣的應用牽涉到相當多技巧高超的判斷與技術。就算最敏銳、最見多識廣的理論家，可能（而且經常如此）到頭來卻是個笨拙的實驗者。舉例來說，物理學界流傳的故事裡，充滿了像沃夫岡・鮑立（Wolfgang Pauli）聲稱的那種軼聞：鮑立在量子物理學中做的理論工作，讓他贏得一座諾貝爾獎，然而他說他光是在實驗室現身，就有可能搞砸任何實驗。

然而，我們要怎麼像紐康姆正確地做過的那般，區別科學與應用科學，並且把這兩者都跟藝術分別開來？所謂的純粹科學，是透過小心地觀察及測試假設的事物，典型的狀況是在實驗室中一絲不苟建立的環境下進行。純粹科學的主張是透過「應用」它們而確立的，不過，只有在控制到最高程度的情境下才得以如此。另一方面，應用科學致力於使用實驗科學的結果，在真實、相對來說不受控制的環境裡產生結果，就像工程師建造橋樑的時候。相對於科學與應用科學（例如工程學）兩者，當一個藝術或技藝運作時，沒有任何由實驗確立的重要法則體系。它運用一個真實世界經驗的累積體，來構成各種技術及經驗法則，並且發展出成功的實用判斷習慣，一切都是為了製造出想要的結果。

既然有這個理解，教學似乎很明顯地比較接近藝術，而不是應用科學；就說它比較像是寫一本小說，而不是建造一座橋樑吧。在此，我們可以再一次訴諸第三章的區別，**在此有效與在彼有效**。就算假定教育心理學已經建立了一個重要的實驗室結果體系，也會像所有人類科學一樣，鮮少有一種有效的方式，可以把它們應用在真實世界裡；或者，即使有辦法應用，要把一個脈絡裡的成功經驗轉移到另一個脈絡，是異常困難的。相對來說，工程師有早已確立的技術，可以應用物理學法則來建造橋樑。

就算在敦促大學教授運用教育心理學成果來充實他們的教學，德瑞克・伯克也承認教育心理學研究的限制。他做出結論：「很多對教育的研究達到的是彼此衝突的結果，或者受制於從方法論立場而來的批評。」他設法緩和這個觀點，指出「在大多數牽涉到社會建制或人類行為問題的經驗性工作上，也有同樣的狀況」。但讓一項缺陷顯得普遍，並沒有去除這個缺陷。

他也注意到，教授們可能「懷疑在其他大學進行的研究……能告訴他們多少恰當指導**他們的**學生的方法」。對此，他的回應是：「無法解釋為什麼他們這麼沒興趣在自己的機構裡，進行關於教育實踐的嚴肅研究。」[8]不過，為了某個特殊在地脈絡而設計的「研究」，對於心理學或認知科學來說，實在遠遠稱不上是一種貢獻。舉例來說，我可能透過嘗試兩種方法，就已經學到我的學生們要是有系統地列出文本綱要，討論效果會比他們記下非正式閱讀日記時來得好。不過，我沒有理由可認為我發現了如何刺激討論的普遍真理。我只是發現了一種方法，它對我教的這種學生以及我使用的這種教學材料來說，效果比較好。對於做為一種技藝的教學來說，這是一種標準策略。同樣地，我可能想得出如何在花園裡的小溪上建造一座可供步行的橋樑，卻對建造橋樑的應用科學一無所知。

除了教育研究的不足與研究應用的困難之外，很難看出這種研究有其需要性。這個情況並不像生物科學與醫學的關係。在有些醫師無法妥當治療的疾病（例如天花、結核病）存在時，生物醫學研究對醫療而言就很重要。沒有任何主題是學校教不來的，從基本讀寫到哲學與高等數學都在內。我們教更多學生獲得更廣泛能力的努力，需要更多好教師與更好的教學條件，但沒有理由可認為除了過去奏效的技術之外，還需要別的技術。對於教育應用科學的召喚，在大半狀況下似乎是可疑的解決方案在尋求一個問題。

最後，假設有個健全的教育科學，在有效應用之下，可以大幅改善涵蓋範圍很廣的種種脈絡下的教學。要證明這條路線的優越性，應該不是問題。只要建立教學遵循正確科學路線的學校，並且讓每個人看出其學生的受教狀況有多大的改善就行了。有科學基礎的醫學，就是這樣確立了它相較於傳統醫療實踐的優越性。事實上，對於一所優秀的學校，沒有人會有比這個更好的主意了：為這所學校安排教學藝術上的能手，並且給他們適當的資源來做他們知道該怎麼做的事情。有些「科學方法」的例子產生了好的結果，不過在典型狀況下，這是因為有異乎尋常的好教師（通常教導的是高度積極的學生）在使用這些方法。由一般教師運用在一般學生身上，在範圍很廣的種種脈絡下都很成功的科學教學方法，其例子在哪裡呢？

並非每個聰明、表達清楚、熱忱，又很了解學科內容的人，都會成為好教師。就像許多藝術一樣，教學需要長時間地練習、辛苦地思索，還有與其他擅長此道的人互動。就像藝術家曾經從光學與色彩科學中發現到有幫助的觀念，我們沒有理由說，教師不該留心認知科學，並從中尋找關於可嘗試的教學路線之暗示。不過，從根本上來說，好的教學長期以來一直是、也將依舊是一門藝術，由個別教師從自己的課堂經驗中發展出來。

就像在其他例子裡一樣，教學是應用科學（換言之，一種社會工程的形式）的觀念，是從一種資本主義式商品觀點中出現的。學校是一所製造知識的工廠，而有效率的製造過程必然奠基於一門知識科學（認知）之上。不過，教學並不是商品的轉換。如果教師們是一群知識專業人士組成的菁英團體，教學就是一門過去與未來都會對我們助益良多的藝術。

我已經在這一章裡說明，哲學思維如何引導出處理我們教育系統不足之處的觀念。在此發展的觀點是很激進的，從反對當前的教育思維與實踐，還有挑戰這種思維與實踐的根基，都是如此。我承認這是個不易達成的理想。但是，這個沒什麼短期前景的哲學理想，至少有個根本的功能：讓辯論脫離傳統上的軌道——

柏拉圖的《理想國》就是此道的典範。而這些理想可以讓人一瞥在將來有什麼會變成廣為接受的新智慧（例如柏拉圖對性別平權的看法）。當然，一如往常，我的主要目標不是堅守我所捍衛的某個特定觀點，而是提供一個說明，以闡述哲學思維工具能夠帶為公共政策的討論帶來什麼。

在接下來的兩章，逆轉了我們在前四章裡比較大眾化的方向，像是宗教、快樂、資本主義和教育等等廣博的主題。我們會聚焦於從幾十種可能性中挑出的兩個非常具體的議題，並看看專業哲學家提出的複雜論證路線，如何闡明關於安迪・沃荷（Andy Warhol）藝術重要性與墮胎道德性的爭論。

Chapter 8

思考藝術

－〈布瑞洛盒〉是藝術作品
－莫札特比披頭四更好嗎？
－藝術、愛與道德
－前衛藝術與大眾藝術

安迪．沃荷的〈布瑞洛盒〉（*Brillo Box*）就像許多批評家認為的那樣，是偉大的藝術作品嗎？在此，我特別用上亞瑟．丹圖（Arthur Danto）論沃荷的開創性作品，並且應用了**藝術成就**（artistic achievement）與**美學成就**（aesthetic achievement）之間的重要區別；還有**發現意義**（discovering meaning）與**賦予意義**（imposing meaning）之間的區別。這些反省導向更大範圍的問題：某些藝術作品被判定為本質上與客觀上較優於其他作品（例如說，比較美），是否為正確的判斷。

在音樂的例子裡，我們可以問，古典音樂是否比流行音樂「更好」。我們會考量並排除常見的相對主義戰術「這是個人品味的問題」，論證表示，就連說這種話的人，其實都在實踐上否認這個說法（對相對主義的一種典型哲學式回應）。既然評估音樂有客觀的標準，我們可以建立一個論證：從這些標準來看，古典音樂普遍來說比流行音樂更優越。

然而，這個論證預設了可以用一樣的標準來評判流行與古典音樂。哲學家布魯斯．鮑（Bruce Baugh）曾經論證反對這種預設，並在適合評判古典音樂的**知性標準**與適合評判搖滾樂的**情緒標準**之間做出區別。我們應用介於**藝術作品的普遍價值**（value in general）與**它對於一個個體的重要性**（its importance for an individual）之間的另一種區別，而這個區別導致了古典音樂優越性主張的細緻改進。我們注意到**美學價值**（aesthetic value）與**道德重要性**（moral significance）之間有區別，然後評估了這個主張：偉大的藝術是道德力量的來源之一。最後，諾爾·卡羅（Noel Carroll）在**前衛藝術**（avant-garde art）與**大衆藝術**（mass art）之間做出的區別，帶我們回到沃荷的〈布瑞洛盒〉。

◉ ◉ ◉ ◉ ◉

〈布瑞洛盒〉是藝術作品

一九六四年，一家藝廊展示了一落安迪·沃荷做出來的布瑞洛盒子。這些盒子並沒有精確複製那家菜瓜布製造商使用的盒子，但大多數在藝廊裡看到這些盒子的人都無法分辨其中的差異。我偶爾會在博物館裡見到這些盒子，而且常常是出現在照片裡，而我必須承認，這些盒子（還有沃荷大多數的其他作品）沒怎麼觸動我。

許多藝術專家認為我漏掉了某樣東西。《紐約客》（*The New Yorker*）的藝術評論家彼得・施傑達爾（Peter Schjeldahl）說，沃荷是個「天才」、「偉大的藝術家」，甚至說「沃荷的黃金標準暴露出其他（藝術性）貨幣的價格膨脹」。[1]根據慕尼黑大學的藝術教授雷納・克隆（Rainer Crone）的說法：「沃荷的機械複製技術，是整個二十世紀藝術技巧中最重要的進步之一，可以與十四和十五世紀，文藝復興時期藝術家發明仿擬式繪畫風格及其中心透視觀點相提並論。」[2]而著名的藝術評論家與哲學家亞瑟・丹圖說：「藉著〈布瑞洛盒〉，藝術本質的哲學問題之真正特徵，被實現了」，所以安迪・沃荷是「藝術史上，曾經產生過的、最接近哲學天才的東西」。[3]

我不是藝術專家，但藝術是我人生中很重要的一部分。我不想讓無知阻擋我去欣賞一項偉大的成就。所以，我想多思考一下〈布瑞洛盒〉，打算從這個問題開始：「這些盒子是偉大的藝術作品嗎？」並使用近期哲學討論提供的工具，來設法回答它，這會把我們導向一堆關於藝術價值及其社會地位的重要問題。

讓我們從兩個明顯的事實開始。首先，許多博學的批評家把沃荷的〈布瑞洛盒〉視為偉大的藝術。普通的布瑞洛盒並不是偉大的藝術，沒有人會花一萬美元買一個普通的布瑞洛盒。第二，就那些盒子的外表而論，藝術性盒子與普通盒子之間沒有明顯的差別。（丹圖甚至說，「它們」彼此「看起來一模一樣」。）如果有布瑞洛盒陳列在超級市場，其中只包括一個沃荷做的盒子，我們無法從中分辨出是哪一個。隨之可以推論的是，如果一件藝術作品被認為偉大，是因為它看起來的樣子，那麼沃荷的盒子就不是偉大藝術品了。

我們可能傾向於認為，藝術品**之所以**偉大，是因為它看起來的樣子，如美麗、崇高、迷人，然後據此做出結論：沃荷的盒子不是偉大的藝術品。但這或許是個錯誤。要鑑賞沃荷的盒子，通常強調的是它們對觀眾的影響，而不是它們的物質外表。這種欣賞有兩種形式。

有時候，沃荷的盒子因為推翻了日常生活平凡物品與博物館「藝術」之間的分野而得到讚譽。它們幫助我們享受並欣賞造就出我們日常世界的物品，程度就跟在博物館裡看見的物品一樣，而且所費的力氣更少。享受傳統藝術的樂趣時，常常需要具備圈內人世界的歷史資訊與精緻品味啟蒙，然而，沃荷的普普藝術卻揭露出我們全都可以輕易理解與欣賞的事物內在的樂趣。《紐約時報》藝術評論家蘿伯塔・史密斯（Roberta Smith），提出某個細節來佐證這個論點：

沃荷應該得到很多稱讚……在多樣化的藝術形式與現實之間，他消除了一種長期被接納的過濾器，而讓這個國家黯淡無光的靈魂，閃耀出它所有廉價、物質主義、光芒萬丈、通常很暴烈，而且暗地裡帶有情慾色彩的榮光。他讓電影攝影機瞄準什麼都不做，卻回瞪著鏡頭、睡覺、飲食或親吻的真人；瞄準沒有劇本卻合作編造事情的演員與非演員；瞄準標誌性的帝國大廈，用一臺靜止的攝影機拍了一整晚，大約七小時。在繪畫中，他從報紙上掠取影像，放大到絹布上，然後再亂貼到帆布上，在此之前或之後，加上幾道沒套準的顏色。[4]

丹圖做了總結：「沃荷的直覺是，對於藝術尋求的事物，一個藝術家能做的事情裡，沒有一樣會比現實已經給予我們的來得多。」[5]

但我們不需要在藝廊裡陳列沃荷對日常物品的相近模仿，來提供給我們日常物品可以愉快地觀看的想法。在每天的經驗裡，我們常常注意到普通物品有藝術品的美麗、魅力或迷人之處。這樣的物品早就已經在博物館的設計收藏裡，或者古文明器皿展裡取得一席之地。事實上，甚至傳統藝術家對日常物品所做的描繪，例如靜物，也以提醒我們這些物品之美學價值的方式，來表徵它們。在離開一家美術館時，我們通常都會用新的眼光來看待這個世界。早在沃荷之前，藝術物品與日常物品之間的界線就已經模糊了。

沃荷作品的另一種欣賞方式，出自丹圖的觀念：其中有哲學上的重要意義。《每日電信報》（*Daily Telegraph*）的藝評家理查・多蒙（Richard Dorment）如此說明這個論點：

> （你）無法用看林布蘭特或提香畫作的相同方式，去看沃荷的〈瑪麗蓮〉（*Marilyn*，他著名的絹版印刷畫），因為沃荷對於那些藝術家所是的任何事物，如物質現實的表徵、人物的探索，或者繪畫式幻覺的創造，都不感興趣。
>
> 沃荷問的是關於藝術的不同問題。藝術與任何其他商品有什麼不同？我們認為藝術物品的原創性、創造過程、稀有性與獨特性，有什麼樣的價值？[6]

沃荷的作品並沒有提出這些問題，不過它們長期都是藝術哲學裡的核心議題。從柏拉圖時期開始，對於什麼能讓一樣東西成為藝術品，就有人提出種種解釋。而優秀副本或仿造品可以當成真品矇混過關的事實，自然引領著我們去問，為什麼我們獨尊原版。沃荷有拓深或推進這個討論嗎？

丹圖論證表示，光靠沃荷的〈布瑞洛盒〉，我們就有個看起來不像藝術品之物的藝術品，如此就可以聲稱沃荷有做到這一點。〈布瑞洛盒〉讓我們可以提出這個問題：「有兩個看起來一模一樣的物品，為何其中一個是藝術品，另一個卻只是普通物品？」丹圖指出，要回答這個問題，必須領悟到並不存在會讓某物成為藝術作品的知覺性質（即我們透過五感感受到的東西）。但這又意謂著，任何事物無論看起來如何，都可以是一件藝術品。丹圖告誡，這並不表示一切**都是**藝術品。不過，這引出了基礎性的問題：是什麼樣的非知覺特徵，讓一樣東西成為藝術品？

這個問題導向丹圖自己論藝術定義的作品，還有他對於「藝術世界」（artworld）的概念，他把這個概念的特色，形容為存在於某個特定時刻「一種藝術理論的氛圍，一種對於藝術史的知識」。頂尖藝術哲學家喬治・迪基

（George Dickie）把這個概念運用在他那很有影響力的「藝術體制理論」（institutional theory of art）中，其理論主張為，某樣東西只有在它被構成藝術世界（artworld）的藝術家、交易商、贊助者、批評家與理論家提出或接受時，才是藝術品。（丹圖本人並不接受藝術世界的這種精確特徵說明。）

對於沃荷的偉大所做出的這種哲學辯護，牴觸了以下的觀點：他顛覆了藝術物品與普通物品之間的區別。這讓藝術鑑賞再度成為圈內人知識與品味的事情，而現在的焦點是放在關於藝術本質的細緻哲學難題。沃荷的作品（在他呈現的藝術世界脈絡下），毫無疑問地引起了丹圖的哲學問題，但任何普通物品的複製品都有可能造成這種結果。事實上，丹圖承認，他靠著思考杜象（Marcel Duchamp）著名的一九一五年展示品——他從一家水電用品行買到的尿斗（命名為〈噴泉〉〔*Fountain*〕）——就可以提出這個問題了。不過，是丹圖而非沃荷，透過闡述這個問題，並且對此發展出一個卓越的答案，提供了知性／美學上的刺激。從哲學問題在當代藝術世界脈絡中具有藝術價值的範圍來說，丹圖或許是比沃荷更偉大的藝術家。

把主要出自於我們的詮釋努力而得到的意義，歸功於一件藝術作品（或一位藝術家）是一種錯誤。在一件物品上**發現意義**與**賦予意義**之間，有著根本性的不同。一件偉大的藝術作品，已經在其中嵌入了我們在體驗這個作品時要發掘的理解與欣賞範疇。把一件物品當成一個框架，以展現我們帶給它的範疇，又是另一回事了。當初在造訪剛開幕不久的倫敦泰特現代美術館時，我注意到牆上的一個金屬物體，而就在我欣賞它有趣的質地、誠懇的黑白色彩，以及它與普通管線固定裝置的相似性時，我突然領悟到它**就是**普通的管線固定裝置。發現一個金礦，與從糟粕中建構出閃亮亮的物體，是有差別的。

無論如何，我們可以同意沃荷，還有其他藝術家與藝評家，在打開傳統藝術概念所排除的製作藝術新方法方面，扮演了某種角色。但是，藝術創造的新模式，包含商業設計技巧、表演、設備與概念藝術，並不保證會有新種類或高品質的美學經驗。很有可能在沃荷、杜象與其他人之後，任何事物都可以被當成藝術品來展示。這並不表示任何事物都可以產生令人滿意的美學經驗。一件偉大的作品，例如維梅爾的〈讀信女子〉（*Woman Reading a Letter*），並不會為哪種事物可以成為藝術品而劃下界線，不過它高度展現出一件藝術作品能對我們產生的效果。康德就是心中有此想法，才聲稱美麗的原創藝術品是**典範性的**

(exemplary)，雖然這並不表示不可能有其他相當不同的作品，像是畢卡索的〈亞維農少女〉（*Les Demoiselles d'Avignon*），也是典範性的。

沃荷幫助開啟了藝術創造新可能性的事實，讓他的作品在藝術史上很重要，而且因此相當有影響力。不過，就像傑洛德・列文森（Jerrold Levinson）與其他哲學家曾經指出的，一件作品的**藝術成就**（像是它對於後續作品的正面影響）與**美學成就**（它做為值回票價的美學經驗之內在價值）之間有重要的區別。[7]看來，我們應該把沃荷的〈布瑞洛盒〉當成一項偉大的藝術成就，而不是偉大的美學成就。

然而，這個回應獨厚了常被稱為「純藝術」（high art）的傳統作品所典範化的美學性質，而相對於可更輕易享受，卻據稱比較沒那麼深刻及有教化意義的作品，有時候被稱為「低級藝術」（low art）或「通俗藝術」（popular art）。另一種解讀沃荷〈布瑞洛盒〉的方式，就是挑戰這種特權。舉例來說，作家兼視覺藝術家蓋瑞・印第安納（Gary Indiana）提出的看法是，沃荷（還有整體而言的普普藝術）反對奠基於「某些藝術讓人高尚，其他藝術讓人粗俗」這種想法的傳統「美學愉悅階序」。[8]從他的觀點來看，沃荷實質上在說他的〈布瑞洛盒〉

（或者他的各種金寶湯罐頭），就跟「純藝術」作品，像是抽象表現主義的「傑作」（例如傑克森・波拉克〔Jackson Pollock〕的〈匯聚〉〔*Convergence*〕），有一樣多的美學價值，而且沃荷可能真的想過這點。他在藝術世界的成功，會有效地拉平純藝術與通俗藝術之間的傳統區別，而此區別與馬修・阿諾（Matthew Arnold）的《文化與無政府》（*Culture and Anarchy*）尤其相關。

從兩者置於平等地位的觀點來看，〈布瑞洛盒〉對於藝術品質建立了一種新的思考方式。在此之前，一件藝術作品的品質仰賴它看起來怎麼樣，美學上的成功則是由再現、美或情緒的標準來判斷。在沃荷之後，不只是任何事物都能成為藝術品，藝術成功的標準也可以隨著藝術被生產出來的藝術性脈絡（或藝術世界）而有所不同。

這種發展導致了人們可能稱呼的「藝術盡頭」：不是藝術品生產的盡頭，而是任何構成成功藝術品的固定概念，都到了盡頭。這是有後續影響的。一方面，前衛作品（被發現或機械化製造的物品、空白的畫布、被擦掉的圖畫等），通常被當成「不是藝術」而屏棄之物，在恰當的藝術世界裡會得到藝術性的地位。另一方面，菁英批評家蔑視的通俗作品，可以在另類藝術世界的標準下，被判定為高品質之作。

這種「沃荷式」圖像剛好呼應到許多成熟藝術愛好者的觀點，其中包括學者與批評家。這並不是一種天真的相對主義，因為這個說法肯定了有任何剛好符合個人偏好之外的評估標準。不過，這確實讓藝術品的評價，變得相對於社會共享的脈絡而變化。

所以，有好幾種把〈布瑞洛盒〉看成一件偉大藝術品的方法。一、我們可以視它為推翻了藝術品與一般物品之間的界線；但這又等於一種很普通的想法：有一種日常事物的美學。二、我們可以把〈布瑞洛盒〉看成提出了一個探究藝術本質的重要新問題；不過，這會讓在作品裡看到這一點的評論家丹圖，對於此作品的偉大之處有重大的貢獻。三、我們可以讚譽〈布瑞洛盒〉為藝術性表達的種種新模式而鋪路；不過，這會讓此作品在藝術性上很重要，卻不是美學上很重要。四、我們可以說，〈布瑞洛盒〉幫助創造了一個新的藝術世界，特徵在於一種藝術圖像：讓美學品質標準相對於某個特定藝術世界。

如果我們接受第四點，那麼〈布瑞洛盒〉就是偉大的藝術品：現在的藝術世界做出了這樣的肯定，同時把〈布瑞洛盒〉對沃荷式圖像的揭露本身，當成一項重要的藝術性成就。不過，我們應該接納這種藝術圖像嗎？為了回答這個問題，我們需要用典型的哲學風格，來檢視沃荷式圖像所拒絕的傳統觀念的**預設**：某些藝術品有比較大程度的內在品質（像是美），這種品質獨立於任何單一藝術世界之外，讓它們成了比較好的藝術作品。

提出這個問題，可帶領我們超越對沃荷〈布瑞洛盒〉的反思，來討論與所有藝術品相關的問題。在這一點上，拓寬舉例範圍，把音樂包括進來是很恰當的。

莫札特比披頭四更好嗎？

從一九六〇年代以後，我們的民主社會已經對傳統觀念，即「高雅文化」（交響樂、莎士比亞、畢卡索）比流行文化（饒舌樂、電視劇、雜誌廣告）更優越，感到不自在。媒體通常刻意模糊這種區別：搖滾演唱會與歌劇的評論被擺在一起，談《蝙蝠俠》續集的文章就在對契訶夫戲劇的討論旁邊。成熟的學院評論家，把他們談普魯斯特的分析方法與欣賞之情，應用到漫畫書上。而在所有層面上，客觀藝術優越性的主張，通常會碰上自鳴得意的斷言：關於藝術，有絕對價值判斷的日子早就結束了。這樣的斷言反映出我所謂的沃荷式圖像具有的支配地位。

這樣的圖像在民主社會裡很有吸引力，因為高雅文化據稱的優越性，通常支持聲稱有特權管道可得到高雅文化薰陶的貴族階級所提出的託詞。舉例來說，維吉妮亞．吳爾芙的經典散文〈文化中產階級〉（Middlebrow），這篇文章俏皮、勢利眼又非常有趣，將對偉大藝術的鑑賞保留給「高文化修養者」（highbrow）：一顆「教養良好的純種心靈」，結合了內在品味與足夠的繼承財富，可以維持奉獻給藝術的生活。[9]低文化修養者則是勞動階級，他們既沒有品味，也沒有時間過藝術性的生活。吳爾芙聲稱自己仰慕低文化修養者，他們做了像她這種高文化修養者做不來的工作，還接納了他們在文化上的劣勢。不過，她對第三個階層「文化中產階級」，只表達了蔑視，他們（可能是透過商業貿易）賺得足夠的錢，來採買高雅文化的象徵符號，而這種文化是他們可能永遠都無法恰當欣賞的。文化中產階級追求的「不是單一物件，既不是藝術本身，也不是生活本身，而是兩者無法分辨地混雜在一起，而且相當齷齪地跟金錢、名氣、權力或聲望混同。」

不需要把對高雅藝術的辯護，綁在吳爾芙的「勢利眼階級」上。我們可以直接藉著美學品質來定義高雅／低級之間的區別，而不需要與社會地位或財富之間有特定傾向性的關聯。（我們或許可以挪用吳爾芙的詞彙「文化中產階級」，來指涉利用民主社會提供的機會，達到並非與生俱來文化水平的那些可佩之人。）

但高雅／低級術語有可能變得很有誤導性，因為這暗示著流行藝術（大多數人容易親近，並且有高度評價的藝術）比只有高教育程度者才能親近的更「困難」藝術，來得低劣。為了設法以更好的方式談論藝術品質的等級，反省這個常被濫用的概念——藝術「正典」（canon），會很有幫助。

這個詞彙通常被當成意謂著一個菁英對偏愛作品本質上的獨斷揀選，而它的誕生比較是為了確立並堅持他們的社會權力，而不是承認藝術作品真正的優點。不過，這個詞彙比較好的用法，是用來指定一個階層的藝術作品，如果沒有數百年，也在數十年來一直被認為有極大的價值。這些作品隨著高度發展的詮釋與鑑賞傳統，而被證明了其情緒上與概念上的深度。

這樣的作品確實常常跟流行於某個特定時期、更容易親近的作品形成對比。

不過，流行作品進入正典的頻率很頻繁，像是荷馬的作品、希臘悲劇作家與狄更斯都是明顯的例子。反過來說，有些正典人物比較次級的作品，例如貝多芬的〈威靈頓的勝利〉（Wellington's Victory），更接近於許多流行作品。所以，最好把**非凡藝術**（extraordinary art，傳統正典裡包含的優越典範）與**尋常藝術**（ordinary art）做對照，並且把這兩者視為定義出美學品質的一個連續體，而不是呼應流行與非流行之間的區別。

我們的問題是如何證成這種連續體的有效性，以對抗另一種主張：藝術價值在某方面總是相對性的，而且不是內在本質性的。持續好幾個世紀沒解決的哲學爭辯，顯示出沒什麼希望可駁斥一個對藝術堅持相對主義觀點的人。舉例來說，我們不該期待能提出一個美的定義（或者其他藝術優越性的判準），可以向所有懷疑者證明舒伯特的藝術歌曲，在客觀上優於像〈我想握住你的手〉（I Want to Hold Your Hand，披頭四名曲）這類的歌曲。不過，既然幾乎沒有任何人真的抱有純粹相對主義的觀點，在實用上就不需要這樣的證明。我們可能會說：「你無法爭辯品味問題。」但在談到在乎的藝術時，我們幾乎總是這麼做。

對於舒伯特優越性的主張，披頭四的粉絲可能會以一種輕率的相對主義做回應：「這就看你喜歡什麼。」不過在論證像是披頭四與滾石樂團之間的相對優點時，他們又傾向於拋棄這種相對主義。你可能主張披頭四比滾石樂團更優越（或者相反），因為他們的音樂更複雜、比較不是沿襲舊規、有比較大的情緒光譜與更深的知性內容。在此，你提出的是客觀性的標準，從中論證支持一個樂團的優越性。從這種標準出發論證，隱而不顯地拒斥了「藝術評價只是個人品味的問題」的觀點。你提出理由，來支持你認為其他人應該接納的觀點。

有了粉絲用來顯示其最愛樂團較優越的標準，看來我們可以透過同樣的標準來顯示非凡藝術作品比尋常藝術作品更優越。如果披頭四在複雜性、原創性、情緒衝擊力與知性內容上優於滾石樂團，那麼根據這些標準，莫札特的詠嘆調優於披頭四的歌曲。同樣地，證明某部賣座鉅片優於另一部，會像是訴諸戲劇性力量、對角色的洞察力與對話的品質等標準，而根據這些標準，幾乎所有賣座鉅片比起索福克里斯或莎士比亞，都會相形見絀。[1]

從這個立場，我們可以看出為什麼——繼續引用音樂方面的例子——古典作品普遍來說，比流行作品更能夠達到較高程度的美學價值。比起古典作曲家，某個寫流行歌曲的人通常只會用到非常小幅度的音樂可能性：較短的時間長度，相

⊙ 注釋

1　請注意，我並不是假定這些例子裡訴諸的標準（複雜性、原創性等），是美學優越性最佳或唯一的判準。

對來說簡單的作曲技巧。相應來說，古典樂曲演奏者能夠提供作曲家對於某個特定作品的任何需要；流行樂曲表演者嚴重限制了作曲家（通常就是表演者本人）可以要求的。當然，有一些只需要最低限度資源的出眾優秀作品。但資源的常見限制，降低了達到更大成就的機會（不管此處的成就標準是什麼）。從這個角度來看，高雅藝術的普遍優越性好像幾乎堪稱真理了。

讓我們再度考慮布瑞洛盒——不是沃荷的作品，而是商業設計師詹姆斯．哈維（James Harvey，他也是一位抽象表現主義畫家）的作品。對於這個盒子的美學價值，亞瑟．丹圖給我們一個優秀的賞析：

> 這個……盒子用兩個波浪形的紅色區塊裝飾，中間以一道白色區隔，這道白色在紅色之間流過，並且像一條河流似地環繞這個盒子。「布瑞洛」這幾個字，用宣告式的字體印出來：子音用藍色，母音……用紅色，印在白色的河流上。紅、白與藍是愛國主義的顏色，就像波浪是水與旗子的屬性。這連結到清潔與責任，並且把盒子的側面轉換成一種愛國主義公共衛生的旗幟……這個紙盒傳達了狂喜，而且是一種獨具風格的視覺修辭大師之作。[10]

不過，比較一下丹圖怎麼描述他所說的「真正偉大的藝術作品」，皮耶羅・德拉・法蘭契斯卡（Piero della Francesca）的十五世紀繪畫作品，〈復活〉（*Resurrection*）：

> 在這幅巨大畫作中比較低的位置，有一群重裝士兵睡在基督的墓穴旁邊；而在畫的上半部，顯示基督爬出了他的墳墓……臉上有一種我認為是暈陶陶的勝利表情……他與士兵屬於不同的視角系統：一位士兵必須拉高視線才能看見基督。復活是發生在「拂曉的晨光」之下。實際上與象徵上，這都是新的一天……而且是……新的紀元。……基督在他們睡著了、完全沒有察覺的時候，起死回生。他甚至沒有動到墓穴的蓋子……這整個死亡與復活、肉體與靈魂、人類新開端的複雜觀念，都體現在一個令人信服的影像中。我們可以看到奧祕在眼前上演。[11]

丹圖對於哈維的布瑞洛盒所做的描述，爬梳出一個隨意購物者可能錯過的靈巧技術與修辭學力量（或許還伴隨著一丁點反諷）。不過，他對法蘭契斯卡畫作的分析，呈現出一個透過出色再現與強力象徵，體現了深刻觀念的傑作。被表達的內容與用來表達它的手段，把他的繪畫作品放在一個與布瑞洛盒不一樣的藝術世界裡。

總的來說，有些作品在知性與情緒上具有驚人複雜度及深度，像是荷馬史詩《伊里亞德》（*Iliad*）、夏特爾主教座堂或巴哈的B小調彌撒。它們非凡的美學價值遠遠超過普通藝術，所以在我們的生活中應該有個特別優越的重要性。

不過，把古典音樂與流行音樂放在同一個評估連續體上，假定了它們應該用同一套標準來判斷，而且是同樣的性質在不同表現模式裡造就出藝術上的偉大性。專注於比較搖滾樂與古典音樂的哲學家布魯斯・鮑，曾提出一個有趣的論證，表示這個預設是錯的。

為了強調論點，他比較了典型的古典音樂會與典型的搖滾音樂會。古典樂聽中，人們在沉默中坐著，只有在作品結束時鼓掌（而且不會在一個樂章結束時鼓掌，新手會在尷尬中學會這點）。他們保持不動：不會跳起身、起舞、揮手，甚至沒有人做出私下聽唱片時容許自己做的「空氣指揮」動作。看來這是訴諸於心靈的音樂。古典音樂會節目單甚至常常提供專家的筆記，以解釋作曲家企圖達到什麼，還有要聆聽什麼來欣賞這種成就。在表演中途，你可以看到有人讀那些筆記，以便跟上現在發生的事。當然，有些人知道得夠多，足以欣賞這場演奏會，並且專注聆聽，但其他人卻落入一種無聊的恍神狀態，甚至就睡著了。

相對來說，搖滾音樂會的音樂刺激著聽眾。他們大喊大叫、跟著唱、跟著跳。音樂是立即的、本能的衝擊。其吸引力主要是針對身體的。就像鮑所說的，搖滾是「註記在身體核心，在肺腑，也在手臂和雙腿的肌肉與肌腱上，而不是在判斷的任何知性功能上。」[12]鮑論證表示，因此，好搖滾樂的判斷標準遠遠偏離我們評估古典音樂的知性化標準。

他特別舉出節奏、情緒表情與巨大聲量。節奏呼應到舞蹈的身體動作：「一首糟糕的搖滾樂曲，是嘗試激發身體起舞卻失敗的歌。」[2]情緒表達首先屬於獨唱者，然後仰賴於「傳達的感覺份量，還有表達的感情細微之處」，其獨立於歌手聲音的技術品質之外：「某些最好的搖滾樂主唱，從穆迪・瓦特斯（Muddy Waters）到貓王、藍儂與珍妮絲・賈普林（Janis Joplin），從技術上來說是相當糟的歌手，」不過，他們有一種「精湛的技藝……直接與身體相連，激起一種本

◉ 注釋

2　但鮑承認，某些優秀的搖滾樂並沒有設法要激發人舞動身軀，而是強調表現性甚於節奏。

> 能性的反應，可能很複雜且難以形容，但對於那些曾經經歷過的人來說，卻很容易辨識。」[13]
>
> 最後，搖滾樂的巨大聲量，是透過這種搖撼身體的力量，來表達情緒的強力手段。只為了大聲而大聲時，巨大聲量可能「變成只是讓人精疲力竭、暈頭轉向，但恰當地運用，就可以補強表現力……（某些）搖滾樂段一定要大聲演奏，才能有恰當的效果。」[14]

鮑承認這些「身體上的」特徵在古典音樂中有某種角色，卻堅持主張，整體而言，「知性」特徵，特別是**形式的**（formal）特徵，居於主導地位。「形式」指涉到一件作品的音樂結構，透過為了幫助聽者理解古典音樂而設計出來的標準分析，可以清楚說明。舉例來說，我們來想想下面這個段落，出自一本音樂欣賞課程的流行教科書裡：

> 貝多芬第五號交響曲的第一樂章是稠密而集中的。在整個樂章裡，沒有一個音符或動勢（gesture）是多餘的。呈示部（exposition）起於一個短—短—短—長的動機，這個動機的色彩幾乎感染這個樂章的每一小節。第二主題是

用法國號宣布的。主題本身安靜平順地開始，但在第二主題底下，起初那具有節奏感的動機，靠著大提琴與低音提琴，讓自己被聽見了。很快地堆起另一個高潮，而這個呈示部結束於整個交響樂團一起演奏原來的動機。在發展部（development section），引進第二主題的號角逐漸地分解成越來越小的元素，直到只剩下單一和弦低聲在弦樂器與木管樂器之間迴盪。然後，再現部（recapitulation）氣勢磅礡地帶回了這個樂章音樂的第一部分。一段短暫的尾奏（coda），把樂章帶向一個氣勢強勁的結論。[15]

在此，就像鮑提及的，對於音樂的生理或情緒衝擊甚少著墨；焦點在於指出這個作品的構成元素，還有這些元素如何彼此相連。之所以有空間容納這樣的分析，是因為就像鮑承認過的，古典音樂通常在形式層次上異常複雜，且在大多數例子裡，比搖滾樂或其他流行音樂更複雜得多，而理解這種複雜性，揭露了音樂之美的一個面向。

不過，形式結構也支持鮑眼中特別屬於搖滾樂的種種「身體」特色，如節奏、音量、情緒表現。此外，在古典音樂中，這些特色通常比搖滾樂裡的更豐富、更強勁。個別元素，像是一曲優雅的華爾滋、一首激動人心的進行曲，或者一段絕美的旋律，會像流行音樂的對應元素一樣，有同一種直接的身體與情緒影響。不過，一首古典作品可以結合並發展這些元素，來製造出遠超過流行音樂的同類情緒反應。

例如，這裡是對於馬勒第五號交響曲的描述：

在一聲很有穿透力的法國號之後，第一樂章以一首送葬進行曲開始：硬如鐵釘、精瘦、乾乾淨淨刷去了簡單的圖畫式筆觸……進行曲讓到一邊去，給一段大膽不馴的三重奏——一陣可怕的哀慟爆發；然後送葬隊伍復返，後面跟著三重奏，現在拖慢到行進隊伍那種緩慢拖沓的步調。接近尾聲時有個新的概念，充滿渴望，但小號在徹底的淒涼氣氛中，把第一樂章帶向結束。第二樂章占優勢的是憤怒而野蠻的音樂，週期性地陷入我們已經拋諸腦後，較為平靜、絕望的音樂。有個刺耳的片刻，此時所有的哀慟與憤怒都滿溢出來，變得全然讓人頭暈目眩。音樂迅速地重新恢復它的冷靜，但似乎更加令人困擾。在接近尾聲處，小號與長號開始一段高貴的銅管讚美詩，勇敢而肯定。

有一刻音樂高揚起來。然後，在突然之間，幾乎無可解釋地，它失去了熱力，步履蹣跚，然後趴倒。這是馬勒最殘酷的笑話之一。不過，馬勒的第五號交響曲到最後從悲劇轉向勝利，而且在最後，在第二樂章被打敗的同一段銅管讚美詩進來了，帶著終曲達到歡樂的結論。[16]

一群被這種音樂驚呆的聽眾，並不會吼叫、跳舞或跟著唱；內容如此豐富，讓這種音樂帶著他們全部的精神能量，經歷了發生的事情。

我們應該也要記住，情緒與知性之間的區別，意謂著一種很大的簡化。在現實中，情緒嵌入了知性的脈絡，而思考也是在一種情緒脈絡之下進行。我對於一段有威脅感的音樂動勢所做出的反應，結合了我記憶中同類動勢引起的恐懼所帶來的直接感受，還有我對於那些動勢代表什麼意義的信念。因此，古典音樂一般公認在知性上更豐富的內容，同時包括它的形式結構，以及（偶爾有）它與哲學或宗教等觀念之間的連結，都增強了它的情緒效果。

有個簡單的理由，可說明為何許多種類的音樂會流行：它們的表現範圍限制在人人熟悉、相當簡單的情緒裡。現在，流行音樂也大半訴諸於青少年的愛、不安全與憤懣感受上，所以贏得年輕人的擁戴；他們在之後將繼續欣賞那些它帶來的歡樂與慰藉的回憶，聆聽只放「他們」那個年代音樂的電臺。我們很容易就把這種好親近又引起鄉愁的音樂，當成「自己人生的原聲帶」。不過，流行性的來源，呼應到的是音樂的美學限制。

藝術、愛與道德

所以，到目前為止，有個藝術價值位階的觀念似乎被證明是正確的。雖然如此，這看來跟許多音樂愛好者的經驗相違背，其中有些人甚至相當博學又成熟。舉例來說，想想《紐約客》的卓越樂評家愛列克斯・羅斯（Alex Ross）的評論：

> 音樂這種媒體太過個人性，無法支撐一個絕對的價值階序系統。最好的音樂，就是說服我們世界上別無其他音樂的音樂。對我來說，今天早上是西貝流士（Jean Sibelius）的第五號交響曲；昨晚深夜，是巴布・狄倫（Bob Dylan）的〈眼神哀傷的低地女郎〉（Sad-Eyed Lady of the Lowlands）；明天，可能是全新的其他東西。我無法替我最愛的音樂排名，就好像我也無法

> 替我的記憶排名。然而，某些辨別力敏銳的靈魂說……實際上，「你愛的音樂是垃圾。聽聽我們這個偉大、充滿藝術氣息的音樂」……他們在不信者身上造成的進展極少，因為他們忘記把音樂定義成某種值得愛的東西。如果它是值得愛的，它一定很棒；除此之外，不必再多說什麼了。[17]

羅斯說的話裡有某種真理，也就是我們有許多愛藝術品的理由。舉例來說，披頭四吸引人的地方，是他們容易朗朗上口的旋律、很逗的歌詞、很酷的態度、進行音樂冒險的意識、政治觀點，到了現在，還有他們所激發的回憶。更普遍來說，電影、電視劇，還有現在的暢銷歌曲，之所以會有吸引力，就只因為它們連結到現在看似最鮮明且迷人的東西；它們訴諸於「我們現在的生活方式」。這些理由中，有許多跟作品純粹的美學價值無關。同樣的道理對於非凡藝術品也為真，這些作品對我們的吸引力，可能更多在於藝術家人格的表現，或者當成對某個迷人年代的召喚，而不在於它們在美學上的優點。

有哲學分析支持羅斯的態度。[18]它起於一種介於某事物的**普遍價值**與**它對於一個個體的重要性**之間的區別。假定用原來的希臘文閱讀荷馬，是比閱讀荷馬翻譯本更優越的詩意經驗。這不必然表示：對我來說，有這種經驗很重要。我可能很正確地相信，我不會從這種閱讀中得到夠多的收穫，而讓我有理由付出巨大努力去學習荷馬時代的希臘文；或者，我判斷一項同等級的計畫，如閱讀莎士比亞，會更有利。我可能同意，用希臘文閱讀荷馬比用翻譯本來讀更有價值，但正確地做出結論：對我來說，做這件事並不重要。

同樣地，某個缺乏背景（或者，用皮耶・布赫迪厄〔Pierre Bourdieu〕的詞彙來說，沒有「文化資本」）可以輕易欣賞古典音樂的人，可能會發現更容易親近的流行音樂，在他或她的人生中更加重要。進一步說——在此我們與羅斯的立場匯合了——就算那些很能夠欣賞任何一種古典音樂的人，可能（偶爾，甚或總是）會有讓其他種類音樂顯得更重要的需要或顧慮。

這種思考路線，至少要求我們限制非凡藝術作品美學優越性的實際重要性。這並不表示人人都應該讓這些事物成為生活的一部分，甚至說這些事物對於滿足的人類生活來說是必要的。那些表示「你愛的音樂是垃圾，該來聽聽我們偉大、充滿藝術氣息的音樂」的菁英主義者，通常會是錯的，而且在任何狀況下都沒有說服力。不過，對我們許多人來說的危險之處，是對於尋常藝術的愛在環境中感覺這麼容易、這麼自在、這麼受到強化，以至於我們可能無視於比較不易親近的非凡藝術世界，還有它更強大的美學力量。若要讓尋常藝術的粉絲支持非凡藝術，其作法應該是讓他們看出其中有更多東西可以去愛。

所以，我們接受羅斯的論點，而且在沒有變成勢利眼的狀況下，仍然保存非凡藝術的美學優越性。但最偉大的作品裡，除了美學優越性以外，還具備更多。

有個令人印象深刻的傳統（其中包括了柏拉圖、黑格爾與馬修．阿諾），主張偉大的藝術不只是美學性的，也有道德價值。如同柏拉圖指出的，這可能是因為藝術可增進品格，舉例來說，讓我們更勇敢或更正義；或許，就像黑格爾的想法，是因為這導致人生性靈意義上更深沉的理解。不過，這很難超越阿諾的熱情，至少是對詩歌的熱情：「越來越多人類會發現，我們必須回歸詩歌來為自己詮釋人生，安慰我們，供養我們。少了詩歌，我們的科學會顯得不完全；而現在對我們來說過去了的大半宗教與哲學，會被詩歌所取代。」[19]在今日，這樣的觀念不時興了，常常有人駁斥說，有些管理集中營的人是貝多芬與舒伯特愛好者、身兼藝術贊助者的血腥暴君，甚至還提到人文學教授對配偶並不會比其他學科的教授更忠實。這些通常是口才便給的辯士所提出的論點，但就連藝術人文價值的認真支持者都發現這些事情令人困擾。舉例來說，文學批評家喬治・史坦納（George Steiner）震驚於納粹「在晚間唱著舒伯特，白天則運用酷刑折磨」，然後發現自己「被這個問題困擾得越來越深」，「為什麼人文素養沒有讓人變得人道？」他的結論是：「我沒有答案。」[20]

傑出的音樂學家理查・塔魯斯肯（Richard Taruskin）把這個論點推得更遠。史坦納對這個問題沒有答案，而他說：

> 因為這個問題是錯的。現在看來，事情已經太明顯了，教導人們「對舒伯特的愛好會讓他們成為更好的人」，只不過是把自負虛榮教給他們，而且激發出與人道極端相反的態度……在二十一世紀的黎明時期，把美學偏好模造成道德選擇，是一種褻瀆。[21]

可是，塔魯斯肯假定，我們告訴人們，他們愛舒伯特那種非凡音樂的能力，是他們已經是道德較優越之人的結果。但我認為不如這麼說：是我們對舒伯特的愛，讓我們對移動到較高道德水平的經驗持開放態度。他的音樂不只是享樂的源頭，也可以像所有非凡藝術一樣，帶著我們超脫自己，讓我們欣賞在世俗欲望滿足之外的價值（美、喜悅、莊嚴）。

非凡藝術的經驗，可以幫助我們超越那些會毀滅道德判斷、腐化行為的自私考量。[3]宗教在歷史上一直是這種超越性的主要來源，但既然有了現代對信仰的障礙，非凡藝術在我們的世界裡變得更加重要。（而我們應該記得偉大的藝術在宗教感性發展中能扮演的主要角色。）

但深刻的道德轉變是愛舒伯特音樂的結果，不是其原因，也不是這種愛無可避免的結果。我可能永遠無法超越非凡藝術的純粹享受，或許也永遠無法把自己能得到這種愉悅當成個人道德優越性的徵象之一。變得更好的機會，也可能是變得更糟的機會。但如果我變得更糟，那是因為我拒絕了善，而不是這種善並非真的很好。

所以，非凡藝術在做為一種特別令人滿意的美學享受形式來源，也打開一條通往脫胎換骨的道德超越經驗之路這方面，是很寶貴的。（就在聽完一場深切動人的班傑明．布列頓〔Benjamin Britten〕之作品〈戰爭安魂曲〉〔*War*

◉ 注釋

3 傑洛德．列文森在一篇關於音樂與道德討論中，指出前一天晚間享受古典樂，第二天對人嚴刑拷打的納粹份子「對我們的打擊如此強烈……正因為他們是例外。他們違背了一個有經驗基礎的常規性：藝術品味會跟某種程度的道德覺察達成一致。」（《思索藝術》〔*Contemplating Art*〕，189 頁，註釋 6。）

Requiem」的表演後，我寫下這句話。）在我們的社會裡，給這種藝術特殊地位的合理性證明就在此。

在一個比較沒那麼超越性的層次上，非凡藝術可能呈現給我們不同於在日常生活中發現的思緒、感受與生命狀態。舉例來說，我們對於愛與性的態度，是從提供給我們的文化習俗中發展出來的。對許多人來說，這種文化是大眾電影、電視與音樂的文化。透過莎士比亞、珍·奧斯汀或普魯斯特，可以闡明我們文化習俗中的強項與弱點。尤其是青少年反叛的衝動，在非凡藝術的另類觀點中會有更好的立足點，勝過他們反抗的那種文化本身所提供的傳統與商業化「反叛」途徑。

所以，我做出結論，非凡藝術在美學上與道德上都優於尋常藝術。實際上來說，這不表示尋常藝術無法具有重要的美學與道德價值；此外，在許多脈絡下，尋常藝術比非凡藝術更能夠符合我們的需求。但非凡藝術在我們的社會裡應該是一種強烈的存在，透過教育系統被引介給所有人，好讓可能從中獲益的那些人，可以得到這麼做所需的文化資本。而且我們應該鼓勵那些擁有文化資本，可以把非凡藝術變成人生一部分的人。一個必然結果是，社會應該提供支持，以讓非凡藝術來源廣泛，人人都可以接觸。讓人驚訝的是，要達成這個最後的目標，沃荷式圖像是很大的幫手。

❷ 前衛藝術與大眾藝術

所以，我們回到體現在沃荷〈布瑞洛盒〉的藝術圖像。雖然這幅圖像在尋常藝術與非凡藝術的區別之間沒有位置，但這個圖像已經導向諾爾．卡羅所說的**大眾藝術**（有別於**前衛藝術**）。[22]前衛藝術刻意激起這個問題：「**這是藝術嗎？**」進而以它自身來質疑觀眾對藝術本質可能有的先入為主之見。大眾藝術在今日是流行藝術的主流形式：大量生產的物件，可以輕鬆提供給任何想要的人（包括電影、電視節目、饒舌音樂、YouTube、廣告、產品包裝等等）。

大眾藝術和前衛藝術之間的區別，以某種反諷的方式，與低級藝術和高雅藝術之間的舊有區別是平行的。前衛藝術由菁英製造，菁英的圈內人之作品通常以天價售出，卻缺乏大眾藝術的普遍吸引力。不過，牴觸這種區別的是前衛藝術家自身對大眾藝術的品味，他們把這種品味吸收到作品中，常常損害了假定的高雅藝術之特殊地位。事實上，這就是為什麼〈布瑞洛盒〉是前衛藝術的典範：藉著把一件商業藝術品的再生產，成功地呈現為一件高雅藝術品，它建立了菁英的（哲學性的）的論點：我們看不見高雅藝術與低級藝術有任何差別。

但儘管有前衛藝術對大眾藝術的熱忱，大眾藝術對前衛藝術卻興趣稀薄。頂多他們會欣賞再製或仿擬大眾藝術（沃荷的盒子和湯罐頭，羅伯特・羅森伯格〔Robert Rauschenberg〕的漫畫），就像他們對原件的欣賞一樣：不是因為那些作品對藝術本質的反諷或者細緻的哲學觀點，而是因為它們的熟悉與可親。（同樣有幫助的是，沃荷與其他人的作品通常很容易被認出是由哪位藝術家做出的，讓人可以展示某種沒有真正知識的世故教養。）結果是當代的前衛藝術，以它自身的條件來說，對於任何處於狂熱份子小圈圈外的人之藝術性經驗，都沒多大的影響力。

可是，傳統正典的非凡藝術有更多影響力。事實上，從不昂貴的書籍、錄音音樂與大熱門博物館展覽的普遍可得性來看，更可親的非凡藝術品從某種意義上來說，已經變成大眾藝術的一部分了。但屬於圈內人的傑作凋零了，尤其是那些高度現代主義（high modernism）作品，它們讓非凡困難成為其特殊特徵之一：

可以做為見證的是亞諾．荀伯格（Arnold Schönberg）的無調性音樂及其追隨者，從它被創造出來至今超過一個世紀，持續受到不甚熱烈的接納。

在此同時，隨著大眾藝術變得更加根深蒂固、對它的觀眾更有信心，它可以引進更多傳統非凡藝術的深度、複雜性與細緻性。運用這種方式，大眾藝術同時接近那種藝術的水準，並且讓閱聽大眾更能夠欣賞這種藝術。舉例來說，想想在部落格上對於《黑道家族》（*The Sopranos*）、《火線重案組》（*The Wire*）、《絕命毒師》（*Breaking Bad*）的討論中，有時候可以看見他們對於細節，還有角色、情節與道德的分析，有近乎學者式的關注。

大眾藝術同時帶領它自身及其觀眾更接近非凡藝術的正典模型，這時，前衛藝術就變得跟大多數人的美學經驗越來越無關了。不過，它在兩個面向上仍舊重要。它堅持不懈的實驗，產生了造就藝術的新方法，而那些目標在於傳統美學價值的人會加以利用；它的堅持，「任何事物都可以是藝術」，不只正當化了它本身總是更極端原創的創作，還有在比較不寬容的環境下，會被判定成沿襲舊規又反動的傳統作品。到頭來，安迪．沃荷的世界不是傳統非凡藝術的終結，而是傳統非凡藝術就算在大眾藝術世界裡，也能繁榮興盛的推動力之一。

雖然如此，我們在下一章談一個非常不同的主題時，會提供另一個例子，以說明學院派哲學家的專業作品，如何幫助非專家思考爭議性話題。說真的，是關於或許最激烈的爭議性話題：墮胎的道德性。

Chapter 9

我們可以不再吵墮胎這件事嗎？

－麥克馬漢的支持選擇論證：胚胎的權利
－湯森的支持選擇論證：懷孕女子的權利
－馬奇斯的支持生命論證：人類潛能
－墮胎與宗教信仰
－道德與法律

我們從**普遍原則**（general principle）與**特例**（particular case）的區別開始，論證就算我們對於哪些原則會讓一次墮胎事例道德或不道德沒有共識，卻有個廣泛的共識是「殺嬰並不道德」，還有在強姦的例子中，墮胎並非不道德的。從這個共識開始，我們展開三種很有影響力的墮胎哲學討論：傑夫．麥克馬漢（Jeff McMahan）說胚胎不是一個「人」（person）的論證；茱蒂絲．賈維斯．湯森（Judith Jarvis Thomson）的論證：就算胚胎是一個「人」，某些墮胎是合乎道德的，因為一個女人有權掌控她的身體；還有唐．馬奇斯（Don Marquis）的論證，墮胎是錯的，因為胚胎至少有成為人類生命的潛能。

結果是，我們對於墮胎特例的道德地位共識，需要三種哲學論證從極端的支持生命（pro-life，反對墮胎）或支持選擇（pro-choice，贊成墮胎）各退一步。結合這些論證可以辯護的部分，來削減對立墮胎立場之間的距離。

接下來，我們考慮宗教信念在墮胎辯論中的角色。套用理查．羅蒂的話，教條式的「信仰」宣告，可能是「話題終結者」。但聲稱**公共**（而非**私人**）關注的事務應該只訴諸於所有黨派接納的前提，卻是錯誤的。訴諸**重疊共識**（overlapping consensus）與**內在批評**（immanent criticism）的概念，我們看出了在沒有共通前提的狀況下，成果豐碩的討論還是有可能的。

最後，**合法性**（legality）與**道德性**（morality）的關鍵區別，顯示出對墮胎道德性的歧見，為何不見得要轉變成在法律規範上的歧見。

◉ ◉ ◉ ◉ ◉

民調指出美國對墮胎有尖銳的立場區別，大約一半的回答者說他們支持生命，另一半則支持選擇。[1]雙方的辯論中心在於這個問題：「**胚胎**（fetus）是一**個人嗎？**」1 若要回答這個問題，要靠另一個更深層的問題：「人是什麼？」

強烈的支持生命觀點（認為從卵子受精那一刻起，一個人類就具備一個人的全部道德權利）論證表示，一個人是一個生物意義上的人類：一個在DNA設定下會發展為成熟人類的一個有機體。就像法律哲學家羅伯特・喬治（Robert George）與生物倫理學家派崔克・李（Patrick Lee）所說的：「從受精卵階段之後，人類胚胎內擁有所有需要的內在訊息，主要包括它的基因與表觀構成，還有發展自身成為一個人類生物成熟階段的積極傾向。」[2]在這個狀況下，他們論證胚胎是一個人，而且既然刻意殺死無罪的人是謀殺，謀殺在道德上是錯的，那麼墮胎在道德上也是錯的。

◉ **注釋**

1 我選擇方便性勝過科學精確性，所以會用「fetus」一詞來涵蓋懷孕的每一個階段（從受精卵到誕生）。

強烈的支持選擇立場（認為在出生之前，不算擁有全部道德權利的人類）論證表示，一個人不只是一個擁有人類DNA的有機體。這樣的有機體是生物上的人類，但不是擁有不受生物性決定的道德地位的人。所以，一個人是（在此引用一個標準的公式化定義）「一個自覺的存在，有某種程度的理性與……不同時間階段之間的心理連結」。[3]

在這些方面，公共辯論是無法解決的。已經有好幾世紀驚人細膩的哲學辯論，在談論身為一個人是什麼意思，而這些辯論雖然提供了重要的洞見，卻仍距離回答問題很遙遠。對於像是柏拉圖、湯瑪斯．阿奎納、約翰．洛克與康德這些思想家都無法解決的問題，要期待我們的公共辯論能加以回答，是很愚昧的。

這種僵局之所以出現，是因為我們設法找到一個普遍原則，以告訴我們什麼時候一個特定墮胎事例在道德上是錯誤的。常見的狀況是，普遍層次上的爭議是無可解決的。不過，我們有時候可以透過看**特例**而非**普遍原則**來推進。我認為，這是處理墮胎議題的方法。如果我們不去看關於人格地位與權利的普遍問題，而從對兩個特定論點的普遍同意開始：在強姦還有危及母體性命的例子裡，墮胎是合乎道德的，還有殺死已出生的嬰兒是不道德的。儘管在支持生命／支持選擇的認同上是平均的五五波，但絕大多數人都支持在為了拯救母體性命（八十三％），還有被強姦的狀況下（七十五％）墮胎，而實際上每個人都反對殺嬰。[4]從這些在極端狀況下的共識區域開始推論，我們可以發展出一個應該廣為接受的墮胎立場。近期對於墮胎的哲學討論，會是實現這項計畫的重大助力。

我們的討論會以三位哲學家為中心，他們談墮胎的作品特別有洞察力與影響力，他們是傑夫．麥克馬漢、茱蒂絲．賈維斯．湯森和唐．馬奇斯。

麥克馬漢的支持選擇論證：胚胎的權利

傑夫．麥克馬漢以出生前各階段的描述，展開他對墮胎的辯護。[5]首先，他說，我們有個有機體，從精子與卵子的結合開始發展，卻缺乏充分結構，甚至無法有意識。接下來，當大腦與中樞神經系統發展到可以支持意識的時間點，就有個「具體化心靈」存在了。到最後，胚胎有個意識的存在。但就算是在這時候，胚胎還不是這種意義上的「人」，即察覺到自身是在時間之中延續的存在，為了未來的目標而行動。事實上，就連一個新生兒都需要更進一步的發展，才能成為麥克馬漢那個意義下的「人」。

在這個前提下，麥克馬漢接著問：一個存在在什麼時候會有繼續生存的興趣？如果某個東西（例如一顆石頭）沒能力具有意識，無法對任何事物有任何興趣，那麼被毀滅時也不可能受到傷害。不過，麥克馬漢也認為，對於一個有意識的存在來說，如果它沒有擁有未來的意識，只是完全活在每一個片刻，卻沒有察覺到自己過著持續的生活，生存對它來說即使有任何意義，也非常不重要。整體而言，只有在一個存在對於自己的現在與未來狀態之間有強烈意識連結的狀況下，死亡對這個存在來說才是一件壞事。如果這個存在對自身的未來只有很少或完全沒有興趣，那麼它的死亡對它來說沒有多大的意義。

從這裡，麥克馬漢移向對墮胎道德性的討論。他的第一個論點是，對一個沒能力擁有意識的胚胎來說，死亡不是損失，因為對它來說沒有任何重要的事物。但就算是一個晚期胚胎，有意識能力，或許有真正的意識，卻沒有多少或根本沒有心理連續性，以及擁有對未來的意識；那麼，它死去也不會有多少損失，或根本無損。所以，整體而言，在墮胎可防止某種重大程度傷害（尤其是對母親或胎兒）時，原則上不反對墮胎。他承認，隨著胚胎成長得越多，用墮胎來避免的傷害程度就必須要越高，不過並沒有一個時間點，是無論墮胎能避免的傷害程度有多大，都是完全錯誤的。要讓墮胎是錯的，胚胎必須是個有心理連續性、對自身未來有意識也有興趣的人（在麥克馬漢的意義上）。不過，他論證表示，就算完全成形的胚胎也沒有滿足這個條件。

雖然這麼小心又細緻，麥克馬漢也承認，他的論證容許殺嬰，所以會受到反對。一個新生嬰兒不會比一個足月胚胎更接近一個「人」。的確，如同麥克馬漢承認的，兩者之間的差別只是「地理上的」，胚胎還在子宮裡，嬰兒卻在子宮外。他甚至指出，一個早產新生兒發展得可能比一個足月卻還未出生的胚胎還差得多。

最不冒犯人的選擇，似乎是同意懷孕晚期墮胎是不道德的，除非是為了拯救母體的生命。不過，麥克馬漢注意到這個推論中的一個問題。舉例來說，一隻成年黑猩猩，至少在精神程度上與一個新生人類相同。如果為了救一位人類母親的性命，有必要殺死一隻黑猩猩，幾乎沒有人會反對（例如，要用黑猩猩的心臟來修復這位母親受損的器官）。如果我們願意殺死一個發展程度等同於人類新生兒的非人動物，為什麼我們要阻止自己殺死一個新生兒？一個立即而直接的回答是，這個新生兒有**潛能**可達到比黑猩猩高得多的精神層次。但麥克馬漢指出，一個有嚴重心智障礙的孩子可能不會有這種能力，所以在黑猩猩與某些孩童之間，還是會有兩者勢均力敵的問題。

我們可能傾向於對這種扭曲哲學討論的空洞嗤之以鼻。我們可能認為這是常識：人類嬰兒就連與比較進步的動物相較，都是處於不同的道德水平上。所以，無論如何，殺死一個人類嬰兒都是錯的，雖然在某些例子裡殺死動物沒問題。麥克馬漢只是搞混了一個簡單的論點。

但並不是麥克馬漢引進這種混淆的。問題在於我們的常識就是混淆的。我們大多數人認為，為了一個好理由而殺死一隻黑猩猩是合乎道德的，但殺死人類嬰兒就不是。但我們也無法具體指出，一個有嚴重心智障礙的兒童在精神狀態上有任何特徵，會讓殺死他比殺死一隻黑猩猩還要糟。我們可以保有「常識」觀點：殺死孩子來拯救一個成人的性命是錯的，但這樣對於堅持「為此而殺死黑猩猩同樣是錯誤」的動物權益份子，我們就沒什麼好說了。我們可以回答，我們偏愛人類勝過黑猩猩，就算在沒有任何道德上相關的差異時亦然。但，這樣跟只因為偏愛自己人就歧視他人、獨厚自身種族的種族主義者，到底有什麼差別？在此，物種主義似乎跟種族主義沒有差別了。

無論如何，如果我們需要引述「嬰兒的**潛能**」來達到「殺戮是錯誤」的層級，支持選擇的觀點就碰上麻煩了。因為同樣的訴求可以用在懷孕早期或中期胚胎的例子上。如果因為嬰兒有達成較高層級的能力，就說殺嬰是錯的，為什麼我們不能對於胚胎做出相同的結論？要解決其他非人動物造成的問題，損害了許多支持墮胎道德性的說法。

為了這幾種理由，麥克馬漢，還有彼得．辛格（Peter Singer）等其他支持選擇的哲學家，論證表示，可能最好從徹底譴責殺嬰的立場往後退一步。他們同意，只有在非常情況下，這種事情才是可以接受的，不過，為求一致，他們必須對晚期墮胎與殺嬰保持精確的相同程度限制。舉例來說，如果他們容許在懷孕晚期墮掉有嚴重心智或生理缺陷的胚胎，也必須容許殺死同類型的嬰兒。無論如何，我懷疑大多數人會把「考慮殺嬰道德性的需要」看成一種證據，以證明麥克馬漢支持選擇的強烈立場是站不住腳的。

湯森的支持選擇論證：懷孕女子的權利

麥克馬漢的立場，是以胚胎的生命權為中心。許多站在支持選擇陣營的人都堅持，要恰當處理墮胎議題，就要同樣注意女性控制自己身體處置方式的權利。考慮到我們在麥克馬漢支持選擇論證中碰到的困難，這個面向變得格外重要。麥克馬漢對於墮胎道德性的支持論證，仰賴的是降低給予胚胎的道德考量層級。不過，這樣讓胚胎與新生兒（甚至是比較高等的非人動物）之間的道德區別，變得很困難。

所以，假設我們聲稱一個女人控制其身體的權利，可以超越胚胎的生命權。這條路線有兩個好處：或許可以讓我們證明就算胚胎是一個「人」，墮胎可以是合乎道德的，而且這樣避免了殺嬰的問題，因為女性的權利在此會相關，就只是因為胚胎在生理上連結到她的身體。

這條論證路線的經典發展，出自茱蒂絲．賈維斯．湯森的論文：〈對墮胎的一則辯護〉（A Defense of Abortion）。[6]她一開始要求我們考慮一個怪異的情境，但到頭來卻相當有啟發性。

> 你在早上醒來，發現自己跟一位失去意識的小提琴家背對背躺在床上。一位失去意識的著名小提琴家。他被發現罹患一種致命的腎臟疾病，愛樂者學會已經調查過所有可用的醫療紀錄，發現只有你有正確的血型可以幫忙。因此，他們綁架了你，而小提琴家的身體循環系統在昨晚被連上你的，好讓你的腎臟可以用來抽取他血液中、還有你自己血液中的毒素。醫院院長現在告訴你：「聽著，我們很抱歉愛樂者學會對你做了這種事——如果我們知道的話，絕對不會容許這種事發生。但他們已經做了，小提琴家現在連上你的身體了。要讓你脫身，會殺死他。不過，你別介意，只要九個月，到時他的病會康復，而且可以很安全地脫離你的身體。」

湯森的問題是：你要脫離這個小提琴家，會是道德上錯誤的嗎？她的答案看似最純粹的常識，是「不」。她說：「毫無疑問，如果你這麼做（繼續與他相連），你人非常好、非常仁慈。」但當然，你沒有義務要這麼好心。在這個例子裡，你完全有權利表示，你控制自己的身體發生什麼事的權利，優先於知名小提琴家的生命權。

幾乎每個人對此例的第一個反應（除了它荒誕不經以外），就是只呼應到在例外情況下超越一位女性掌控範圍的懷孕（就像被強姦的例子）。這不是讓此例與大多數墮胎事例不相關了嗎？湯森立刻注意到這一點，卻主張此例還是提供了一個思考墮胎道德性的起點。如果我們暫時擱置懷疑，會發現她是對的。

小提琴家例子所顯示的第一件事情是，我有生命權（就像每個人一樣）又清白無辜（就像小提琴家和胚胎），並不蘊含「你殺我就是不對的」。當我對你的生命是威脅（就算不是刻意造成的）時，殺死我可能是一個對的理由。舉例來說，我可能在一陣精神錯亂的狂怒中攻擊你。在這種狀況下，你有權利殺我以便解救自己，就算我是你的孩子也一樣。隨之可以推論的是，嚴重威脅母親性命的懷孕，也許可以用墮胎來終結。

當然，就算在墮胎的強烈反對者之間，這也是常見的觀點。不過，要是胚胎並不是母體生命的威脅呢？如果懷著胚胎到生產並不會殺死母親，胚胎的生命權沒有勝過母親承受的任何傷害嗎？小提琴家例子再度充滿啟發性。就算你可能有道義責任，要忍受一定份量的不便來拯救小提琴家，但你肯定沒有義務要做任何不至於死的事情。的確，看起來很清楚的是，你沒有義務要一直跟小提琴家相連九個月。生命權並不蘊含「有權以不至於死的任何方式，來使用另一個人的身體」。這回的論點又是大多數人接受的；就像我們已經看到的，大多數人認為，對於被強姦導致的懷孕，墮胎是可以容許的。

湯森的分析到目前為止，只導向相當沒有爭議的結論：在強姦與威脅母體性命的狀況下，墮胎是合乎道德的。但在更困難的例子裡又是如何呢？

在此，我們需要超越湯森的小提琴家例子，來談女性對她懷孕狀態的「責任」問題。湯森正確地指出責任議題很複雜，判斷會因狀況而異。另一方面，如果一個女人不想要有小孩，用了可靠的生育控制方法來避免受孕，那麼湯森認為她沒有責任；為了一個好理由而墮胎，並非不道德的。

當然，這大大仰賴我們把什麼視為好理由。不想有常規懷孕期間的煩擾與痛楚，夠充分嗎？還是必須是很強烈的理由，舉例來說，如果某個特定的懷孕狀況，很有可能需要承受害喜或臥床數月帶來的異常痛苦呢？進一步說，還有關於一個女人必須做多少事情來避免受孕的難題。如果她忘記吃避孕藥，或者她在一陣激情之下一時忘我，她要負責嗎？

湯森堅持，就算不把被強姦受孕算在內，在某些狀況下沒有充分責任要迫使女性經歷懷孕期。不過，她也承認，有可能一位女性的責任會讓一次墮胎變得不道德。她說，我們「至多可以確定，有些例子裡……墮胎是不正義的殺戮。要是有這種狀況，精確來說會是什麼樣的，有空間可做很多討論與論證。」儘管湯森態度遲疑，但看來很清楚的是，她的論證路線確實蘊含著「並非所有墮胎都是合乎道德的」。舉例來說，如果一位刻意懷孕的女性，在孕期第八個月時決定墮胎，好讓她可以穿最喜歡的洋裝去參加派對，就是不道德的[2]。

湯森指出，她的討論會假定胚胎是一個「人」，只是為了論證方便。她的重點在於證明在這個假設上，墮胎在某些例子裡是可以容許的。她的觀點是，至少在早期階段，胚胎顯然還不是一個「人」，這讓人更容易為早期墮胎辯護。然而，這個觀點並沒有在道德上證成為了細故而在計畫性懷孕的晚期墮胎。

麥克馬漢與湯森代表兩條支持墮胎道德性的最強哲學論證路線：一個是從胚胎的本質來論證，另一個則是從母親的權利來論證。沒有一個論證光靠自身就能證明所有的墮胎都是道德的。如果我們接受麥克馬漢對於胚胎本質的論證，他證明了直到胚胎達到新生兒的心理水準為止，墮胎都是合乎道德的。不過，若要容

◉ 注釋

2　這是哲學家所謂的**反例**（counterexample）：駁斥了一個普遍性主張的特例。極端且極其不可能的反例，常常出現在專業哲學討論裡。極端反例的重要性，在於證明了一項普遍性主張並不是在所有可能狀況下都為真。不過，用這些例子來反駁對手的立場，通常不像顯示對手有需要澄清或修正其構想那麼有力。

許超過那個階段的墮胎，他需要接受殺嬰也有道德性。湯森從母親的權利開始論證，證明了甚至在胚胎是一個「人」的時候，墮胎也不是完全不道德的。不過，她也承認在某些狀況下墮胎是錯的，即懷胎對這個女人只有極小的損害，以及她對於懷孕有充分的責任。

然而，這兩個支持選擇的論證看起來可能彼此互補。麥克馬漢證明了，除了晚期墮胎的例子以外，所有墮胎都是合乎道德的；在懷孕晚期發展完全的胚胎，擁有跟新生兒一樣的生命權。湯森證明了，就算胚胎有生命權，婦女掌控自身身體的權利，還是可以凌駕其上。把這兩個論證放在一起，看似可能證明所有的墮胎事例在道德上都是可容許的。

不過，就如同我們已經看到的，湯森必須承認在有些狀況下，母親掌控自身身體的權利，並沒有凌駕胚胎的生命權。在這些狀況下（發展晚期的胚胎），兩條論證路線都沒有證明所有墮胎的道德性。就算結合了兩個最佳支持選擇論證，如果一位女性對她的懷孕有充分責任，而且沒有異乎尋常的理由要終止妊娠，晚期墮胎總會是不道德的。

尤其重要的是，在考慮到麥克馬漢與湯森的支持選擇論證以後，我們還是可以建構下面的支持生命論證：

1. 殺嬰在道德上總是錯誤的。
2. 晚期墮胎在道德上等同於殺嬰，除非(A)母親的生命受到威脅，或者(B)母親對於懷孕沒有充分的責任。
3. 對於某些晚期墮胎，(A)或(B)都不成立。
4. 所以，某些晚期墮胎是不道德的。

結論：就連最佳的支持選擇論證，都避不開某些墮胎不合乎道德的結論。但就像我們將會看到的，強烈的支持生命立場也碰到類似的問題。

馬奇斯的支持生命論證：人類潛能

要做出強烈的哲學論證來反對墮胎，需要找到一種特徵，其能給予生命無可挑戰的權利，而且也出現在胚胎發展的所有階段。要證明最明顯的特徵——生物上是人類——就賦予該生命一種道德權利，並不容易。做為一個「人」，在某種強烈意義上，就會賦予這種道德權利，但很難證明早期階段的胚胎在這種意義的任何面向上是「人」。

唐・馬奇斯的〈為什麼墮胎不道德〉（Why Abortion is Immoral）[7] 回應了這個問題。他一開始就把關於「有人格的人與權利」的混亂問題先擱置在一旁，就只問殺死某人會造成什麼傷害。對此，他有個直接的回答：「某人失去性命，他所有的經驗、活動、計畫與享樂都被剝奪，而在其他狀況下，這些事情會構成此人的未來。」簡而言之，當你奪取我的生命，你就奪走了我的未來。先不論人格本質與權利的任何深刻考量，光是這一點，就說明為什麼（在非自衛這類的特殊情境條件時）殺死某人是錯的。可能還有其他更深刻的理由，或許是人格的神聖性，而光是這一點本身，就是說明「謀殺並不道德」的好理由了。

但我們可能會抗議，墮胎辯論有一部分關切的是「胚胎是否是一個人類」；如果我們無法釐清這一點，解釋殺死一個人類為何有錯，到底有什麼幫助？但馬奇斯提出的看法，最有力量的地方在此：就算早期階段的胚胎不是人類，要是它活著茁壯下去，它的未來就是成為一個「人」，而且擁有各種造就出滿意人類生活的好處。的確，一顆最近受精的卵子有一條自然路徑會通往這樣的未來，那是除非有其他事物阻撓，否則就會出現的未來。這個從受孕開始的潛在小孩會有個人類的未來，此事實是反對任何階段墮胎的一個好理由。

馬奇斯總結了他的觀點：「既然一個胚胎具有一種屬性（有個人類未來的潛能），而具備這種屬性對成年人類來說，足以讓殺害這個成年人類變成一種錯誤，所以墮胎是錯的。」這可能看似支持一個幾乎全面性的墮胎禁令（例外只有像是自衛之類的狀況，在這種時候我們會容許殺死成年人類）。

可是，馬奇斯指出一個重要的限制。他說，他的論證「受制於這個假設：墮胎的道德許可性，隨著胚胎的道德地位而起落。」他考慮的只有胚胎的「生命權」，卻沒有納入任何其他考量，像是母親掌控自身身體的權利。就像我們從湯森的討論裡看到的，母親的權利可以凌駕胚胎的生命權。在此，典型的成年人類與胚胎之間有個差別：胚胎的存在仰賴著與另一個人之間的身體連結。就像湯森證明的，當母親對這個連結沒有（充分的）責任，又會因此受到嚴重傷害，墮胎會是可容許的。馬奇斯從胚胎生命權出發的論證，並沒有排除湯森論證容許的那些墮胎狀況。

進一步的問題是：在馬奇斯的論證預設中，胚胎的生命權並不因為它的人類潛能而有漸進式的變化。這個論證把兩週大胚胎，甚至是一顆受精卵的生命權，與成人的生命權同等看待。事實上，就連最投入的支持生命反墮胎人士，都不認為兩者在道德上是等價的。舉例來說，他們並不採取任何行動去防止發生在三十％妊娠中的自發性流產（許多流產發生得太早，通常沒有被察覺到）。[8]如果三十％的年輕成人（或者新生嬰兒）死於未知理由，我們會將之視為一種醫療危機，花上數十億美元做研究，以便預防這些死亡。面對完全相同的問題發生在早期胚胎身上，我們什麼也沒做。這暗示了，我們在事實上並不認為早期階段的胚胎擁有與已出生者同樣程度的生命權。因此，母親的權利相較之下更強得多，而且更多早期墮胎會是道德上可接受的。

一旦我們透過小心翼翼的支持與反對墮胎哲學論證來思考，就看出可辯護的支持選擇與支持生命立場，彼此間的對立比強硬的公共辯論所暗示的還要少。雙方應該拒絕對墮胎的絕對禁令，首先，在母體健康受到嚴重威脅，或者她身為強姦受害者時，容許墮胎。而且，支持選擇立場者應該接受支持生命觀點的看法：大多數懷孕晚期墮胎是不道德的；而支持生命觀點者應該同意，許多早期墮胎是道德上可接受的。因此，兩邊的定義性口號（「墮胎就是謀殺」與「女人總是有權選擇」）都不是真的。對於特定例子可能還有歧見，但支持雙邊立場的論證，並沒有為在公共辯論中變成特色的兩極化觀點背書。

墮胎與宗教信仰

在我們對墮胎的討論中，我忽略了一個明顯的特色。許多支持生命陣營的人，是基於宗教立場而反對墮胎的。他們認為，神曾經明確表達（不管是透過聖經還是祂的教會），墮胎是不道德的。某一方最強烈的聲音，是做出一個他們不打算在論證過程中質疑的獨斷主張，在這種時候談什麼對墮胎的豐碩、理性討論，不是很愚昧嗎？

許多認定宗教信念在公共政策討論中沒有位置的美國人，會回答「對」。這個想法有一種可能為真的公式化表述，就是把宗教看成哲學家理查．羅蒂所謂的**私領域**（private sphere）的一部分：與我身為一個個體，或者在想法相似的個人自願構成的社群中（例如教會）一員，有關的事物。相對來說，政治生活關注的是**公領域**（public sphere）：與我身為某政治社群（一個城市、一個州或一個國家）一員有關的事物。一旦我們承認憎恨和暴力在歷史上與宗教爭議的關聯以後，這個區別似乎就很必要了。如果我們希望維持一個文明社會，就必須把宗教從政策辯論裡排除。

把宗教從公共討論裡排除的這種作法，在歷史上從兩種完全相反的角度吸引著美國人。某些人發現彼此對立的宗教主張都一樣荒謬，所以全都被忽略不管。其他人則認為，至少他們自己的宗教觀點是真實而重要的，但就怕對立觀點得到政治勝利，因此同意停戰；在這種協議下，宗教主張從公領域裡被撤出。我們的墮胎辯論激烈的程度，指出這種停戰協議是有需要的。

只要我們談到特定神學教條，大多數美國人都同意宗教在公共生活中沒有位置。舉例來說，鮮少有人認為基督教教義，像是聖餐變體（transubstantiation）、預選說（predestination）、三位一體神學（Trinitarian theology）或主教權威的本質，是政治討論的正當主題。宗教進入我們的公眾討論，主要是當成墮胎這類道德議題裡的一種聲音。

不過，宗教觀點，甚至在談道德議題時，在政治辯論裡有任何角色嗎？在此還有另一個相關考量。有效的論證，似乎需要實際參與討論的每個人都接受的前提。舉例來說，一個以聖經或教宗權威為基礎的宗教論證，在有各種不同信仰與不信的市民之間進行公共辯論時，會顯得不恰當。說「我的宗教這麼說」，可能解釋了你為什麼相信某件事，但在與不接受此宗教的人討論時，這個說法毫無作用。這樣訴諸宗教，就像理查・羅蒂曾說過的，就只是「對話終結者」。

可是從一組所有參與者確實（或應該）共享的前提來引導的公共討論模型，是很有誤導性的。幾乎沒有這樣一組前提存在。公共討論反而事關在公民次團體之間打造出「零星拼湊」的協議。關於延伸完整人權——首先給黑人男性，後來再給女性——的需求，是從對這個結論相當分歧的立場匯聚之後，才達到最後的共識。有些人認為，所有人類都是神子的平等立場，證明了此事合理，其他人則認為這是基於人類本質的自明真理，還有些人認為合理性來自社會平等待遇的整體價值。沒有理由可認為每個人都會被同樣的論證說服。更確切地說，有約翰・羅爾斯所謂的「重疊共識」，人們藉此為了不同、甚至是互不相容的理由，接受了相同的結論。

進一步說，普林斯頓大學宗教學教授傑佛瑞・史陶特（Jeffrey Stout）所說的「內在批評」[9]，在此扮演了重要的角色。我能向你證明「你的前提支持我的結論」，這就是內在批評。舉例來說，一個世俗自由主義者可能會在教宗通諭裡，找到一個對資本主義的宗教性批評，而能說服一個保守的天主教徒。回到現在的議題上，天主教會（最突出的支持生命之聲）長期以來堅持，從理性出發、沒有受到天啟輔助的論證，建立了墮胎的不道德性。而對這些論證的批評，可能對天主教反墮胎意見造成相當大的破壞。

在沒有普遍共享前提的狀況下，「重疊共識」與「內在批評」的結合，對於這些議題也能夠產生相當好的協議。進一步說，細心解釋我的立場基礎為何，可以幫助其他人更熟悉地了解我的觀點，而且或許會更尊重及欣賞我所說的事情，就算他們並不同意我的前提。就如同羅爾斯指出的，民主討論應該不只把目標放在對特定爭議主題的協議上，也要在公民之間建立團結精神，甚至在有歧見時亦然。[10]在正確的表述之下，坦白宣告的宗教性前提可以有這種效果。但是，從我拒絕的前提所延伸出來的論證，可能向我暗示了一個類似路線的論證，而得以從我確實接受的前提中，延伸出同一個結論。舉例來說，你從「我們全是神子」這個事實推論出來的平等論證，可能引導我建構一個平行的論證，但它卻是從「人類家庭」這個純粹世俗的概念中導出的。

像這樣的例子，建議用史陶特的模型——信徒與非信徒之間「對話」，來取代從共享前提出發的論證模型：這種對話是「觀點的交換，各個派別在其中依照他們認為恰當的詳細程度、用他們希望用的詞彙，來表達他們的前提，設法理解彼此的觀點，並且揭露自己對於批評可能性的承諾」。[11]

既然有強力的論證支持容許宗教前提進入公共辯論，我們可以理解，為什麼有許多宗教界批評家反對世俗自由派禁止這種前提。某些說法自稱只是理性討論的方法論規則，結果卻在功能上等同於自由派不可知論者的反宗教立場，這樣方便得太可疑了。

但堅持宗教論述的公共權利，可能同樣牽涉到欺詐。現代世界的鑑別性特徵之一，就是宗教信徒沒有能力為其宗教主張做出一個能夠服人的公共辯護。在這方面，以開放心胸抱持懷疑主義的世俗不可知論者，其立場與宗教信徒的立場之間有關鍵性的不對稱。對於宗教性主張的終極「證成」，典型狀況是一種私密信仰，信徒無法很有說服力地清楚說明給那些無法分享的人聽（即便是其他宗教的信徒）。這樣可能鞏固了個人有信仰的私密權利，但除此之外別無其他。

世俗自由主義者正確地懷疑，要求在民主考量下容許宗教性前提是一種權宜辦法，讓以信仰為基礎的主張有一種它們不配得到的公共體面性。為了克服這種疑慮，宗教信徒應該用前面簡單描繪過的正面方式，運用其信仰主張，而不是當成一種固執的手段，把他們不準備拿來論辯的主張灌輸到公眾論壇裡。當然，同樣的論點也可以用在世俗的「信仰」，像是馬克思主義與自然主義（naturalism）上面。

對於任何關於墮胎的理性考量，某些宗教信徒會繼續保持不為所動（或許就像某些支持選擇陣營的人，他們對於女性掌控自身身體的絕對優先權，有世俗性的信仰）。不過，就像我們在第一章裡看過的，就算是以信仰（確信）為基礎的觀點，都可能構成一部分成果豐碩的討論。

道德與法律

到目前為止，我們已經思考過墮胎的道德性，無論它們是對是錯。然而，在最後的分析裡，公共辯論是關於墮胎是否應該合法化。「你不能立法去規定道德」確實是真的；這是說沒有法律能夠保證道德的行為。有些不道德的行為是我們無法立法禁止的，像是對朋友不好、對配偶撒謊等。不過，也有一些行為，諸如從謀殺到順手牽羊，我們認為應該是非法的。所以，原則上在**法律**與**道德**之間應該有區別，關於墮胎道德性的歧見，不需要轉譯成支持或反對墮胎的法律。

如果我們接受強烈的支持生命主張，說任何墮胎都是謀殺，完全等同於蓄意殺害無辜人類，沒有人認為這種事應該是合法的，那麼合法的／道德的區別就變得不相關了。如果墮胎永遠都算是謀殺，我們就應該讓它們成為非法行為。可是，如同我們已經看到的，認為某些墮胎例子在道德上為錯誤的許多人，並不認為所有墮胎都是錯的。而且，我們已經看到有某種理由認為，就連最強烈的墮胎反對者，對所有胚胎的態度也不是都像對待新生兒一樣。因此，在我們談到墮胎是否應該合法時，應該有多一點彈性。

我們很可能同意：道德上要求墮胎要有實質的理由，就算是懷孕早期階段也一樣。不希望九個月都比較行動不便，或者希望不必買孕婦裝，都不會是合理可信的理由。可是我們要怎麼立法來強制推行這樣的判斷呢？就算是在違反一切實質可能性的狀況下，我們能夠規畫某些對合法墮胎的普遍接受判準，又有誰會來決定某個特定事例是否合乎這些判準？

看來很有可能的是，除了在強姦、母體健康受到嚴重威脅、胚胎有嚴重缺陷的狀況下容許墮胎（除此之外，也禁止晚期墮胎），我們會發現最好把決定留給母親的良知。在此之外，我們可能也設法藉由要求一段等候期，還有（或者）諮詢在醫學上與倫理上有豐富知識的非指導性顧問，來確保當事人做出較佳的判斷。

當然，前面所說的只是嘗試性地大略描述了沒那麼獨斷的墮胎合法性路線會導向何處。還有許多其他的可能性，雖然這相當接近於從「羅伊對偉德案」（Roe vs. Wade）裁決中出現的結果。如果我們同意我大略描述的路線，沿著在此發展的路線思考墮胎的主要結果，就會是現狀下可以接納的共識。

這不會是瑣碎無價值的結果。我們的想法是找到一種方式，來超越一個由極端立場——不是實質上拒絕所有墮胎，就是實質上接受所有墮胎——來界定的墮胎辯論。我們達到這個目標，並不是從對於人的本質與權利無止盡的爭執開始，而是從以下兩種觀點開始：首先，墮胎在強姦受孕與威脅母體健康的狀況下，是有理的；其次，殺嬰總是錯的。從這樣普遍接受的前提開始而達到的維持現狀決定，會把「真誠信徒」彼此妖魔化的深仇大恨邊緣化，支持一個穩定的政治共識。

Chapter 10

哲學能做什麼

－哲學不能做什麼
－哲學已經做到什麼
－哲學能做什麼

在部落格「石頭」上，幾乎每一期專欄會有的數百則讀者評論中，通常會有幾位說哲學是無用又無趣的「象牙塔」活動，對於非哲學家而言，沒有什麼相關的話好說。就連《時代》雜誌的專欄作家、傑出的文學批評家史丹利·費許（Stanley Fish），也曾說過學院內的哲學學科「是一種特別的、孤島式的思想，而它的命題只在它的遊戲領域內才有重要性與價值」。[1]

前九章是我對這個指控的回答。在結論裡，我想明確地反省，在努力思索關於一般公共關注的問題時，我們能（以及不能）從哲學中期待的幫助本質為何。

◎ ◎ ◎ ◎ ◎

我們的討論從**哲學的實踐**，移往後設層次的**哲學的反省**。（不過這也是一種哲學：後設哲學〔metaphilosophy〕。）我們的起點是**哲學基礎論**（philosophical foundationalism）的計畫，這種理論通常與笛卡兒連結在一起，笛卡兒認為哲學可以對人類生命的基礎問題，提供決定性的答案。我反對這種哲學觀點，論證表示在真實世界裡，我們對於最重要的事情，無法避免沒有合理根據的**確信**。哲學的功能不是去「解答這個世界」，而是為我們的確信提供**知性維護**（intellectual maintenance），而這樣的確信可能成為**適切的基本信念**（properly basic beliefs）。來自柏拉圖、阿奎納與笛卡兒的歷史例子，闡明了這個哲學概念。

◉ ◉ ◉ ◉ ◉

哲學不能做什麼

在我們公式化表述這種正面圖像之前，需要先「整地」，看看我們**不該**對哲學有什麼樣的期待。我把重點放在哲學家自己常常懷有的兩種期待。兩者都立刻就吸引了笛卡兒的讀者，而笛卡兒通常被視為現代哲學的創始者。

笛卡兒（在他的《方法導論》〔*Discourse on Method*〕裡，且在他的《第一哲學沉思錄》〔*Meditations on First Philosophy*〕裡表達得更加完整）哀嘆哲學沒能取得某種知性上的進展，就像他與其他十七世紀思想家在數學和自然科學裡開始做到的那樣。他讓人留下這種印象：要是好好做，哲學可以漸進地建立自己特殊的知識體，並且為所有其他真理提供一個嚴密精確的基礎。要做到這件事，會需要兩步驟的方法。首先，我們會整理出一系列懷疑論論證，批判性地質疑所有我們現有的信念，容許我們拋棄（至少在這一刻）那些承受不起嚴密批評的信念。如此一來，留下來的就只有完全無可置疑的信念，從而提供一個可以建立其他事物的紮實基礎。其次，我們會發展出一連串有建設性的論證，奠基於撐過考驗、讓我們無法合理懷疑的主張，以此確立第一個步驟中曾讓我們懷疑的那些主張。

無論笛卡兒實際上是否進行了這項計畫，這是個很吸引人的想法，已經把許多雄心萬丈又樂觀的思想家引向了哲學。不過，從笛卡兒以來的一項重要哲學成就，已經讓這項計畫的兩個步驟都變得可疑了。[1]

笛卡兒的第一個步驟，用來對付出於偏見或無知的信念是有道理的，但笛卡兒式方法要求對最明顯的日常信念也加以反對。舉例來說，我相信有個物質世界，而且其他人跟我一樣在體驗它。可是，我知道這一切裡有任何部分是真的嗎？我是否可能只是夢到一個在我思緒之外的世界呢？而既然（頂多）我只看到

⦿ **譯注**

1 在下一節裡，我們會看到有很好的理由可認為笛卡兒實際的計畫是相當不同的東西。但他確實提出一種可為所有真理提供堅實基礎的哲學理想。我會把這種知名方法及其目標稱為「笛卡兒式的」，而非「笛卡兒的」。

其他人類的身體，我有什麼理由可認為有任何心靈連結到這些身體呢？為了回答這些問題，我似乎會需要嚴密的哲學論證，以支持物質世界與其他心靈的存在。

不過，當然了，我實際上並不需要這樣的論證，即便只是因為除了相信物質世界與其他人類的存在以外，我其實沒別的選擇。只要我們一停止去想古怪的哲學想法，就會立刻回頭相信那些懷疑論論證所質疑的事情。而且這樣做是對的，就像大衛．休謨曾指出的，我們在身為哲學家以前就已經是人類了。接受這種真理完全沒有錯；這些真理在實用上是無懈可擊的，即使我們無法對它們在哲學上的反對意見，提出合乎邏輯的辯駁。

笛卡兒式計畫的第二個步驟看似更合理可信，至少它適用於可以避免且可能相當有爭議性的信念，舉例來說，關於爭議性倫理、政治與宗教問題的觀點。為什麼我們應該相信既不是明顯為真，也不受可信論證支持的事物？不過，我們需要回想第一章裡對於歧見的討論所做出的結論：光是「一個信念一直有爭議性」的事實，並不是放棄它的理由。我們說過，有些信念，可能與我的個人認同和操守緊密連結在一起，所以拋棄它們是毫無道理的，儘管我無法證明那些不同意我的人是錯的。如同我們在第一章注意到的，這樣的信念是一些「確信」，如同維根斯坦所說的，讓「我的鑷子都彎了」。這些確信，是比質疑它們的任何論證前提，都還更確定的主張。

各式各樣的哲學家，在晚近都曾在特定的例子裡認可維根斯坦的論點。舉例來說，理查．羅蒂注意到以下這種想法很愚昧：除非我們有很好的論證可反對極權主義對民主的拒斥，否則對於做為一種政治制度的民主有根本的信奉，是不妥當的。美國人可以確定他們對抗納粹是對的，就算沒有決定性的證據可指出納粹是錯的。約翰．羅爾斯同樣認為，在為正義的社會設定規則時，應該先從什麼公平、什麼不公平的基本自由派觀念開始。亞文．普蘭亭加以一種相當不同的方式論證表示，一個哲學上成熟的有神論者，察覺到各種對其信念的知性反對意見，可能到最後會發現所有的反對意見都沒有說服力。若是如此，可以有什麼理由可聲稱他無權信神呢？

休謨與許多當代哲學家拒絕的是我所謂的**哲學基礎論**概念。[2] 拒斥這個概念，意謂著接受我們有權利去保持在哲學反省之下並不認為合理的主張。如果哲學應該是一種證明不需任何證明之事的方法，那麼它確實就是毫無用處。

◉ **譯注**

2　對於稍微了解知識論的人，我應該強調，拒絕哲學基礎論，並不要求同時拒絕以知識論上的基礎論（例如，與融貫論〔coherentism〕相對的觀點），來當成知識如何證成的一般觀點。

我們需要放棄笛卡兒式的理想，重新構想哲學的主要功能。要看出這可能意謂著什麼，就要考量接下來的思想實驗。假設笛卡兒式意義上的哲學計畫——做為一種知性學科，致力於對種種大哉問發展出一個有理性基礎的共識——消失了，或者從來沒存在過。那會造成什麼差別？舉例來說，人還會有對於神、自由、不朽與道德的信念嗎？當然會。一旦人類達到一定程度的知性文化水準以後，他們會發展出宗教、行為規範與政治體系，還有承載這些東西的信念。他們會缺乏的就只有以下的奇特觀念（就連大多數現代西方社會的人都不接受的想法）：這樣的信念能夠或者應該透過哲學家設法發展的某種論證來確立。他們會認為這樣的信念是（套用普蘭亭加的術語）**恰當而基本的**（properly basic）：在沒有論證或證據的情況下，正確地被接受。

不過，一個少了基礎論哲學的世界，並不意謂著一個不思考宗教、倫理與政治等領域之基礎信念的世界。就算關於這類事物的恰當基本信念，並不要求先有哲學上的證成，但這些信念卻的確需要**知性維護**，它本身在典型狀況下牽涉到哲學思維。在最低限度上，大多數人有興趣更了解他們珍愛的信念、從這些信念中衍生的邏輯結果，還有在一個知性多元的社會中，回應持不同意見者的挑戰。因此，一個不需要信念有哲學立論基礎的世界，還是會從哲學思維提供的資源裡獲益。

哲學已經做到什麼

從希臘人開始，哲學思維在西方社會裡一直扮演核心角色。然而，我們需要分辨理解這個事實的兩種不同方式。最常見的，得到許多教科書與課程背書的，是把哲學史看成一種長年的事業，在這個事業中前仆後繼的哲學家討論過一組核心問題，提議種種（通常互相不一致）的解決方案。舉例來說，大學生可能藉著閱讀安塞姆、阿奎納、笛卡兒與巴斯卡提出的神學證明，來研究神存在與否的問題，並且以休謨、羅素、沙特以及J．L．麥基（J. L. Mackie）反對有神論的觀念，來平衡立場。對於心物問題（mind/body problem）的討論，通常把柏拉圖與笛卡兒的二元論觀點，跟更近期的哲學家如吉伯特．萊爾（Gilbert Ryle）與丹尼爾．丹尼特對二元論的批評，配成一組來討論。學生們以柏拉圖、亞里斯多德、伊比鳩魯、康德與彌爾這類人物的處理方式，來探索倫理義務的本質，再補上尼采，做為對道德本身的挑戰。

如此一來，不免給人一種印象：這是一種脫離歷史脈絡的研討會，偉大的心靈在其中彼此爭辯著，共享的一組基礎問題的正確解答為何。同樣的觀點也潛藏在更現代的專業哲學之中，在這個領域裡，哲學家認為自己在共相（universal）本質的問題上，捍衛或反對柏拉圖式或亞里斯多德式的立場；在倫理學上，捍衛或反對彌爾式或康德式的立場；而在知識問題上，捍衛或反對笛卡兒式或休謨式的立場。

這個哲學方法並不完全是脫離歷史脈絡的幻覺。就連某些最博學又敏銳的哲學史家，都讓他們研究的思想家參與當前的辯論。不過，這樣的參與，總是需要對實際上引導這些思想家作品的確信與關懷，做出重大的抽象化處理。

舉例來說，柏拉圖生活的世界裡，數學正處於嚴密精確發展的早期階段，民主是一個看似嚴重出錯的實驗，像荷馬這樣的詩人是根基確實的宗教權威，詭辯學家則在挑戰傳統價值，而哲學要不是一種原始自然科學，就是一種合乎道德的生活方式（或兩者兼備）。柏拉圖擁抱數學，視之為一種知識模範；他深切反對雅典的民主；明確贊同宗教與傳統價值（同時仍然保持批判性探究的精神）；而且把他的朋友與導師蘇格拉底，當成哲學生活的標竿。他的哲學可以恰當地理解為只是努力結合這些及其他因素，變成一個融貫而可謂之辯護的整體：這是一項知性維護的計畫。

我們可以理解及欣賞這項計畫，但它的假設與關懷，距離我們相當遙遠。柏拉圖發展出種種知性工具，包括概念上的區別、論辯模式，尤其是無所不包的現實、知識與價值**圖像**，我們會發現這一點很值得。但這種特定的規畫與論證，通常對我們自己的哲學問題來說很陌生，這些問題是起於完全不同的歷史脈絡。在我們嘗試重新建構他的論證時，舉例來說，論證不朽（《費東篇》〔*Phaedo*〕）或者過著正直人生的優越性（《理想國》）時，這一點就變得很明顯。不難理解，為什麼在對柏拉圖作品的評注中，「他的論證乍看顯得不完整」會是個反覆出現的主題。然而，更有可能的是，問題在於我們對於「什麼事情算是很明顯，或很可能為真」的概念，與柏拉圖的概念很不一樣，這解釋了為什麼他的問題跟我們的並不一樣，除非拉到一個高度抽象化的層次。

從脫離歷史脈絡的研討會模式來看，柏拉圖是個偉大的哲學家，卻不是個好哲學家。他闡明了基本的區別（介於表象與實際、意見與知識、理性與理解之間）；建構了引起爭議的理論（理型論、知識的回憶理論）；而且有出色的知性想像力（洞穴寓言、界線寓言、車夫寓言等）。不過，他虛弱無力的論證（錯誤推論、可質疑的前提）不足以解決我們（或許還有他自己）認為他應該回答的長青哲學問題。然而，如果我們把柏拉圖的論證看成知性維護——得出結論，並且對於我們並未共享的確信，建構出內部一致的辯護——那麼他的論證過程可能相當不錯了。

若只引用一個例子，柏拉圖似乎把蘇格拉底在《費東篇》支持靈魂不朽的最後論證，看成是決定性的。這個論證的基本觀念是，靈魂是把生命帶到身體上的原則，而一個把一種屬性（性質）帶到某物上的原則，本身不可能失去那種屬性。所以，既然死是生的相反，靈魂做為帶來生命的原則，是不可能死的。（我把作業留給讀者：解釋這個論證看來有問題的許多方面。）

在對這個論證的最佳分析之一裡，古代哲學領域的頂尖歷史學家桃樂西亞・弗雷德（Dorothea Frede），在研究過各種詮釋問題與反對意見之後做出結論：可以設法把這個論證變得健全。為了做到這一點，我們需要給柏拉圖這個假設：靈魂是一種物質；一個有自身性質的東西，而不只是一個性質。[2]（為了建立這個主張，弗雷德要提出相當多的分析與論證，但我們在此不必進入細節。）

可是，弗雷德主張，這個論證並不成功，因為蘇格拉底沒有提供證據來表示「靈魂是個物質，而不是一種屬性」；也就是說，他沒有證明身體（本身就是一種物質）是活的，只因為它與另一個讓它活過來的物質（靈魂）統合在一起。靈魂還是有可能只是活著的身體的屬性，所以會在身體死掉時隨之毀滅。簡而言之，柏拉圖的二元論（根據這個觀點，人類是兩種物質的統合）是他的不朽論證中還未證成的前提。

對於這個脫離歷史脈絡研討會的參與者來說，事情至此蓋棺論定。此外，就像弗雷德指出的，柏拉圖本人很可能也同意，因為他在其他地方堅持過，好的哲學論證總是必須起於對我們論辯之事的本質做出的可信定義。特別是關於靈魂的論證，必須從能夠服人的靈魂定義開始（在此，是一個顯示出「靈魂是物質」的定義）。缺乏這樣的定義，柏拉圖就必須同意他的論證失敗了。

不過，如果我們把柏拉圖想成參與了他這些確信的知性維護，那麼他的論證結果就會是相當有效果的：他已經從他的**確信**（一個活人是兩種物質的統合），證明了「靈魂永遠不可能死去」這個關鍵結論。就算柏拉圖把目標放在從無人能質疑的前提，推出不朽性的決定證據，他至少在這方面成功地從自己堅定的確信基礎上，回答了不朽性的問題。

我們在湯瑪斯．阿奎納的作品裡，找到另一個相當不同的例子。做為中世紀基督徒，他把天主教會的教條視為確信。不過，從很早開始，基督徒知識份子就應用來自異教希臘哲學家的概念，用以澄清、發展並辯護他們的確信——「信仰尋求理解」（屬於他們的知性維護版本）的大事業。亞里斯多德的作品被翻譯成拉丁文，為這個大事業提供了巨大無比的資源，而阿奎納的神學體系是一種讓人佩服（而且最終來說是占了支配地位）的基督教教條與亞里斯多德哲學綜合體。

阿奎納確實接受亞里斯多德哲學的第一原則是不證自明的真理。進一步說，他相信利用來自這些自明真理的徹底自然哲學推論，還有自然律道德（這種道德會從我們對人類本性的知識中，推衍出倫理學原則），可以決定性地確立基督教信仰體系的重要部分。不過，阿奎納堅持，這樣的哲學性支持是不必要的；這對信仰來說，是非必須卻很寶貴的補充，信仰本身則提供了對基督教來說很基本的自然與超自然真理。

除了哲學扮演的這種非必須（選擇性）基礎角色，阿奎納在亞里斯多德學說中還找到各式各樣的概念區別與論證模式，這些東西在他發展對基督教信仰的辯護詞時，成了關鍵性的工具。舉例來說，亞里斯多德在實體（substance）與依附體（accident）之間所做的區別，讓阿奎納可以解釋看似麵包與葡萄酒的東西，為何是耶穌的身體與血。本質上的耶穌，他做為神子的實體，做為一種純粹邏輯上的可能性，可以展現出麵包與葡萄酒非本質的（「依附體的」）性質。這樣的事件當然違反自然律（它對於某個特定實體能夠有的種種性質做出限制）。不過，自然律並非邏輯定律，而對阿奎納來說，神的全能可以奇蹟般地暫時取消這些定律。

大多數人會把這些話看成為了拯救毫無道理的神學教條，在情急之下所做出的扭曲。然而，阿奎納對它們的想法，可能有幾分像是我們看待現今物理學在數學上有一致性的公式化表述的態度，這些表述對我們的直覺來說毫不合理。就像科學哲學家巴斯・范弗拉森（Bas van Fraassen）曾經注意到的：「三位一體與靈魂、存在的個體性、共相、純物質，還有潛能的概念，是否讓你瞠目結舌？比起封閉時空（closed space-time）、事件視界（event horizon）、EPR相關性（EPR correlation）與引導模型（bootstrap models）等概念無可想像的異質性，前面那些概念相形見絀。」[3]如果你認為一項真理夠重要，可能會大費周章去辯護它的可理解性。

亞里斯多德哲學之所以有用，不只是因為辯護形上學神學的邏輯融貫性，也因為它豐富了阿奎納對基督教道德教誨的理解。就像亞里斯多德，基督徒也把道德視為導向快樂的，快樂則是藉由道德的人生而達到的。不過，亞里斯多德把快樂視為一種自然狀態，透過在人類社會的生活而達到；而對阿奎納而言，快樂雖然仰賴人類社會的自然道德觀，但說到底是與神合一的超自然狀態，只能靠著擁有透過神恩灌注的美德而得到。阿奎納著手有效利用並轉變亞里斯多德的倫理學思想，來創造一個整合了老派異教徒美德（正義、勇氣、自我克制及智慧），以及基督教神學美德（信、望、愛）的基督教視野。[4]

整體而言，亞里斯多德式的世界圖像，至少在阿奎納的再思考之中，為好幾個世紀以來的基督教思想，提供了一種知性上很舒適的脈絡。

我們可能願意同意古代與中世紀哲學家，像是柏拉圖與阿奎納，從事的是經過哲學思考之前的確信的知性維護工作。不過，現代哲學家（特別是笛卡兒）

呢？按照我們熟悉的說法，他不是對所有經歷哲學思考前的信念都做出激進的批判，在擱置所有他可以用任何方式懷疑的事物以後，只從少數幾個被證明不受懷疑論質疑所影響的信念出發嗎？

如同前一節裡提到的，這是個很吸引人的圖像，而從笛卡兒的《沉思錄》開頭幾頁，會得到強烈的暗示：他在其中告訴我們，他「領悟到在我的人生歷程中，完全推翻一切，然後從最基礎再度開始是必要的」，而且誓言「誠摯而毫無保留地奉獻我自己，去推翻我所有的見解」。[5]

他接著進展到質疑所有從感官經驗推演出來的信念：他指出，就他所知，他可能是在作夢。他認定的物質世界可能是個幻覺。然而，這個懷疑還是讓他對於數學真理的信念屹立不搖，數學真理是關於觀念，而不是物質實體。不過，他接著指出，假定有個惡魔的力量夠大，就連在數學真理方面都可以欺騙他。這似乎讓他降格到全面的懷疑論，直到最後笛卡兒指出，他本人存在的事實，就連惡魔都無法欺瞞他：只要他想著他存在，他就存在，因為如果他思考，他就存在（cogito, ergo sum）。

按照這條路線，從第一個無可懷疑的真理（「我思考，我就存在」的論證，簡稱為 cogito）開始，笛卡兒推進到重建他先前信念的根本核心。他首先導出一個真理判準：任何他看來清楚明晰的事物——他對「cogito」就是這樣看待——一定也是真的（否則，他可能對「cogito」的看法也錯了）。用這個判準，他建立了關於因果性的真理，並用來證明：他對神（理解為一種徹底完美的存在）的觀念，一定是由神本身在他心裡產生的。根本的重點是，一個觀念需要一個與其內容有一樣多的實在性（在此例中，就是完美性）之起因。

他也論證表示，既然（如同他清楚明晰地看到的）他的心靈不過就是思想之物，他的身體不過就是在空間中延展之物，而思想與延展性是完全不同的，兩者在原則上是分別存在的。既然如此，不朽性（心靈在身體死去後的生存）至少是有可能的。最後，笛卡兒論證表示，他可以信任他強烈的自然傾向，去相信外在物質世界的存在，因為一個善良的神不會給他一種本質上就導向錯誤的本性。有了這個論證，看來笛卡兒可以聲稱，他已經把他稍早的信念核心重新建立在一個完全確定的基礎上。

只是沒有人相信他做到了。許多人同意「cogito」是完全確定的——我怎麼能夠認真地宣稱我不存在呢？（雖然如此，對於這個存在的「我」是什麼，存在著一些重要問題。舉例來說，這是個持續的人，或只是一個瞬息即逝的想法？）但除此之外，笛卡兒的論證鏈在好幾個地方都斷裂了。

他的「神存在論證」要求我們接受一些含糊不清的原則，這樣是不是毫無疑問的「清楚明晰」，還可以質疑。我們可以承認任何觀念都有起因（雖然比起懷疑外在世界的存在，更有理由懷疑這一點）。但為什麼假定導致一個觀念的起因，一定跟它的內容有一樣多的實在性？例如，關於一頭母牛的觀念，一定是被某種跟一頭母牛有一樣多的實在性的東西所導致的嗎？說真的，一頭母牛有多少實在性？跟一匹馬一樣嗎？甚至，談什麼不同程度的實在性，是有意義的說法嗎？聲稱這樣的原則跟「cogito」一樣清楚明晰為真，似乎很荒謬。同樣的說法，對於笛卡兒的主張：「心靈只是一個思考之物，身體只是一個延展之物，思想與延展性是互斥的。」也是成立的。同樣地（回想第四章與第五章的討論），笛卡兒怎麼能夠這麼確定，全善的神可能沒有我們無法理解的理由，要給我們一種專門造就出來犯錯的本性？

一代又一代的評注者索盡枯腸，設法要找到令人信服的方式，讓笛卡兒的論證得以成立。不過，這些論證頂多只能說是牽強，而重建工作通常會摧毀笛卡兒所認定的、《沉思錄》具備的緊密邏輯統一性。我們可以主張《沉思錄》的熟悉觀點是一種勇敢的嘗試，要為我們的核心信念提供一個嚴密的哲學證成，但代價只是承認這個嘗試是淒慘的失敗。一個像笛卡兒這樣傑出的數學家，怎麼能夠論證得這麼差勁？而為什麼我們應該認為，這麼沒說服力的討論揭露了他是個偉大的哲學家呢？

我認為，答案與熟悉的觀點相反，笛卡兒的主要興趣不是提供一個無可質疑的論證鏈，即從「cogito」開始，然後嚴密地證明神的存在、心物的分離，還有外在世界的存在。[6]他反而以一個關於人類理性力量的基本確信開始，想要澄清、發展並加以辯護，以對抗反對意見的確信。

與亞里斯多德及其中世紀追隨者的看法相反，笛卡兒的確信是：我們的知識並非從感官經驗推演出來的，而是從直接的理性洞見中衍生，相當獨立於感官之外。現代科學奠基者之一居然會強調理性勝於經驗，乍看可能很奇怪。不過，雖然科學確實仰賴經驗，卻是在理性控制的實驗室環境下，以數學精確度重新公式化的經驗。科學是從實驗中建立的，實驗則是我們不可靠日常經驗的理性化（對於這些經驗，科學是嚴厲的批評家。記得嗎？我們未受訓練的經驗引導我們認為太陽繞著地球轉，還有顏色存在於我們的心靈之外）。笛卡兒認為，亞里斯多德身為科學家是失敗的，因為他太信任純粹的經驗。成功的科學必須承認理性的優先性，即設計實驗並把數學應用到世界上。

笛卡兒時代的知性騷動，把蒙田（Michel de Montaigne）與其他人引向質疑我們是否真正知道任何事的懷疑主義。（蒙田的座右銘是：「我知道什麼？」〔*Que sais-je?*〕）笛卡兒在他的《沉思錄》裡，著手證明：反駁懷疑論需要從理性，而不是從感官開始。在他的第一沉思裡，笛卡兒展現了懷疑論式的反駁如何質疑了感官告訴我們的一切，包括外在世界的存在本身。不過，在第二沉思中，他做出結論，就算假定感官完全不可靠，還是有對於自身存在與自身心靈內容的知識。在後續的沉思中，他繼續說明信任理性如何能產生關於神存在的知識，還有心物兩者本質的知識，甚至物質世界存在的知識。

笛卡兒相信，一旦我們接受把直接理性洞見當成知識的基礎，就可以用這個洞見來回應不可能光靠經驗回答的懷疑論式反對意見。笛卡兒只有在這個意義上設法「反駁懷疑論」。他的計畫不是要回答一個要求證成理性本身的激進懷疑論者，而是要證明他對科學的「理性主義」研究方法，優於亞里斯多德與其追隨者的「經驗主義」。他就是這樣辯護並發展他的基礎確信：科學真理是奠基於理性，而非經驗。

所以，我們看出，就連某些過去的偉大哲學家，都可以用現今把哲學當成知性維護的模型來解讀。最後，我們轉向在今日世界裡，可以期待從哲學中得到什麼的普遍性觀點。

哲學能做什麼

在我們的多元社會裡，有相當多樣的各種基本確信，尤其是關於宗教、科學、倫理學、政治學與藝術。在一個有知性歧異性的世界裡，我們碰上持續的挑戰，必須要澄清、發展並捍衛我們的確信，因此有知性維護的需要。許多這種維護的資源，來自哲學家過去兩千五百多年來已經達到的成就。先前的章節提供了許多這種資源的例子，尤其是推論原則與概念區別。

知性維護需要兩件事情。首先，我們需要回應質疑我們的確信的反對意見。

先前的章節提供了各種示範。全善全能之神的信徒，可能需要證明他們的神與惡的現實之間的邏輯一致性。宗教哲學中充滿了關於這個問題的討論。或者說，一個認為「所有支持神存在的論證都可以被證明為假」的無神論者，可能需要一位聰明的哲學家來證明宇宙論論證的精緻版，或者微調過的設計論證有哪裡不對。同樣地，某個堅信某些藝術作品有美學優越性的人，可能會覺得受到品味判斷方面的相對主義挑戰，而需要透過對這種判斷的本質做某些反省，才能做出回應。或者是墮胎辯論的兩造，可能需要反駁彼此最強而有力的論證。

第二個知性維護的主要面向，是澄清我們的確信是什麼意思，或者在邏輯上蘊含什麼。在先前的討論中也提供了範例。對於科學知識的價值，我們有堅定的確信，不過我們應該怎麼理解從物理學、經濟學到教育心理學在內，各種科學學科的認知權威呢？我們如何澄清對工作的矛盾態度？對「資本主義經濟體系更加可取」的確信，就排除掉所有形式的社會福利嗎？我們要怎麼調解資本主義體系的職業要求與人文教育的價值？

不過，哲學的角色不只是提供一連串性質迥異的介入措施，來幫忙解決各自孤立的知性問題。以一個哲學性的計畫來反省哲學在當代世界中的獨特功能與價值，這樣的作法中自有一種統合性。在我心中，表達這種統合性與價值的最佳方式，是反省二十世紀最偉大的哲學家之一——威佛瑞・賽勒斯，闡述過的一個關鍵哲學區別。這種區別是介於賽勒斯所謂人類的「**常識映像**」與「**科學映像**」之間。[7]

賽勒斯說，常識映像「包含大多數（我們）在適當的人性層次上對（自己）所知的大多數事情」；其中包含像是「人、動物、較低等的生命形式這樣的熟悉事物，還有『純粹物質』的事物，像是河流跟石頭」。[8]我們（個人）是這個映像的中心，其他一切都是我們知覺與思想的對象。

從一開始，哲學就一直關注常識映像：「一直被稱為哲學長年傳統的『長青哲學』（philosophia perennis），可以被解釋為理解這種映像結構的嘗試，在沒有知性立場阻擋的狀況下，反省性地徹底了解一個人在其中的每一方面。」[9]起初，這種理解下的哲學尋求所有普遍知識。這就是為什麼在亞里斯多德的「哲學」中，某些論文的主題在今日會被歸類到物理學、生物學、心理學與社會學等「特殊科學」中。這些特殊科學最後發展出獨特的方法論，強調經驗觀察與測試，而非哲學的邏輯與概念技術，所以變成了分別獨立的學科。

然而，哲學仍然對這些特殊科學領域有興趣，尋求理解這些科學的結果如何併入常識架構的整體結構。科學本身是常識映像的一項特徵，而它的結果修改並精緻化了那個映像的內容。舉例來說，科學發現太陽（而非地球），是太陽系的中心。

自從與特殊科學分離以後，哲學只聚焦於沒有落入特殊科學領域裡的基本問題。在此只引述幾個：我們的行為是自由的嗎？心靈如何連結到身體？死亡是我們存在的結束嗎？有任何客觀道德原則可以引導我們的行為嗎？我們如何評估各種型態的政治機構？什麼是知識，我們如何用最好的方式獲得它？藝術性判斷總是主觀的嗎？這些問題裡沒有一個已經蓋棺論定，而它們仍然需要討論，就算只是為了提供最佳工具，好讓我們探究自己的確信為何。

然而，到了最後，特別是在「新科學」從十七世紀以降浮現之後，科學家開始發現另一個「理論實體」的世界，這些實體（像是原子與基因）小到肉眼看不到，被假設出來以解釋熟悉常識物體的行為。賽勒斯指出，這種科學映像，「把自己呈現為一個**敵對**映像。從它的觀點，常識映像……是一種『不適切』卻能實際使用的現實畫像，而這種現實是在科學映像中才首度找到它（原則上）適切的肖像。」[10]這是因為新的微實體不只是在常識映像中的附加物體。科學家解釋常識物體的行為，是透過**把它們等同於**微實體的複合物。舉例來說，氣體動力論（kinetic theory）把氣體描述成分子的複雜排列。到最後，一切物質事物都被發現是由種種微實體所組成。

物理學家亞瑟．愛丁頓（Arthur Eddington），用他對**兩張桌子**（一張是普通的，另一張則是科學性的）的知名描述，漂亮地表達了兩種映像的難題；他在寫一篇講稿時，坐在那張桌子前面：

> 其中一張對我來說，早就很熟悉了……這張桌子有延展性；它相對來說是持久的；它有顏色；最重要的是它是**實質性的**……我的科學桌子大半是一片虛無。稀疏散落在那片虛無中的，是無數以高速到處衝刺的電荷；但它們結合起來的體積，比桌子本身的十億分之一來得少……我的第二張桌子沒有什麼**實質**的地方。它幾乎完全是空蕩蕩的空間。[11]

愛丁頓闡明了當代哲學思想的基礎問題：如何去理解常識映像與科學映像之

間的關係。畢竟，只存在一張桌子，還有一個世界。不過，常識映像與科學映像，哪個為真？或者，像賽勒斯所相信的，有某種方式可以把兩種映像結合到一個哲學性的世界「綜觀視野」（synoptic vision）？

無論如何，賽勒斯說：「哲學家遭遇的不是一個複雜的多面向圖像，且這種圖像的統合，以其現狀來說，是他必須能夠欣賞的；而是**兩種**本質上有同樣等級複雜的圖像，每一個都號稱是「世界中人」（man-in-the-world）的完全圖像，而在個別審視之後，他必須把這些圖像熔接成一個視野」。而這種遭遇的風險很高：「人是根據常識映像來想像自己的那種存在」，所以「常識映像在綜觀視野裡無法倖存的程度多高，那個人無法倖存的程度就多高」。[12]

賽勒斯的兩個映像提供了一個良好的基礎，可以藉此理解哲學在現今的知性氣候下能做什麼。首先，哲學將會如同它一直以來的那樣，討論從常識映像中出現的基礎問題。這些問題是以賽勒斯所說的**長青哲學**來處理，舉例來說，關於宇宙起源、道德基礎，還有人類知識的極限。[3] 不過，哲學也會遭遇今日特別緊急的問題：如何連結常識映像與科學映像。

⊙ **譯注**

3 如同前文提過的，要在這種長年討論裡看到強烈的連續性，需要從任何一位已知哲學家的特定歷史性關懷中，做相當高度的抽象化處理。

如同前文所提，有兩條彼此相對卻同樣誘人的方法路線，答應要給這些問題一個輕鬆容易的答案。我們可能會聲稱只有常識映像才是真的，科學映像只是一種抽象模型，提供有用的方法以預測常識實體的行為。或者我們可以反過來堅持只有科學映像是真的，而常識映像的獨有特徵（顏色與其他感覺性質、主觀經驗、價值等等）只是表象，原則上可以用科學理論實體的複合體來替代。

不過，如果我們採取第一種選擇，如何了解這個抽象模型在解釋與預測上驚人的成功，卻不必以符合實際的態度來看待它？如果氣體行為確實就像是分子的集合，那麼為什麼它們不是分子的集合呢？另一方面，如果我們採取第二種選擇，難道不像賽勒斯所指出的，將會消滅了一切，如經驗、價值等，讓人之所以為人的事物？

為常識映像與科學映像之間的關係提出一個適切的說明，可能成為二十一世紀哲學的主要議程，所以我很難在這裡提供說明。不過，至少有個很具說服力的說法可以認為：光靠科學，而沒有哲學的合作，將無法提供這樣的說明。

為了調和這兩種映像而需要被回答的種種問題，在常識映像的概念裡被表達出來了。只有在我們知道「人類」是什麼意思的狀況下，才能回答這個問題：「人類與原子的複合體是等同的嗎？」而要從頭用純然科學的語彙定義「人類」是丐題的，因為這樣就只是假定我們可以完全打發掉常識映像。一旦我們根據常識映像，對於「人類是什麼」有了適切的了解，也許就能夠證明，在這種理解下，人類不過就是原子的複合物。換句話說，「人類是原子的複合體嗎？」這個問題必須在常識映像**之內**提出。我們正指向一個透過自身日常（常識映像式）知覺能力經驗到的人類，並且質問**它**可不可能就是原子的複合體。

我們在第三章的討論——嘗試由神經學來決定我們是否自由——也強調了這個重點。神經科學上的說明，可能顯示出我手腕的自由運動，在因果上是由先於動作的腦部事件所決定的。可是沒有一個神經科學說明，是光靠自身就能證明這個起因排除了我們在常識映像中理解的那種自由。這麼做會需要對自由的**意義**有一種哲學上的理解，而這是科學映像所無法提供的。

哲學常常被嘲弄，因為它嘗試靠著思索來回答重要的問題。其中的蘊含是，這樣的問題應該依靠**看**（觀察、實驗）而不是依靠**想**（例如，對概念的理解）來追求答案。不過，這樣的蘊含忽略了一個事實：對於需要「看」的問題，我們必須首先了解這個問題是什麼意思，才能知道要往哪兒看，還有要看／找什麼。如果你根本不知道一臺電腦是什麼意思，你就看不到一臺電腦，而只會看到一堆金屬和玻璃（而且只有在你對「金屬和玻璃是什麼」有點概念的狀況下，才看得到這些）。進一步說，數學做為一種純粹（非經驗的）學科的存在，顯示出光依靠「想」就有些重要的真理可以提供了。但為什麼我們應該假定只有數學概念具備這種特徵？

無論如何，對概念（意義）的關懷，對於任何成果豐碩的知性事業來說，都是根本的部分。在某個特定科學學科的狹窄限制之內，可能輕易就能提供必要的概念理解，例如我們大概不需要氣體或液體是什麼的哲學分析。然而，一旦科學使用到我們在常識映像式思維中有深刻複雜根源的觀念，像是空間、時間、因果關係或自由，那麼哲學對這些概念所做的反思所構成的資源，就變得相關了。相對論與量子理論的歷史清楚闡明了這個論點，在這兩個領域裡，像是漢斯・萊興巴哈（Hans Reichenbach）這樣的哲學家，還有像尼爾斯・波爾（Niels Bohr）這種哲學上知識豐富的科學家，在對於基本物理學概念的理解上，都做出了重要的貢獻。

最重要的是，我們需要謹記，科學提供的描述性與解釋性說明，並沒有告訴我們任何關於常識映像的**規範性**（normative）面向的根本要事。除非我們準備好放棄所有規範性判斷（包括「我們**應該**放棄這樣的判斷」！），否則我們必須容許對這種判斷的非經驗性（哲學性）討論需求。演化倫理學的支持者可能聲稱，倫理學原則只是證明了讓我們這個物種適應生存的基本欲望或性格傾向。不過，沒有任何數量的經驗證據，可以確立這個定義符合我們規畫出倫理學原則時，實際上在說什麼。如果演化性定義要得到證實，它就需要一種哲學性理解的支持——倫理學原則**對我們**來說是什麼。

科學的成功（在它的方法很恰當的狀況下），可以誘使我們把科學應用在每個地方。然而，我們需要記得一個老笑話，講的是一個男人的鑰匙掉在他家後面，但他卻在前廊燈下尋找，因為那裡的燈光比較亮。

賽勒斯指出，關於某詞彙意義的任何真理，在廣義來說都是規範性的：它告訴我們這個詞彙**應該**如何**被使用**（或者呼應的概念如何**要求**我們去思考）。考慮到規範性的廣泛概念，他建議哲學可以被理解為關注所有形式基本規範議題的學科，細察所有與我們該做什麼有關的問題，從語言的使用，到進行倫理學與美學的判斷都包括在內。

他進一步主張，常識映像的這個規範性面向，正是它最根本的部分，而且無法被科學映像所取代：「個人領域的不可化約性，就是『應然』無法過渡到『實然』的不可化約性。」[13]而且，就像我們看過的，人類個體就是常識映像本質上相互關聯的所有面向的中心。

不過，在呼應到常識映像對規範性問題的權威性時，賽勒斯斷言，科學映像對於驅動世界運作的所有起因問題具有權威性，所以對於世界上有什麼也具備權威性。以這種方式，常識映像「對個人的概念架構，並不是某種需要與科學映像**調和**的東西，反而是某種要與之**聯手**的東西。因此，要讓科學映像完整，我們必須豐富它的內容，但方法**不是**找出更多方式來說起因是什麼，而是用社群與個人意圖的語言為之」，這種語言是我們用來表達共享規範的語言，這些規範最重要的地方就是讓我們成為人類。[14]換句話說，賽勒斯的「綜觀視野」結合了科學映像的**本體論**（ontology）以及常識映像的**規範**（norms）。

我們對於這種聯繫兩種映像的特殊方式可能有疑慮，比方說，我們會納悶

「實際是什麼」（本體論）與「應該是什麼」（規範性）之間的區別，是否真能像賽勒斯那樣劃得清清楚楚。不過，從任何合理可信的說詞來看，我們需要哲學來理解我們自己與我們的世界兩者。此外，如果哲學是要看人類整體，它自身必須在與其他人文性理解模式（像是歷史、文學與藝術）的互動中發展。再者，就像我們在第三章的討論中曾經證明的，許多在所謂「人文科學」中做到的事情，實際上對理解常識映像的人文計畫有貢獻。有鑑於此，哲學需要盡可能近距離接觸這些學科，就像它對待傳統人文學科的方式。

最後，哲學到底能做什麼？做為一個孤立的學科，相對來說能做的很少。可是，孤立——雖然有時候得到當代對專門化的呼聲鼓勵——跟哲學參與所有認識模式的長期傳統相反。此外，一旦我們拒絕了哲學基礎論後，這種參與就不是在其他學科的範疇裡判斷與規範它們的工作成果。比較精確的說法是，哲學的角色是協調並整合所有學科的成果（包括哲學自身），努力去理解賽勒斯所說的「事物在這個詞彙最廣博的可能意義上，如何符合這個詞彙最廣博的可能意義」[15]。在現代科學取向的世界脈絡下，這表示把當代哲學設想成一種有三個方向的事業：繼續哲學的歷史性計畫，透過反省哲學的長青主題來理解常識映像；把我們對自己身為人類的常識理解相關的現代科學成就，有系統地闡述；還有建構這兩種映像的最佳結合版本，最後締造出一個完整圖像，說明一個人類在一個科學世界裡是什麼意義。

考慮到我們拒絕了哲學基礎論，我們不該期待哲學為常識映像與科學映像的基礎問題提供精確的答案。不過，我們每個人都可以期待哲學提供資源，讓我們了解、辯護，甚至修正我們對於這些問題的基本確信。以這種方式來理解，哲學對於我們的身分認同以及身為人類的個人操守而言，是不可或缺的。

延伸思考

Chapter 1

在 Stephen M. Cahn 編輯的 *Exploring Philosophy: An Introductory Anthology*, 5th edition（Oxford: Oxford University Press），第二部分中，有一系列絕佳的文章在談邏輯與推論。我也推薦 Cahn 的這本文選，此書是談論主要哲學問題的易懂文本（包括有歷史重要性與當代的文本）的優秀來源。

談歧見的優秀哲學文獻選集，請見 Richard Feldman 和 Ted A. Warfield 編輯的 *Disagreement*（Oxford: Oxford University Press, 2010）。

保羅・克魯曼與約翰・泰勒的部落格貼文裡，有一再出現的意見交換（克魯曼的部落格是 krugman.blogs.nytimes.com；泰勒的部落格則在 economicsone.com）。

Chapter 2

要了解科學哲學的基本概要，請讀 Samir Okasha 撰寫的 *Philosophy of Science: A*

Very Short Introduction（Oxford: Oxford University Press, 2002）。Peter Godfrey-Smith 撰寫的 *Theory and Reality: An Introduction to the Philosophy of Science*（Chicago: University of Chicago Press, 2003）則提供了更細膩的討論。

對科學哲學的經典論述，請見 Karl Popper 撰寫的 *The Logic of Scientific Discovery*（German edition, 1935; English translation, 1959; London: Routledge, 2002），以及 Thomas Kuhn 撰寫的 *The Structure of Scientific Revolution*（1st edition, 1962; 4th edition, Chicago: University of Chicago Press, 2012。中文版：《科學革命的結構》，王道環譯，遠流，二〇〇四）。

對於科學推論基礎的絕佳教科書，請見 Ronald Giere 等人合著的 *Understanding Scientific Reasoning*, 5th edition（Belmont, CA: Wadsworth, 2005）。奈特・席佛（Nate Silver）撰寫的 *The Signal and the Noise: Why So Many Predictions Fail—But Some Don't*（New York: Penguin, 2012。中文版：《精準預測：如何從巨量雜訊中，看出重要的訊息？》，蘇子堯譯，三采，二〇一三）一書中對於預測未來的困難性有優秀而清晰的討論，還有許多絕佳的例子。

班・高達可（Ben Goldacre）撰寫的 *Bad Science*（London: Faber and Faber, 2010，中文版：《小心壞科學：醫藥廣告沒有告訴你的事！》，蔡承志譯，繆思，二〇一〇）是對不可靠醫學聲明的活潑調查。Jim Manzi 撰寫的 *Uncontrolled*（New York: Basic Books,

2012）對於社會科學調查對商業與公共政策的價值，提供了仔細的分析。

以證據為基礎的政策需要什麼，詳細但不會太過技術性的說明，請見 Nancy Cartwright 和 Jeremy Hardy 合著的 *Evidence-Based Policy: A Practical Guide to Doing It Better*（Oxford: Oxford University Press, 2012）。

對於氣候變遷的辯論，細膩且在哲學上資訊豐富的分析，請見 Dale Jamieson 撰寫的 *Reason in a Dark Age*（Oxford: Oxford University Press, 2014）。

Chapter 3

一篇現在已是經典，也對當今心物問題提供良好概觀的文章是 Thomas Nagel 的"What Is It Like to be a Bat?"（1974, reprinted in *Mortal Questions*, Cambridge: Cambridge University Press, 2012）。John Searle 撰寫的 *The Mystery of Consciousness*（New York Review of Books, 1990）提供了意識科學著作的哲學批評。（也請參見後來 Searle 與 Colin McGinn 後續的 NTRB 書評。）丹尼爾・丹尼特撰寫的 *Consciousness Explained*（New York: Back Bay Books, 1992），對他的觀點：「心靈是物理性的」提出了最詳盡的辯護。

Alfred Mele 撰寫的 *A Dialogue of Free Will and Science*（Oxford: Oxford University Press, 2013）是當今關於自由的辯論所做的活潑導論。葛詹尼加（Michael Gazzaniga）撰寫的 *Who's in Charge?*（New York: HarperCollins, 2011，中文版：《我們真的有自由意志嗎？：意識、抉擇與背後的大腦科學》，鍾沛君譯，貓頭鷹，二〇一三）是神經科學家對自由的重要辯護。

Daniel Haybron 撰寫的 *The Pursuit of Unhappiness*（Oxford: Oxford University Press, 2008）是當今快樂哲學研究的重要作品，充滿來自快樂心理學作品的資訊。馬汀・塞利格曼（Martin Seligman）撰寫的 *Flouring*（New York: Free Press, 2011，中文版：《邁向圓滿：掌握幸福的科學方法 & 練習計畫》，洪蘭譯，遠流，二〇一二）提出心理學家的快樂指南。

論道德的作品，參見 Alasdair MacIntyre 撰寫的 *After Virtue*（Notre Dame, IN: University of Notre Dame Press, 1981; 3rd edition, 2007）卓越地結合了倫理學及對現代社會的批評。約書亞・格林（Joshua Greene）的 *Moral Tribes*（New York: Penguin, 2013，中文版：《道德部落》，高忠義譯，商周，二〇一五）是由具哲學博士學位的實驗心理學家所寫。

威廉・詹姆斯是一位其作品讀來令人愉快的作家，而他在一九〇七年的作品——*Pragmatism*（Indianapolis: Hackett, 1981，中文版：《實用主義》，劉宏信譯，立緒，二〇〇七），是他這種觀點的實用主義之最佳導論（第六章特別針對真理）。理查・羅蒂也是位引人入勝的作者，而他的 *Philosophy and Social Hope*（New York: Penguin, 2010）對於他的當代版實用主義是很好的導論（第二章聚焦在真理）。Dan Sperber 和 Hugo Mercier 在"Reasoning as a Social Competence"裡進一步討論他們的觀點，收錄在 H. Landemore 和 J. Elster 編輯的 *Collective Wisdom*（Cambridge: Cambridge University Press, 2012）。

米歇爾・傅柯論瘋狂的作品也有更可親的濃縮版本（刪減經過作者同意），*Madness and Civilization*（New York: Vintage, 1965，刪節版的中文版：《瘋癲與文明》，劉北成等譯，桂冠，一九九二；全譯本：《古典時代瘋狂史》，林志明譯，時報，二〇一六）。現今對精神醫學的批評，請見 Marcia Angell 在 *New York Review of Books* 中分為兩部分的書評，"The Epidemic of Mental Illness"（June 23, 2011）與"The Illusions of Psychiatry"（July 14, 2011）。

有關論虛無，不要錯過吉姆・霍爾特（Jim Holt）充滿娛樂性又才氣煥發的 *Why Does the World Exist?: An Existentialist Detective Story*（New York: Liveright, 2012，中文版：《世界為何存在？》，陳信宏譯，大塊，二〇一六）。

Chapter 4

Michael Ruse 撰寫的 *Atheism: What Everyone Needs to Know*（Oxford: Oxford University Press, 2015）為這個主題提供一種引人入勝、公正又非常易讀的導論。另一種建立新無神論立場的說法（加上一點點對傳統有神論論證的強調），請見 Daniel Dennett 撰寫的 *Breaking the Spell: Religion as a Natural Phenomenon*（New York: Viking, 2006）。

對於宗教的一種哲學辯護，其中強調存有論論證與惡之問題，請見 Alvin Plantinga 撰寫的 *God, Freedom, and Evil*（Grand Rapids, MI: Eerdmans, 2007）。完整的技術細節，請查詢 Plantinga 的 *The Nature of Necessity*（Oxford: Oxford University Press, 1974），第九章和第十章。

完整的宇宙論論證論述，請見 William Rowe 撰寫的 *The Cosmological Argument*（New York: Fordham University Press, 1998），至於全面而細膩的有神論論證批評，請見 Graham Oppy 撰寫的 *Arguing About Gods*（Cambridge: Cambridge University Press, 2006）。

Chapter 5

Denys Turner 撰寫的 *Thomas Aquinas: A Portrait*（New Haven, CT: Yale University Press,

2013），第四章對於發展融貫的形上學神概念（還有阿奎納的巧思）帶來的挑戰，提供了很好的說明。

做為信神哲學家「證詞」的對比物，閱讀一系列同樣由無神論者寫成的文章很有教育意義：Louise Antony 編輯的 *Philosophers without Gods*（Oxford: Oxford University Press, 2007）。在一位有神論者、一位無神論者的兩位哲學家之間，充滿啟發性的辯論，請見 William Lane Craig 和 Walter Sinnott-Armstrong 合著的 *God? A Debate between a Christian and an Atheist*（Oxford: Oxford University Press, 2003）。

對於不可知論的經典辯護（由創造出這個詞彙的人所寫），可以在 Thomas Henry Huxley 的 *Agnosticism and Christianity and Other Essays*（Amherst, NY: Prometheus Books, 1992）裡讀到。Charles Taylor 撰寫的 *A Secular Age*（Cambridge, MA: Harvard University Press, 2007）並非不可知論，但他把懷疑看成是今日世界裡反省性信仰的附屬品，並且發展出一個對世俗主義的傑出批評。

Chapter 6

Sissela Bok 撰寫的 *Exploring Happiness*（New Haven, CT: Yale University Press, 2010），

為關於快樂的哲學思考提供一個優異的歷史性檢視。古代的斯多噶派觀點在 Nicholas Whitw 翻譯的 *Handbook of Epictetus*（Indianapolis, IN: Hackett, 1983）中相當容易理解。對效益主義的經典辯護則是 John Stuart Mill 撰寫的 *Utilitarianism*（Indianapolis, IN: Hackkett, 2002）。

近期對資本主義思考周全的批評，請見羅伯特・史紀德斯基（Robert Skidelsky）和愛德華・史紀德斯基（Edward Skidelsky）合著的 *How Much Is Enough? Money and the Good Life*（New York: Other Press, 2012，中文版：《多少才滿足?決定美好生活的七大指標》，李隆生、張又仁譯，聯經，二〇一三）。Terry Eagleton 在 *Why Marx Was Right*（New Haven, CT: Yale University Press, 2011，中文版：《散步在華爾街的馬克思》，李尚遠譯，商周，二〇一二）裡提供了清楚又刺激的辯護。Allan Meltzer 撰寫的 *Why Capitalism?*（Oxford: Oxford University Press, 2012），提供了當代對資本主義的強力辯護。

約翰・羅爾斯撰寫的 *Political Liberalism*, 2nd expanded edition（New York: Columbia University Press, 1993）發展並修正了自己在《正義論》裡的觀點。相對於羅爾斯的自由主義，諾齊克在 *Anarchy, State and Utopia*（New York: Basic Books, 1974）提供了一個保守主義的選擇。

Chapter 7

Amélie Oksenberg Rorty 所編輯的 *Philosophers on Education: New Historical Perspectives*（London: Routlesge, 1998）收集了一系列優秀的論文，談過去的偉大哲學家如何思考教育。最近，教育哲學並非成果特別豐碩的領域。不過，Harvey Siegel 編輯的 *The Oxford Handbook of Education*（Oxford: Oxford University Press, 2009）提供了一本由當代哲學家論教育的絕佳論文選集。

Martha Nussbaum 撰寫的 *Cultivating Humanity*（Cambridge, MA: Harvard University Press, 1997，中文版：《培育人文：人文教育改革的古典辯護》，孫善豪譯，政大出版社，二〇一〇）對於以古典傳統為基礎的人文教育提出一個當代辯護。

Derek Bok 撰寫的 *Higher Education in America*（Princeton, NJ: Princeton University Press, 2013）是絕佳的資料來源，全面而詳細。

Chapter 8

要找一本簡短而聰明的沃荷論著，我推薦 Arthur Danto 撰寫的 *Andy Warhol*（New Haven, CT: Yale University Press, 2009）。丹圖的藝術哲學，請參見他撰寫的 *The*

Transformation of the Commonplace: A Philosophy of Art（Cambridge, MA: Harvard University Press, 1981）。

Jerrold Levinson 編輯的 *The Oxford Handbook of Aesthetics*（Oxford: Oxford University Press, 2003）包含四十八篇專家論文，談重要主題與特殊的藝術形式。Mathew Kieran 編輯的 *Contemporary Debates in Aesthetics and the Philosophy of Art*（Hoboken, NJ: Wiley-Blackwell, 2006）提供了當今爭議主題的意見交換。Peter Kivy 撰寫的 *Introduction to a Philosophy of Music*（Oxford: Oxford University Press, 2002）為這個領域提供了一個傑出的起點。

Alex Ross 撰寫的 *The Rest is Noise*（New York: Picador, 2007）是二十世紀音樂的出色指南，而他的 *Listen to This*（New York: Farrar, Straus and Giroux, 2010）涵蓋範圍從古典大師到當代流行音樂都在內。Roger Scruton 撰寫的 *Understanding Music: Philosophy and Interpretation*（London: Bloomsbury, 2009）提供具洞察力的分析與強有力的辯詞。披頭四與滾石樂團孰優孰劣的論戰（還有對流行音樂的刺激綜觀），請見 Crispin Sartwell 撰寫的 "Beatles vs. Stones: An Aesthetic of Rock Music"，收錄在他的論文集 *How to Escape*（Albany, NY: Excelsior Edition, 2014）。

Chapter 9

Bonnie Steinbock 撰寫的 *Life Before Birth: The Moral and Legal Status of Embryos and Fetuses*, 2nd edition（Oxford: Oxford University Press, 2011）對於墮胎及相關議題的論爭，提供了詳細的哲學說明。

在 *Abortion: Three Perspectives*（Oxford: Oxford University Press, 2012）中，Michael Tooley、Celia Wolf-Devine、Philip E. Devine 和 Alison M. Jagger 辯護並相互辯論他們的觀點。

David Boonin 撰寫的 *A Defense of Abortion*（Cambirdge: Cambridge University Press, 2002）以哲學分析與批評，回應涵蓋範圍很廣的反墮胎論證。

在 Robert P. George 和 Christopher Tollefsen 合著的 *Embryo: A Defense of Human Life*（New York: Doubleday, 2008）裡，一位法學教授與一位哲學家提供了細緻的科學與哲學論證來反對墮胎的道德性。

Chapter 10

Richard Kraut 撰寫的 *How to Read Plato*（London: Granta, 2008）透過仔細解讀某些關

鍵段落提供一則導論。全面而詳細的論述，請見 Hugh H. Benson 編輯的 *A Companion to Plato*（Hoboken, NJ: Wiley-Blackwell, 2009）。

Edward Feser 撰寫的 *Aquinas, A Beginner's Introduction*（London: Oneworld, 2009）比書名暗示的稍微更困難些，對於有興趣的讀者來說是很好的開始。Brian Davies 撰寫的 *The Thought of Thomas Aquinas*（Oxford: Oxford University Press, 1993），以相當多的細節同時處理阿奎納的哲學與神學。

Tom Sorrell 撰寫的 *Descartes: A Very Short Introduction*（Oxford: Oxford University Press, 2000）提供一個簡短但有權威性的綜觀。蓋瑞．海特斐（Gary Hatfield）撰寫的 *Guidebook to Descartes and the Meditations*（London: Routledge, 2002，中文版：《笛卡兒與『沉思錄』》，周春塘譯，五南，二〇〇九）一步一步帶領讀者讀過六個沉思，補充脈絡與詳盡的解釋。

威佛瑞．賽勒斯的文章難讀程度惡名昭彰，不過有兩個有幫助的切入點：Willem A. deVries 撰寫的 *Wilfrid Sellars*（London: Acumen, 2005）以及 James R. O'shea 撰寫的 *Wilfrid Sellars*（Oxford: Polity Press, 2007）。

後設哲學的主題，在過去的世紀多半被忽略，不過最近大家對此的興趣復甦了。對於種種問題與立場的實用考察，請見 Søren Overgaard、Paul Gilbert 和 Stephen

Burwood 合著的 *Introduction to Metaphilosophy*（Cambridge: Cambridge University Press, 2013）。更進階的討論，包括 Timothy Williamson 撰寫的 *The Philosophy of Philosophy*（Oxford: Blackwell, 2007）以及 Gary Gutting 撰寫的 *What Philosophers Know*（Cambridge: Cambridge University Press, 2009）。

致謝

書中的每一章內容都是從我為《紐約時報》哲學部落格「石頭」所寫的專欄衍生出來的。我很感激 Simon Critchley 邀請我為「石頭」寫作，也感謝傑出的編輯 Peter Catapano，他的利眼與優秀見識在每個曲折處都幫了我一把。

第四章與第五章的局部使用的材料出自我的文章，"Religious Agnosticism", *Midwest Studies in Philosophy* 37 (2013), 51-67.

多謝哲學界的同僚，他們對於初稿許多不同部分的評論，拯救我免於許多錯誤及不當處置：Karl Ameriks、Don Howard、Jerry Levinson、Jeff McMahan、Paul Weithman。我尤其感激妻子安娜斯塔西雅（Anastasia Friel Gutting），在我寫這本書時，她一直是我的知性資源。每當我碰到一個特別困難的地方時，與她對話總是給我往前推進所需的字詞、觀念澄清或論證。

許多增益要歸因於我和聖母大學榮譽學生在討論課上，對早期草稿進行的活躍討論：Gabrielle Davis、Joseph DeLuca、Madeline Felts、Christian Gorski、Erin Hattler、Katherine Hayman、Andrew Jena、Mary Koptik、Clare Kossler、Matthew Onders、Thomas Plagge、Petra Rantanen、Elliott Runburg、Alyssa Schlotman與Lucas Sullivan。

感謝W. W. Norton公司的編輯Brendan Curry，對於這本書的整體型態提供了無價的引導與文體編輯；還有他親切有效率的助理Sophie Duvernoy，以及Tara Powers小心翼翼的校訂。還有Louise Mattarelliano、Nancy Palmquist與Anna Mageras。也要多謝Anna Hawkins的許多好建議跟鼓勵。

最後，我很感激我的家人：謝謝我傑出的孩子們與他們的配偶——Tasha與Andrew，Edward與Angela，Tom與Andrea；還有我可愛的孫兒Xander與Charlotte；最重要的是安娜斯塔西雅給我的愛，還有對我們所有人的支持。

參考書目

Chapter 1

[1] "Nothing to Do with the Deficit", Eschatonblog.com, December 13, 2012.
[2] John B. Taylor, "Obama's Permanent Spending Binge", *Wall Street Journal* (online), April 22, 2011.
[3] Paul Krugman, "2021 and All That", *The Conscience of a Liberal* (online), April 27, 2011.
[4] John B. Taylor, "Paul Krugman vs. Economic Facts," *Economics One* (online), April 26, 2011.
[5] "Niall Ferguson on Why Barack Obama Needs to Go", *Newsweek* (online), August 20, 2012.
[6] David Frum, "Why I'll Vote for Romney", *The Daily Beast* (online), November 1, 2012.
[7] "McCain blasts 'bizarro' Tea Party debt limit demands", CBS News (online), July 28, 2011.
[8] Paul Krugman, "Mystery Man", *Conscience of a Liberal* (online), July 29, 2011.
[9] Elizabeth Drew, "What Were They Thinking?", *New York Review of Books*, August 18, 2011.
[10] Paul Krugman, "Cogan, Taylor, and the Confidence Fairy", *Conscience of a Liberal* (online), March 19, 2013.
[11] John B. Taylor, "Spending Rise Has Much to Do with Policy", *Economics One* (online), April 28, 2011.
[12] Paul Krugman, "How Did Economists Get It So Wrong?", *New York Times Magazine* (print and online), September 2, 2009.
[13] David Christensen, "Disagreement as Evidence: The Epistemology of Controversy", *Philosophy*

Compass 4, no. 5 (2009): 756–67.

[14] These points were all raised by perceptive readers of a column on political disagreement I wrote for The Stone: Gary Gutting, "On Political Disagreement", *New York Times* (online), August 2, 2012.

[15] Bernard Williams and J. J. C. Smart, *Utilitarianism: For and Against* (Cambridge: Cambridge University Press, 1973), pp. 93–100.

Chapter 2

[1] Thomas Kuhn, *The Structure of Scientific Revolutions*, 3rd edition (Chicago: University of Chicago Press, 1996 [first edition, 1962]).

[2] "Vitamin D May Prevent Arthritis", *WebMD News Archive* (online), January 9, 2004.

[3] "Can Vitamin D Prevent Arthritis?", *Johns Hopkins Health Alert* (online), January 11, 2010.

[4] Gene Pittman, "Vitamin D May Not Relieve Arthritis Pain", *Reuters Health*, January 8, 2013.

[5] Christopher Weaver, "New Rules for Giving Good Cholesterol a Boost", *Wall Street Journal* (online), January 7, 2013.

[6] For a summary of a wide variety of results, see John A. Bargh et al., "Automaticity in Social-Cognitive Processes", *Trends in Cognitive Science* 16 (2012): 593–605.

[7] Tom Bartlett, "Power of Suggestion", *Chronicle of Higher Education* (online), January 30, 2013.

[8] John Bargh, "What Have We Been Priming All These Years? On the Development, Mechanisms, and Ecology of Nonconscious Social Behavior", *European Journal of Social Psychology* 36 (2006): 147–68.

[9] J. A. Bargh et al., "Automaticity in Social-Cognitive Processes", *Trends in Cognitive Science* 16, no. 12 (2012): 593–605.

[10] Richard H. Thaler and Cass R. Sunstein, *Nudge: Improving Decisions About Health, Wealth, and Happiness* (New York: Penguin, 2009).

[11] Benjamin M. Friedman, "Guiding Forces", *New York Times Sunday Book Review*, August 22, 2008 (print and online).

[12] "Where Is Behavioral Economics Headed in the World of Marketing?", *Nudge Blog* (online), October 9, 2011.

[13] Nancy Cartwright, "A Philosopher's View of the Long Road from RCTs to Effectiveness", *Lancet* 377 (April 2011): 1400–1401.

[14] Nancy Cartwright, "Will This Policy Work for You: Predicting Effectiveness Better—How Philosophy Helps", *Philosophy of Science* 79 (2012): 973–89.

[15] See Nancy Cartwright and Jeremy Hardie, *Evidence-Based Policy: A Practical Guide to Doing It Better* (Oxford: Oxford University Press, 2012), pp. 124–26.

[16] Jeffrey B. Liebman, "Building on Recent Advances in Evidence-Based Policymaking", April 2013 (online brookings.edu).

[17] Raj Chetty, John N. Friedman, and Jonah E. Rockoff, "The Long-Term Impact of Teachers" (online obs.rc.fas.harvard.edu).

[18] Nicholas D. Kristof, "The Value of Teachers", *New York Times*, January 11, 2012 (online).

[19] Nate Silver, *The Signal and the Noise: Why So Many Predictions Fail—But Some Don't* (New York: Penguin, 2012), Chapter 12, gives a clear summary of the scientific evidence, although its interpretations of that evidence are controversial.

[20] "Is There a Scientific Consensus on Global Warming?" (online skep ticalscience.com).

[21] Alfred North Whitehead, "Immortality", in Paul A. Schilpp (ed.), *The Philosophy of Alfred North Whitehead* (New York: Tudor, 1951), p. 700.

Chapter 3

[1] Matt Warman, "Stephen Hawking Tells Google 'Philosophy Is Dead' ", *The Telegraph* (online), May 17, 2011.

[2] This line of thought, often called the "knowledge argument", was first formulated in these terms by Frank Jackson, "Epiphenomenal Qualia", *Philosophical Quarterly* 32 (1982): 127–36. Jackson himself eventually rejected his knowledge argument, but others remain impressed.

[3] The most influential version of this line of argument is in David Chalmers, *The Conscious Mind* (Oxford: Oxford University Press, 1996).

[4] Daniel Dennett, "The Zombic Hunch: Extinction of an Intuition?", in A. O'Hear (ed.), *Philosophy at the New Millennium* (Cambridge: Cambridge University Press, 2001), p. 37.

[5] Daniel Dennett, *Intuition Pumps, and Other Tools for Thinking* (New York: W. W. Norton, 2013), p. 291.

[6] Ibid., p. 292.

[7] Ibid., p. 350.

[8] Ibid., p 353.

[9] Valerie Gray Hardcastle, "The Why of Consciousness: A Non-Issue for Materialists", in Jonathan Shear (ed.), *Explaining Consciousness—The 'Hard Problem'* (Cambridge, MA: MIT Press, 1997), p. 61.

[10] Quoted in Kerri Smith, "Neuroscience vs. Philosophy: Taking Aim at Free Will", *Nature* 477 (2011): 23–25.

[11] Patrick Haggard and Benjamin Libet, "Conscious Intention and Brain Activity", *Journal of Consciousness Studies* 8 (2001): 47–63, quote at 48.

[12] For a survey of the possibilities, see Michael McKenna, "Compatiblism", in the online *Stanford Encyclopedia of Philosophy*.
[13] Haggard and Libet, "Conscious Intention and Brain Activity", p. 61.
[14] Sonja Lyubomirsky, *The How of Happiness: A New Approach to Getting the Life You Want* (New York: Penguin, 2008).
[15] One example is the work of Harvard psychologist, Daniel Gilbert, on "miswanting", discussed in John Gertner, "The Futile Pursuit of Happiness", *New York Times Magazine*, September 7, 2003 (online).
[16] Jonathan Haidt, *The Righteous Mind: Why Good People Are Divided by Politics and Religion* (New York: Pantheon, 2012).
[17] Ibid., p. 85.
[18] Ibid., p. 86.
[19] Ibid., p. 105.
[20] Ibid., p. 137.
[21] Hugo Mercier and Dan Sperber, "Why Do Humans Reason? Arguments for an Argumentative Theory", *Behavioral and Brain Sciences* 34 (2011): 57–111.
[22] Michel Foucault, *History of Madness*, ed. Jean Khalfa, trans. Jonathan Murphy and Jean Khalfa (London: Routledge, 2006).
[23] Ibid., p. 515.
[24] Paula Span, "Grief Over New Depression Diagnosis", *New York Times* (online), January 14, 2013.
[25] Lawrence Krauss, *A Universe from Nothing: Why There Is Something Rather Than Nothing* (New York: Free Press, 2012).
[26] David Albert, "On the Origin of Everything", *New York Times Book Review*, March 25, 2012, p. 20.

[27] Ross Andersen, "Has Physics Made Philosophy and Religion Obsolete?", interview with Lawrence Krauss, *The Atlantic* (online), April 23, 2012. Krauss later somewhat moderated his views ("The Consolation of Philosophy", *Scientific American* (online), April 27, 2012).

Chapter 4

[1] Richard Dawkins, *The God Delusion* (New York: Mariner Books, 2008), p. 101.

[2] Ibid., p. 104.

[3] Ibid., p. 105.

[4] Ibid., p. 115.

[5] For a survey of the main themes see Mark Webb, "Religious Experience", in the *Stanford Encyclopedia of Philosophy* (online).

[6] William James, *Varieties of Religious Experience* (Rockville, MD: Arc Manor, 2008; first edition, 1902), p. 51.

[7] Dawkins, *God Delusion*, p. 188.

[8] Ibid., p. 189.

[9] Ibid., pp. 188–89.

[10] David Hume, *Dialogues Concerning Natural Religion*, 2nd ed. (Indianapolis, IN: Hackett, 1988), p. 30.

[11] Dawkins, *God Delusion*, p. 82.

[12] Sam Harris, *Letter to a Christian Nation* (New York: Vintage, 2008).

[13] Ibid., pp. 51–52.

[14] Ibid., p. 55.

[15] Ibid., italics in original omitted.

[16] The response I'm suggesting to the problem of evil is an example of "skeptical theism", a position that a number of philosophers have recently developed with great sophistication. See, in particular, Trent Dougherty and Justin P. McBrayer (eds.), *Skeptical Theism: New Essays* (Oxford: Oxford University Press, 2014).

Chapter 5

[1] Alvin Plantinga, *Does God Have a Nature?* (Milwaukee, WI: Marquette University Press, 1980).

[2] Una Kroll, "Women Bishops: What God Would Want", *The Guardian* (online), July 11, 2010.

[3] Kelly James Clark, ed., *Philosophers Who Believe* (Downer's Grove IL: InterVarsity Press, 1993); Thomas V. Morris, ed., *God and the Philosophers* (Oxford: Oxford University Press, 1994).

[4] Morris, ed., *God and the Philosophers*, p. 184.

[5] Clark, ed., *Philosophers Who Believe*, p. 36.

[6] Ibid., p. 38.

[7] Morris, ed., *God and the Philosophers*, p. 37.

[8] Ibid., p. 23.

[9] Ibid., p. 25.

[10] Ibid., p. 28.

[11] Clark, ed., *Philosophers Who Believe*, pp. 51–52.

[12] Ibid., p. 52.

[13] Morris, ed., *God and the Philosophers*, p. 78.

[14] Ibid., p. 80.

[15] Ibid., p. 78.

[16] Ibid., p. 79.

[17] Clark, ed., *Philosophers Who Believe*, p. 199.

[18] Ibid., p. 181.

[19] Ibid., pp. 199–200.

[20] Ibid., p. 236.

[21] For a detailed discussion of the pros and cons of Plantinga's argument, see James Beilby (ed.), *Naturalism Defeated? Essays on Evolutionary Argument against Naturalism* (Ithaca NY: Cornell University Press, 2002).

[22] Morris, ed., *God and the Philosophers*, p. 36.

Chapter 6

[1] Pope Leo XIII, *Rerum Novarum*, Encyclical, 1891 (available online).

[2] Robert Nozick, *Anarchy, State, and Utopia* (New York: Basic Books, 1974), pp. 42–45.

[3] Aristotle, *Nichomachean Ethics*, book 10, chapter 7 (my translation).

[4] Bertrand Russell, "In Praise of Idleness" (1932), in *In Praise of Idleness: and Other Essays* (London: Routledge, 2004), p. 3.

[5] For a stimulating discussion of this question, see Robert and Edward Skidelsky, *How Much Is Enough? Money and the Good Life* (New York: Other Press, 2012).

[6] See John Rawls, *A Theory of Justice*, 2nd edition (Cambridge, MA: Harvard University Press, 1999), section 15.

[7] Jon C. Messenger, Sangheon Lee, and Deirdre McCann, *Working Time Around the World* (London:

Routledge, 2007), p. 23, fig. 3.1.
[8] Milton Friedman, *Capitalism and Freedom*, Fortieth Anniversary Edition (Chicago, IL: University of Chicago Press, 2002), pp. 133–34.
[9] Ibid., p. 133, italics mine.
[10] Ibid.
[11] Ibid., p. 34.
[12] Christopher McMahon, *Public Capitalism: The Political Authority of Business Executives* (Philadelphia: University of Pennsylvania Press, 2013).

Chapter 7

[1] Philip Kitcher, "Education, Democracy, and Capitalism," in Harvey Siegel, ed., *The Oxford Handbook of Education* (Oxford: Oxford University Press, 2009), pp. 300–318.
[2] Sam Dillon, "Report Finds Better Scores in New Crop of Teachers", *New York Times* (online), December 12, 2007.
[3] Sam Dillon,"Top Test Scores From Shanghai Stun Educators", *New York Times* (online), December 7, 2010.
[4] Richard Arum and Josipa Roksa, *Academically Adrift: Limited Learning on College Campuses* (Chicago: University of Chicago Press, 2010).
[5] Diane Halpern and Milton Hakel, "Applying the Science of Learning", *Change* (July/August 2003): 37–41.
[6] Derek Bok, *Higher Education in America* (Cambridge, MA: Harvard University Press, 2013), p. 187.

[7] Nora S. Newcombe, "Biology Is to Medicine as Psychology Is to Education: True or False?" in D. F. Halpern and M. D. Hakel, eds., *Applying the Science of Learning to University Teaching and Beyond* (San Francisco: Jossey-Bass, 2000), pp. 9–18.

[8] Bok, *Higher Education in America*, p. 50.

Chapter 8

[1] Peter Schjeldahl, "Going Pop: Warhol and His Influence", *The New Yorker* (online), September 24, 2012.

[2] Rainer Crone, "What Andy Warhol Really Did", *New York Review of Books* (online), February 20, 2010.

[3] Arthur Danto, *Beyond the Brillo Box* (Oakland CA: University of California Press, 1992), p. 6.

[4] Roberta Smith, "The In-Crowd Is All Here: 'Regarding Warhol' at the Metropolitan Museum", *New York Times* (online), September 13, 2012.

[5] Danto, *Beyond the Brillo Box*, p. 139.

[6] Richard Dorment, "What Is an Andy Warhol?", *New York Review of Books* (online), October 22, 2009.

[7] See Jerrold Levinson, "Evaluating Music" in his *Contemplating Art* (Oxford: Oxford University Press), 2006.

[8] Gary Indiana, *Andy Warhol and the Can That Sold the World* (New York: Basic Books, 2010), p. 62.

[9] Virginia Woolf, "Middlebrow" (1942), in *Collected Essays*, Vol. 2 (New York: Harcourt, Brace & World, 1967).

[10] Arthur Danto, *What Art Is* (New Haven, CT: Yale University Press, 2013), p. 41.

[11] Ibid., p. 125.
[12] Bruce Baugh, "Prolegomena to Any Aesthetics of Rock Music", *Journal of Aesthetics and Art Criticism* 51 (1993): 26.
[13] Ibid.: 27.
[14] Ibid.: 28.
[15] Jeremy Yudkin, *Understanding Music*, 7th edition (San Francisco: Peachpit Press, 2013), p. 207.
[16] This description is based on excerpts from Phillip Huscher's program notes for the Chicago Symphony Orchestra performance of Mahler's Fifth Symphony in May 2010.
[17] Alex Ross, "Listen to This", *The New Yorker*, February 16 and 23, 2004 (online).
[18] For a detailed version of this approach, see Theodore Gracyk, "Valuing and Evaluating Popular Music", *Journal of Aesthetics and Art Criticism* 57 (1999): 205–20.
[19] Matthew Arnold, "The Study of Poetry" (1880) (online, poetryfoun dation.org).
[20] Peter Applebome, "A Humanist and Elitist? Perhaps", interview with George Steiner, *New York Times* (online), April 18, 1998.
[21] Richard Taruskin, "The Musical Mystique", *New Republic* (online), October 22, 2007.
[22] Noel Carroll, *A Philosophy of Mass Art* (Oxford: Oxford University Press, 1998).

Chapter 9

[1] "Abortion", gallup.com (online).
[2] Robert P. George and Patrick Lee,"Embryonic human persons", EMBRO Reports, April 2009 (online, ncbi.nlm.nih.gov).
[3] Frances Kamm, Review of Jeff McMahan, *The Ethics of Killing: Problems at the Margins of Life*, in

Philosophical Review 116 (2007): 273.

[4] "Abortion", gallup.com (online).

[5] Jeff McMahan, *The Ethics of Killing: Problems at the Margins of Life* (Oxford: Oxford University Press, 2002).

[6] Judith Jarvis Thomson, "A Defense of Abortion", *Philosophy and Public Affairs* 1 (1971): 47–66.

[7] Don Marquis, "Why Abortion Is Immoral", *Journal of Philosophy* 86 (1989): 183–202.

[8] Gina Kolata, "Study Finds 31% Rate of Miscarriage", *New York Times*, July 27, 1988.

[9] Jeffrey Stout, *Democracy and Tradition* (Princeton, NJ: Princeton University Press, 2004), p. 69.

[10] John Rawls, *Political Liberalism* (New York: Columbia University Press, 1996).

[11] Stout, *Democracy and Tradition*, pp. 10–11.

Chapter 10

[1] Stanley Fish, "Does Philosophy Matter?", *New York Times* (online), August 1, 2011.

[2] Dorothea Frede, "The Final Proof of the Immortality of the Soul in Plato's 'Phaedo' 102a–107a", *Phronesis* 23 (1978): 27–41.

[3] Bas van Fraassen, "Empiricism in the philosophy of science", in *Images of Science*, ed. P. Churchland and C. A. Hooker (Chicago: University of Chicago Press, 1985), p. 258.

[4] 值得注意的是，某些沒有任何阿奎納式神學包袱的當代亞里斯多德派，仍然認為他的作品改進了亞里斯多德的觀點。舉例來說，菲麗芭·富特（Phillippa Foot）說過：「通常（阿奎納）推敲出的事物細節，比亞里斯多德更多，而且一個人很可能從阿奎納身上，學到許多從亞里斯多德那裡學不到的東西。我的意見是，《神學大全》（*Summa Theologica*）是我們擁有的最佳道德哲學資源之一，此外，阿奎納的倫理學著作對於無神論者來說，也像對天主教徒或

其他基督教信徒一樣有用。」（*Virtues and Vices and Other Essays in Moral Philosophy* [Oakland, CA: University of California Press, 1978], p. 2）

[5] Rene Descartes, *Meditations on First Philosophy*, trans. and ed. John Cottingham (Cambridge: Cambridge University Press, 1996), p. 17.

[6] Here I am making use of the historical analysis of John Carriero, *Between Two Worlds: A Reading of Descartes's* Meditations (Princeton, NJ: Princeton University Press, 2009).

[7] Wilfrid Sellars, "Philosophy and the Scientific Image of Man", in *Science, Perception, and Reality* (London: Routledge and Kegan Paul, 1963), Chapter 1.

[8] Ibid., p. 9.

[9] Ibid., p. 18.

[10] Ibid., p. 20.

[11] Arthur Eddington, *The Nature of the Physical World* (London: Macmillan, 1929), pp. ix–x.

[12] Sellars, "Philosophy and the Scientific Image of Man," pp. 4, 18.

[13] Ibid., p. 39.

[14] Ibid., p. 40.

[15] Ibid., p. 1.

索引

・十畫

・十一畫

・十二畫

・十三畫

・十四畫

・十五畫

・十六畫以上

國家圖書館出版品預行編目 (CIP) 資料

哲學能做什麼？/ 蓋瑞 . 葛汀 (Gary Gutting) 著 ; 吳妍儀譯 . -- 二版 . -- 臺北市 : 橡實文化出版 : 大雁出版基地發行 , 2022.12
432 面 ;14.8x21 公分
譯自 : What philosophy Can Do
ISBN 978-626-7085-52-3(平裝)

1.CST: 哲學

100 111016483

BN0019R

哲學能做什麼？

公共議題的哲學論辯與思維練習
What Philosophy Can Do

作　　者　蓋瑞・葛汀（Gary Gutting）
譯　　者　吳妍儀
責任編輯　于芝峰
協力編輯　洪禎璐
內頁排版　宸遠彩藝
封面設計　小草

發 行 人　蘇拾平
總 編 輯　于芝峰
副總編輯　田哲榮
業務發行　王綬晨、邱紹溢
行銷企劃　陳詩婷

出　　版　橡實文化 ACORN Publishing
臺北市 105 松山區復興北路 333 號 11 樓之 4
電話：（02）2718-2001 傳真：（02）2719-1308
E-mail 信箱：acorn@andbooks.com.tw
網址：www.acornbooks.com.tw

發　　行　大雁出版基地
臺北市 105 松山區復興北路 333 號 11 樓之 4
電話：（02）2718-2001 傳真：（02）2718-1258
讀者服務信箱：andbooks@andbooks.com.tw
劃撥帳號：19983379 戶名：大雁文化事業股份有限公司

印　　刷　中原造像股份有限公司
二版一刷　2022 年 12 月
定　　價　550 元
I S B N　978-626-7085-52-3

版權所有・翻印必究（Printed in Taiwan）
缺頁或破損請寄回更換

大雁出版基地
www.andbooks.com.tw

What Philosophy Can Do
Copyright © 2015 by Gary Gutting
Published by arrangement with W. W. Norton & Company, Inc.,
Complex Chinese Translation copyright © 2017 by ACORN Publishing, a division of AND Publishing Ltd.
through Bardon-Chinese Media Agency. 博達著作權代理有限公司 .
ALL RIGHTS RESERVED.